HEINRICH EHLING

# Zivilrechtliche Probleme der vertraglichen Ausgestaltung des Inland-Factoring-Geschäfts in Deutschland

# Untersuchungen über das Spar-, Giro- und Kreditwesen

Abteilung B: Rechtswissenschaft

Schriften des Instituts für internationales Recht des Spar-, Giro- und Kreditwesens an der Universität Mainz

Herausgegeben von

Prof. Dr. Walther Hadding und Prof. Dr. Uwe H. Schneider

Band 13

# Zivilrechtliche Probleme der vertraglichen Ausgestaltung des Inland-Factoring-Geschäfts in Deutschland

Von

Dr. Heinrich Ehling

DUNCKER & HUMBLOT / BERLIN

CIP-Kurztitelaufnahme der Deutschen Bibliothek

**Ehling, Heinrich**

Zivilrechtliche Probleme der vertraglichen Ausgestaltung des Inland-Factoring-Geschäfts in Deutschland. — 1. Aufl. — Berlin: Duncker und Humblot, 1977.
(Untersuchungen über das Spar-, Giro- und Kreditwesen: Abt. B, Rechtswiss.; Bd. 13)
ISBN 3-428-03906-8


Gedruckt 1977 bei Buchdruckerei A. Sayffaerth - E. L. Krohn, Berlin 61
Printed in Germany

ISBN 3 428 03906 8

# Inhaltsverzeichnis

# Abkürzungsverzeichnis

| | | |
|---|---|---|
| a A | = | anderer Ansicht |
| BB | = | Der Betriebs-Berater |
| BGH | = | Bundesgerichtshof |
| BGHZ | = | Entscheidung des Bundesgerichtshofs in Zivilsachen, Amtliche Sammlung |
| DB | = | Der Betrieb |
| hM | = | herrschende Meinung |
| JW | = | Juristische Wochenschrift |
| JuS | = | Juristische Schulung |
| JZ | = | Juristen-Zeitung |
| KTS | = | Konkurs-, Treuhand- und Schiedsgerichtswesen |
| KWG | = | Gesetz über das Kreditwesen |
| LG | = | Landgericht |
| LM | = | Lindenmaier-Möhring |
| MDR | = | Monatsschrift für Deutsches Recht |
| N | = | Note |
| NJW | = | Neue Juristische Wochenschrift |
| NN | = | nomen nescio |
| OLG | = | Oberlandesgericht |
| RG | = | Reichsgericht |
| RGZ | = | Entscheidungen des Reichsgerichts in Zivilsachen |
| RN | = | Randnummer |
| STEK | = | Steuerklasse in Karteiform |
| str. | = | strittig |
| WM | = | Wertpapiermitteilungen |
| ZHR | = | Zeitschrift für das gesamte Handelsrecht und Wirtschaftsrecht |
| ZKW | = | Zeitschrift für das gesamte Kreditwesen |

# Einleitung

Das Factoring-Geschäft wird heute in Deutschland von vielen Factoring-Instituten betrieben. Regelmäßig liegt ihm ein Factoring-Vertrag zwischen dem Factoring-Institut (Factor) und seinem Vertragspartner zugrunde. Seine zivilrechtlichen Probleme wurden bisher im einzelnen noch nicht umfassend und ausführlich untersucht. Dies ist deshalb Aufgabe der vorliegenden Arbeit.

Um laufende Wiederholungen und Bezugnahmen zu vermeiden, werden hier vornehmlich die bürgerlich-rechtlichen Rechtsfragen des Factoring-Vertragsformulars der Inter-Factor-Bank AG, Mainz (IFB), untersucht. Ihr Vertragsformular wurde einmal wegen der darin enthaltenen ausführlichen Regelungen gewählt. Zum anderen ist die IFB auch das größte und älteste Factoring-Institut in Deutschland. Es ist daher anzunehmen, daß sie ihrem Vertragsformular die meisten Erfahrungen im Factoring-Geschäft zugrunde legen konnte. Um begriffliche Verwirrungen zu vermeiden, wird der auch sonst üblichen und eindeutigen Terminologie der IFB gefolgt. Der Vertragspartner des Factors, sonst auch als Kunde, Anschlußkunde oder Klient bezeichnet, wird Anschlußfirma oder kurz Firma genannt. Für ihren Vertragspartner, den „Abnehmer, Kunde, Einzelkunde oder Drittschuldner" wird der Begriff Debitor verwandt.

ERSTER TEIL

# Wirtschaftliche Bedeutung des Factoring-Geschäfts

Factoring ist ein Finanzierungsgeschäft besonderer Art, das in den 50er Jahren von Amerika übernommen wurde[1]. Das wesentliche Merkmal des Factoring-Geschäfts besteht in der Finanzierung einer Anschlußfirma durch Erwerb ihrer Außenstände. Daneben erfüllt es auch noch Delkredere- und Dienstleistungsfunktionen.

## 1. Wirtschaftliche Grundlage des Factoring-Geschäfts

### *a) Erwerb von Forderungen*

Grundlage des Factoring-Geschäfts ist der Erwerb von Forderungen. Der Factor erwirbt die offenen Forderungen, die der Anschlußfirma gegen ihre Debitoren zustehen, und zahlt hierfür ein Entgelt. Diese Forderungen sind für den Factor jedoch nur wertvoll, wenn ihm die Debitoren willens und fähig erscheinen, ihre Schuld zu begleichen. Er finanziert deshalb die Außenstände der Firma nur, soweit ihm die Debitoren kreditwürdig erscheinen.

### *b) Mitteilung an Debitor*

Die Übertragung aller Forderungen auf den Factor wird meist schon im Factoring-Vertrag vorweggenommen. In den Anfangsjahren trat diese Übertragung nicht nach außen in Erscheinung (verdecktes Verfahren), weil die Anschlußfirmen befürchteten, durch deren Bekanntgabe den Anschein wirtschaftlicher Schwäche zu erwecken. Der Factor war hierbei jedoch nicht geschützt, daß die Firmen Zahlungen der Debitoren an ihn weiterleiteten. Er war deshalb gänzlich auf die Zuverlässigkeit und Vertragstreue der Firma angewiesen.

---

[1] Schmitt S. 15; Bette S. 22; zur Geschichte vgl.: Wißkirchen S. 5 ff.; Knopik S. 24 ff.; Bette S. 21 f.

Die Factoring-Institute gingen deshalb zum halboffenen Verfahren über. Hierbei wird in der Rechnung dem Debitor aufgegeben, Zahlungen nur auf ein bestimmtes Konto zu leisten, über das ausschließlich der Factor verfügungsberechtigt ist.

Heute ist das offene Verfahren weitgehend üblich geworden. Der Debitor erhält bei Beginn seiner Geschäftsbeziehungen zur Firma oder spätestens mit der jeweiligen Rechnung Kenntnis von der Übertragung der Forderung auf den Factor[2].

#### *c) Treuhandforderungen*

Bei mangelnder Bonität des Debitors ist der Factor nicht gehalten, Forderungen gegen ihn zu erwerben. Er verwaltet diese dann als Treuhänder für die Firma[3].

### 2. Funktionen des Factoring-Geschäfts

#### *a) Finanzierungsfunktion*

Wichtigste Aufgabe des Factoring-Geschäfts ist die Finanzierungsfunktion[4]. Beim Erwerb der Forderungen stellt der Factor der Firma sofort den Gegenwert der Forderung durch Gutschrift zur Verfügung. Die Firma kann hierüber zwar frei verfügen, ist jedoch ausdrücklich gehalten, die entsprechenden Lieferantenforderungen gegen sie vorrangig zu befriedigen.

##### aa) Vorschußverfahren

Die Gutschrift des Gegenwertes stellt meist einen verzinslichen Vorschuß dar, weil die endgültige Zahlung des Factors erst fällig wird, wenn der Debitor seine Schuld beglichen hat (Vorschuß-Verfahren)[5].

##### bb) Diskont-Verfahren

Vereinzelt wird die Finanzierung auch durch das sogenannte Diskont-Verfahren vorgenommen. Hierbei wird der Gegenwert der Forderung unter Abzug verschiedenartiger pauschaler Gebühren sofort fällig. Mit dieser Pauschale sind dann alle Kosten, Zinsen, Skonto, Entgelt für Delkrederefunktion usw. abgegolten[6].

---

[2] Schmitt S. 72 ff.; Glomb S. 31 ff.; Bette S. 37 f.; Löffler BB 1967, 1304, 1306; Feldbausch S. 149.

[3] Löffler BB 1967, 1304, 1305.

[4] Heidland KTS 1970, 165, 167; Müller / Löffelholz Spalte 686; a. A. Rödl BB 1967, 1301: Dienstleistungsfunktion.

[5] Löffler BB 1967, 1304, 1306; Glomb S. 25 ff.

[6] Glomb S. 27; Löffler BB 1967, 1304, 1306.

### *b) Delkrederefunktion*

#### aa) Kreditrisiko

Der Factor übernimmt auch häufig gegen Entgelt das Risiko der Zahlungsunfähigkeit der Debitoren (Delkredere-Risiko). Diese Form des Factoring-Geschäfts wird im Wirtschaftsleben allgemein als echtes Factoring bezeichnet[7]. Trägt dagegen die Firma das Delkredere-Risiko, so hat sie bei Ausfall der vom Factor übernommenen Forderungen ihm gegenüber einzustehen. Der Factor belastet dann die Anschlußfirma entsprechend. Diese Form wird gemeinhin unechtes Factoring genannt[8].

#### bb) Bestands- und Gewährleistungsrisiko

Das Bestands- und Gewährleistungsrisiko, auf das der Factor keinerlei Einflußmöglichkeiten hat, verbleibt immer bei der Firma[9].

#### cc) Sperrbetrag

Der Factor behält zur Sicherung seiner Ansprüche gegen die Firma aus ihrer Bestands- oder Delkrederehaftung einen gewissen Betrag des Entgelts ein. Diesen Betrag, der gewöhnlich 5 - 20 % des Rechnungsbetrages ausmacht, schreibt er der Firma auf einem Sperrkonto gut[10].

### *c) Dienstleistungsfunktion*

Der Factor entlastet die Anschlußfirma von mehreren recht arbeitsaufwendigen Aufgaben. Er prüft die Kreditwürdigkeit jedes Debitors und setzt für ihn ein Limit fest, bis zu dessen Höhe er der Firma die Finanzierung ihrer Außenstände in Aussicht stellt.

Von besonderer Bedeutung für die Firma ist es, daß der Factor ihre gesamte Debitorenbuchhaltung führt. Hierbei übernimmt er auch noch für sie das Mahn- und Einzugswesen und gegebenenfalls auch die zwangsweise Beitreibung der Forderungen.

Für diese Dienstleistungen des Factors wird hauptsächlich die sogenannte Factoring-Gebühr geschuldet.

---

[7] Löffler BB 1967, 1304, 1305; Bette S. 46; Glomb S. 17 ff.

[8] Glomb S. 29 ff.; Löffler BB 1967, 1304, 1305.

[9] Glomb S. 20; Betz S. 113; Fischoeder S. 12; Wißkirchen S. 14; Heidland KTS 1970, 165, 167.

[10] Bette S. 29; Heidland KTS 1970, 165, 168: 10 - 25 %.

## 3. Wirtschaftliche Vorteile des Factoring-Geschäfts

### *a) Liquidität der Firma*

#### aa) Verbesserung der Liquidität

Mit der Finanzierung durch den Factor erhält die Firma den Gegenwert ihrer erst später fällig werdenden Forderungen sofort. Das sonst zum großen Teil im Umlaufvermögen gebundene Vermögen der Firma wird dadurch liquide und kann zur Finanzierung weiterer Umsätze verwendet werden[11]. Das gilt besonders für stark expandierende Unternehmen, deren Wachstum häufig durch die fehlende Finanzierungsmöglichkeit für das Umlaufvermögen gebremst wird. Ihre Finanzierung durch das Factoring-Geschäft kann sich jeweils den getätigten Geschäften angleichen. Das Factoring-Geschäft gewährleistet also eine umsatzparallele Finanzierung[12].

#### bb) Vergleich mit Kontokorrentkrediten

Die Factoring-Finanzierung stellt die Anschlußfirma liquiditätsmäßig günstiger als eine Finanzierung auf Kontokorrentbasis. Die Bank verlangt gewöhnlich bei einem Kontokorrentkredit die Globalzession aller Forderungen und beleiht diese nur zu 60 - 80 % und dies auch nur bis zur Höhe eines eingeräumten Kreditbetrages. Der Factor stellt dagegen der Anschlußfirma den Gegenwert der Forderungen nach Abzug des Sperrbetrages, meistens über 80 %, und ohne Limitbegrenzung zur Verfügung[13].

### *b) Risikoverminderung für die Firma*

#### aa) Ausschaltung des Kreditrisikos

Die Übernahme des Delkedere-Risikos durch den Factor („echtes Factoring") schützt die Firma vor dem Ausfall einer Forderung. Die Zahlungsunfähigkeit eines Debitors kann die Firma also nicht in Schwierigkeiten bringen. Das Risiko der Uneinbringlichkeit einer Forderung wird dadurch in einen genau kalkulierbaren Kostenfaktor, die Delkredere-Gebühr, umgewandelt.

#### bb) Vergleich mit Kreditversicherungen

Der Vorteil einer Übernahme des Delkredere-Risikos durch den Factor liegt darin, daß der Factor eine 100 %ige Absicherung bietet, wäh-

---

[11] Beispiel bei Bette S. 39, 41; NN ZKW 1967, 822.

[12] Schmitt S. 48; Bette S. 42; Feldbausch S. 149.

[13] Bette S. 29, 64 f.

rend die Kreditversicherer eine Selbstbeteiligung von meist 30 % verlangen[14].

### c) *Kreditwürdigkeitsprüfung*

#### aa) Prüfung durch die Firma

Die Kreditwürdigkeitsprüfung durch den Factor führt regelmäßig zu einer sachlicheren und objektiveren Beurteilung als eine Prüfung durch die Firma selbst. Einmal ist die Firma oft schon personell nicht in der Lage, eine erschöpfende Kreditprüfung vorzunehmen. Ihre Möglichkeiten sind meist auch auf Büroauskünfte und Selbstauskünfte des Debitors beschränkt.

#### bb) Prüfung durch den Factor

Dagegen kann das Factoring-Institut meist bei Banken Auskünfte einholen, die bei längerer Geschäftsbeziehung oft guten Einblick in die Vermögenslage ihrer Kunden haben. Daneben kann sich der Factor noch der Evidenzzentrale der Factoring-Institute bedienen[15]. Wesentliche Kriterien kann der Factor oft seiner Debitorenbuchhaltung entnehmen, besonders wenn ihm der Debitor aus einer Geschäftsbeziehung mit einer anderen Anschlußfirma bereits bekannt ist. Hier ist die bloße Zahlungsweise schon sehr aufschlußreich. Der Factor kann auch oft aufgrund seiner Branchenkenntnis die allgemeinen, von außen auf die Kreditwürdigkeit des Debitors einwirkenden Umstände berücksichtigen[16].

### d) *Debitorenbuchhaltung*

Die Debitorenbuchhaltung der einzelnen Firma ist meist im Umfang zu gering, als daß sich der Einsatz von Datenverarbeitungsanlagen lohnen würde. Sie müßte sich deshalb auf eine einfachere, manuelle oder Maschinenbuchhaltung beschränken. Das Factoring-Institut hingegen kann mit den Buchungen für alle Debitoren ihrer Anschlußfirmen die Kapazität einer solchen Anlage auslasten und sie rentabel einsetzen. Es kann dabei auch eine umfangreichere und damit aussagekräftigere Buchhaltung durchführen. Die Datenverarbeitungsanlagen ermöglichen dem Factor auch, zusätzliche Daten aufzunehmen, zu verarbeiten und dadurch dem Buchhaltungswerk eine größere Aussagekraft zu geben.

Dabei fällt auch noch eine zusätzliche Servicemöglichkeit an. Der Factor kann z. B. Umsatzstatistiken, Provisionsberechnungen, Umsatz-

---

[14] Bette S. 47; Löffler BB 1967, 1304, 1305.

[15] Bette S. 27.

[16] Löffler BB 1967, 1304, 1305.

steuerberechnungen usw. gegen geringes Entgelt anbieten[17]. Diese Arbeiten sind jedoch für das Factoring-Geschäft nicht wesentlich und können deshalb bei seiner Untersuchung außer acht gelassen werden.

### *e) Mahn- und Einzugswesen*

Der Factor kann zudem aufgrund seiner Datenverarbeitungsanlage ohne Schwierigkeiten pünktlich und lückenlos säumige Schuldner mahnen. Als neutraler Dritter kann er hierbei den Debitoren gegenüber auch mit mehr Nachdruck als die Firma auftreten. Der Factor könnte nämlich andere Firmen warnen oder das Kreditlimit generell kürzen. Schlimmstenfalls kann der Debitor durch Limitstreichung plötzlich mehrere Lieferanten verlieren[18]. Der Factor entlastet die Firma gegebenenfalls auch von der gerichtlichen Beitreibung der Forderungen. Hierbei hat er aber auf die Geschäftsbeziehungen zwischen Firma und Debitor auch im eigenen Interesse gewisse Rücksichten zu nehmen.

### *f) Rentabilität der Firma*

Mit dem vom Factor erhaltenen Geld kann und soll die Firma vorrangig ihre Lieferanten unter Ausnutzung des Lieferantenskontos befriedigen. Zugleich hat die Firma nun als Barzahler auch dem Lieferanten gegenüber eine stärkere Position. Hierdurch vermag sie ihre Warenbezüge spürbar zu verbilligen[19]. Weiterhin erspart die Firma die Sach- und Personalkosten für eine eigene Kreditabteilung, für die gesamte Debitorenbuchhaltung und für die Überwachung und Durchsetzung der Forderungen[20]. Durch Abbau von Dauerkrediten läßt sich unter Umständen sogar eine geringfügige Steuerersparnis erzielen[21]. Diese Vorteile dürften die bekannten hohen Factoring-Gebühren aufwiegen.

## 4. Sachliche Grenzen des Factoring-Geschäfts

Die aufgezeigten Vorteile lassen sich jedoch nicht in jedem Fall erreichen. Einer Zusammenarbeit mit einem Factoring-Institut sind deshalb von bestimmten Faktoren Grenzen gesetzt, sofern man von dem wirtschaftlich unbedeutenden Honorar-Factoring einmal absieht[22].

[17] Bette S. 33; Glomb S. 24; Schmitt S. 93 f., 55.

[18] Betz S. 122.

[19] Beispiel vgl. Bette S. 43.

[20] Schmitt S. 64 ff.

[21] Bette S. 41.

[22] Zum Honorar-Factoring vgl. Mohrbeck ZKW 1973, 672.

### *a) Debitoren*

Wegen der Kosten der Kreditwürdigkeitsprüfung sind Forderungen gegen Endabnehmer (Verbraucher) regelmäßig für das Factoring-Geschäft ungeeignet. Der Endabnehmer kauft meist nur einmal, der Umsatz mit ihnen ist also zu gering[23]. Der Factor finanziert deshalb vornehmlich solche Anschlußfirmen, die einen großen Abnehmerkreis haben, der laufend ihre Leistungen in Anspruch nimmt (Massengeschäfte).

Die Höhe der zu finanzierenden Forderung soll zudem möglichst endgültig festgelegt sein. Forderungen, an denen erfahrungsgemäß später noch Abstriche hingenommen werden müssen, eignen sich nicht für die Factoring-Finanzierung, weil sich bei Übernahme durch den Factor der Gegenwert für sie noch nicht beziffern läßt.

### *b) Laufzeit*

Die Kreditwürdigkeit eines Debitors läßt sich nicht für einen längeren Zeitraum im voraus abschätzen. Der Factor kann und will deshalb das Risiko nur bei kurzfristigen Forderungen übernehmen. Die Grenze liegt bei maximal 180 Tagen Laufzeit[24].

Eine gewisse Mindestlaufzeit ist ebenfalls nötig. Bei zu kurzen Laufzeiten könnte die Firma ihren Vorteil allenfalls in der Delkredere- oder Dienstleistungsfunktion sehen[25].

### *c) Umsatz der Firma*

Eine Factoring-Finanzierung ist auch abhängig vom Umsatz der Firma. Für große Firmen, für die sich eine eigene Datenverarbeitungsanlage lohnt, wird allein schon wegen der Factoring-Gebühren die Finanzierung durch den Factor zu teuer. Im allgemeinen nimmt man die Obergrenze für eine rentable Zusammenarbeit mit einem Factor-Institut bei 150 - 200 Millionen DM Jahresumsatz an[26].

Auch bei geringem Umsatz von unter 3 Millionen DM kann das Factoring-Geschäft seine Vorteile nicht voll entfalten. Die Kosten, die für die Kreditwürdigkeitsprüfung nötig sind, können bei der gewöhnlich vereinbarten kurzen Vertragsdauer von 1 - 3 Jahren nicht aus dem Geschäft mit der Anschlußfirma gedeckt werden[27]. Zudem soll bei einem Einmannbetrieb das Betrugsrisiko durch fingierte Lieferungen und Rechnungen zu groß sein[28].

---

[23] Bette S. 28; Betz S. 158; Knopik S. 17; Schmitt S. 69.
[24] Bette S. 28; Glomb S. 21: 90 - 120 Tage.
[25] Bette S. 28.
[26] Bette S. 34.
[27] Bette S. 34 f.; Schmitt S. 68 f.
[28] Bette S. 35; Schmitt S. 68.

ZWEITER TEIL

# Zivilrechtliche Würdigung der Factoring-Verträge

*Erster Abschnitt*

## Rechtsfragen bei der Finanzierungsfunktion

Die IFB stellt der Anschlußfirma zur Finanzierung ihrer Außenstände Finanzierungsmittel nur zur Verfügung, soweit die Firma ihr dafür Forderungen gegen kreditwürdige Debitoren verspricht und diese möglichst zusammen mit Sicherheiten auf die IFB überträgt. Bei der Finanzierungsfunktion des Factoring-Geschäfts treten also Rechtsfragen zum Verpflichtungs- und Erfüllungsgeschäft auf sowie zur Sicherung der Forderung gegen den Debitor.

### § 1 Verpflichtungsgeschäft

#### A. Interessenlage

1. Interesse der IFB

*a) Forderungen gegen kreditwürdige Debitoren*

Die IFB ist bereit, sich zur Finanzierung der Außenstände der Anschlußfirma zu verpflichten und ihr in dieser Höhe Geld zur Verfügung zu stellen, soweit sie die Debitoren für kredtiwürdig hält. Hierfür verlangt sie von der Firma die Übertragung der Forderungen, die sie finanziert hat.

*b) Auswahl der Forderungen*

Die Firma könnte möglicherweise nur Forderungen gegen zweifelhafte Debitoren von der IFB finanzieren lassen und Forderungen gegen Debitoren von unbedenklicher Bonität zurückhalten. Als Folge davon würde die IFB nur Forderungen von zweifelhaftem Wert erwerben. Dieses gesteigerte Risiko sucht die IFB deshalb durch eine entsprechende Vereinbarung mit der Firma zu vermeiden.

### *c) Erwerb von Teilforderungen*

#### aa) Möglichkeit

Forderungen, die nur teilweise von der Bonität des Debitors gedeckt sind, will die IFB grundsätzlich nicht erwerben. Ihre Teilung könnte unzulässig sein. Geldforderungen sind nur teilbar, wenn der Schuldner hierdurch nicht unzumutbar beschwert wird[1]. Im Factoring-Geschäft erfährt der Debitor die Forderungsteilung nicht, weil die IFB beide Forderungsteile einziehen kann. Die Teilung einer Forderung und ihre Geltendmachung durch die IFB kann also den Debitor nicht unzumutbar beschweren. Eine Forderungsteilung ist möglich.

#### bb) Teilzahlungen auf Teilforderungen

Bedenken gegen den Erwerb einer Teilforderung könnte die IFB haben, weil bei Teilzahlungen eines Schuldners § 366 BGB entsprechend anwendbar ist[2]. Bei Teilzahlungen des Debitors würde entsprechend § 366 Abs. 2 BGB die Teilforderung der IFB nur anteilmäßig getilgt. Diese anteilige Tilgung könnte im Innenverhältnis zwischen IFB und Debitor ausgeschlossen werden, weil das Bestimmungsrecht des Debitors dadurch nicht berührt würde. Bei einer entsprechenden Vereinbarung tilgen alle Zahlungen des Debitors auf die geteilte Forderung im Innenverhältnis zuerst die Teilforderung der IFB. Die Rechtsstellung der IFB würde durch den Erwerb von Teilforderungen insoweit nicht notwendig verschlechtert.

#### cc) Leistungen mit Hilfe von Wertpapieren

Gegen den Erwerb von Teilforderungen könnte auch die Rechtslage bei Zahlungen des Debitors mit Hilfe eines Wertpapiers (z. B. Wechsel oder Scheck) sprechen. Die einem Wertpapier zugrunde liegende Forderung ist nicht teilbar, weil nur eine einheitliche Gläubigerschaft am Wertpapier bestehen kann[3]. Inhaber der dem Wertpapier zugrunde liegenden Forderung würde die Firma oder die IFB. Der Erwerb der Forderung durch die IFB könnte aber schon durch die Vereinbarung ge-

[1] RGZ 64, 120, 122; 149, 96, 98; Serick II § 24 II 3; Soergel / Schmidt § 398 Anm. 6.

[2] RGZ 66, 266, 271; BGH NJW 1973 1689, 1690.

[3] RGZ 160, 338, 341; Baumbach / Hefermehl WG Art. 11 Anm. 5 für Wechsel.

sichert werden, daß immer die IFB Gläubigerin der einem Wertpapier zugrunde liegenden Forderung werden soll. Auch hierin besteht also kein zwingender Grund, den Erwerb einer Teilforderung gegen den Debitor abzulehnen.

dd) Mehrarbeit bei Teilforderungen

Gegen den Erwerb einer Teilforderung könnten rein praktische Bedenken bestehen. Bei Zahlungen der Debitoren auf die Gesamtforderung fehlen häufig die Angaben der Rechnungs-Nummern und des Zahlungsgrundes. Die Verbuchung dieser Zahlungen ist bei geteilten Forderungen besonders schwierig, weil ein dem Zahlungsbetrag entsprechender Forderungsbetrag auf den von der IFB geführten Konten fehlt. Bei der Fülle der täglichen Zahlungseingänge kann die IFB solche Zahlungen meist nicht sofort in die entsprechenden Teilbeträge aufteilen und auf ihrem Konto und dem der Firma verbuchen. Sie muß deshalb diese Zahlungen zunächst auf dem Debitorenkonto verbuchen, um sie später aufzuteilen und den jeweiligen Forderungsinhabern gutschreiben. Diese Mehrarbeit scheut die IFB und vermeidet den Erwerb von Teilforderungen.

2. Interesse der Anschlußfirma

Die Anschlußfirma ist regelmäßig auf die Finanzierung ihrer Außenstände angewiesen. Es liegt ihr daran, daß die IFB möglichst alle ihre Forderungen erwirbt und ihr sofort Zahlungsmittel zur Verfügung stellt.

## B. Ausgestaltung

### 1. Verpflichtung der Firma zur Veräußerung

Die Anschlußfirma verpflichtet sich gem. § 1 Vertragsformular der IFB schon mit Abschluß des Factoring-Vertrages, alle künftig entstehenden Forderungen aus Warenlieferungen und Leistungen der IFB zum Erwerb anzubieten. Da die Vereinbarung sich auf alle Forderungen der Firma bezieht, hat sie keine Möglichkeit, nur Forderungen von zweifelhaftem Wert auszuwählen und der IFB anzubieten.

### 2. Verpflichtung der IFB zum Erwerb

*a) Kreditwürdigkeit des Debitors*

Demgegenüber verpflichtet sich die IFB gem. § 3 ihres Vertragsformulars, grundsätzlich alle Forderungen der Firma zu erwerben. Dabei verlangt sie, daß die jeweilige Forderung einschließlich aller schon von ihr erworbenen Forderungen und Wechsel im Rahmen eines für jeden Debitor einzuräumenden Kreditlimits liegen muß. Darüber hinaus ist sie gem. § 3 d) S. 2 ihres Vertragsformulars — unabhängig vom Kreditlimit, das sich ohnehin schon nach der Bonität des Debitors richtet — nur bei fehlender Kreditwürdigkeit des Debitors berechtigt, ein Erwerbsangebot abzulehnen. Die Verpflichtung der IFB zum Erwerb entfällt damit letztlich erst bei fehlender Bonität des betreffenden Debitors. Deren Beurteilung, die nach bankühlichen Gesichtspunkten erfolgen soll, hat sich aber die IFB selbst vorbehalten.

#### *b) Teilforderungen*

Die Parteien haben sich in § 3 d) des Vertragsformulars nur dahin geeinigt, daß die jeweilige Forderung ungeteilt im Rahmen eines Kreditlimits liegen muß. Damit ist keine ausdrückliche Regelung getroffen für den Fall, daß kein Kreditlimit besteht und eine angebotene Forderung nur teilweise von der Kreditwürdigkeit des Debitors gedeckt ist. Fraglich ist, ob die IFB hier berechtigt ist, den Erwerb auch der Teilforderung, für die der Debitor kreditwürdig ist, abzulehnen. Das Kreditlimit richtet sich nach der Kreditwürdigkeit des Debitors. Da die IFB Teilforderungen auch im Rahmen des Kreditlimits von ihrer Erwerbsverpflichtung ausnimmt, ist erkennbar, daß sie den Erwerb von Teilforderungen unabhängig von der Kreditwürdigkeit des Debitors ablehnt. Die IFB will weder innerhalb des Kreditlimits noch innerhalb der Kreditwürdigkeit eines Debitors Teilforderungen erwerben. Die Erwerbsverpflichtung der IFB besteht also nur, soweit die ungeteilte Forderung zusammen mit den schon erworbenen Forderungen von der Bonität des Debitors gedeckt ist.

### 3. Erwerb der einzelnen Forderung

#### *a) Erklärung der Firma*

Für den Erwerb der einzelnen Forderung durch die IFB muß die Firma gem. §§ 1 b), c), 4 d) des Vertragsformulars der IFB noch eine originalgetreue Kopie der Rechnung einreichen. Sie erklärt damit konkludent, daß die IFB diese Forderung erwerben soll. An diese Erklärung will sie sich bis zu einer Antwort des IFB gebunden fühlen. Da die Rechnung gem. § 4 des Vertragsformulars Grundlage des Erwerbs sein soll, muß die Firma sie aus verwaltungstechnischen Gründen mit besonderen Daten wie Rechnungsnummer, Kontonummer des Debitors bei der IFB und ähnlichem versehen. Weiterhin hat sie auf ihr den genauen Rechtsgrund der Forderung sowie ihre einzelnen Daten und Konditionen zu vermerken.

*b) Erklärung der IFB*

Die IFB muß der Firma, wenn sie den Debitor für kreditwürdig hält, gem. § 2 ihres Vertragsformulars ein Entgelt gutschreiben. Sie erklärt damit konkludent, die Forderung von der Firma erwerben zu wollen. Bei unzulänglicher Bonität des Debitors kennzeichnet sie die Forderung in ihren Kontoauszügen als Treuhand-Forderung. Sie will diese Forderung dann nicht erwerben.

Bis zu ihrer Entscheidung über die Kreditwürdigkeit des Debitors, die sie in kürzester Frist treffen soll, kann sie gem. § 20 d) ihres Vertragsformulars die Forderung auf ein Schwebekonto verbuchen und so ihre Antwort hinausschieben.

### 4. Inhalt der Erwerbsvereinbarung

*a) Übertragung der Forderung*

Mit Einigung über den geplanten Erwerb der Forderung durch die IFB verspricht die Firma, der IFB diese Forderung übertragen zu wollen.

*b) Entgelt*

aa) Höhe

Demgegenüber verspricht die IFB gem. § 5 a) ihres Vertragsformulars, der Firma für den Forderungserwerb ein Entgelt zu zahlen in Höhe des aus der Rechnung ersichtlichen Zahlungsanspruchs der Firma gegen den Debitor. Bei Differenzen zwischen dem tatsächlichen und dem ersichtlichen Betrag soll gem. § 5 b) des Vertragsformulars der tatsächliche Anspruch maßgeblich sein.

bb) Fälligkeit

Das Entgelt soll gem. § 5 c) des Vertragsformulars erst fällig werden, sobald die Zahlung des Debitors bei der IFB eingeht oder die IFB aufgrund ihres eventuell übernommenen Delkredere-Risikos eintritt. Als Folge dieser Fälligkeitsvereinbarung wird die Entgeltforderung der Firma gegen die IFB nie fällig, wenn die IFB die Anschlußfirma aus ihrer Bestands- oder eventuellen Delkredere-Haftung in Anspruch nehmen kann.

## C. Rechtliche Würdigung

### I. Angebots- und Annahmeverpflichtung

#### 1. Bindendes Verpflichtungsgeschäft

Trotz der Bezeichnung der späteren Erklärungen der Parteien als Angebot und Annahme (§ 1 b) und § 2 des Vertragsformulars der IFB) ist zu prüfen, ob die Parteien nicht doch wie üblich schon mit dem Abschluß des Factoring-Vertrages sofort die vereinbarten Rechte und Pflichten für den Erwerb der Forderungen begründet haben[4].

*a) Bedingter Vertrag*

Daß die IFB jeweils vor dem Forderungserwerb die Bonität des einzelnen Debitors prüfen will, spricht nicht gegen einen sofort bindenden Vertrag. Eine sofortige Bindung ist den Parteien möglich mit der Vereinbarung eines bedingten Vertrages. Bei einer aufschiebenden Bedingung würde der Vertrag seine Wirkungen gem. § 158 Abs. 1 BGB erst bei feststehender Kreditwürdigkeit des Debitors entfalten. Bei einer auflösenden Bedingung würden die Ansprüche auf die gegenseitigen Leistungen gem. § 158 Abs. 2 BGB unmittelbar entstehen. Im Factoring-Vertrag läge dann das Angebot der Firma, sich zur Übertragung der Forderung zu verpflichten, und die durch das festgestellte Fehlen der Kreditwürdigkeit des Debitors auflösend bedingte Annahme der IFB. Da die versprochenen gegenseitigen Leistungen auch eine gewisse Selbständigkeit haben und abschnittsweise zu erfüllen sind, soll der Factoring-Vertrag ähnlich dem Sukzessivlieferungsvertrag ein bedingtes Vertragsverhältnis begründen[5].

*b) Option*

Auch eine Option wäre möglich, bei der eine Partei ein über die Fristen der §§ 146 ff. BGB hinaus bindendes Angebot abgibt, das die andere Partei nur noch annehmen müßte[6]. Im Factoring-Vertrag läge dann ein bindendes Angebot der Firma, das die IFB annehmen müßte, wenn der Debitor kreditwürdig ist.

*c) Keine unmittelbare Erwerbsverpflichtung*

§ 1 des Vertragsformulars der IFB enthält noch kein bindendes Angebot der Firma, wie es die Überschrift vielleicht vermuten lassen

[4] BGH NJW 1962, 1812, 1813; WM 1973, 238.
[5] Wißkirchen S. 90.
[6] Soergel / Ballerstedt § 433 Anm. 12; Erman / Hefermehl § 145 Anm. 70.

könnte. In § 1 b) des Vertragsformulars wird lediglich klargestellt, daß das spätere Angebot im Zusenden der Ausgangsrechnung liegen soll. Da die Parteien für den endgültigen Forderungserwerb eindeutig noch Einzelverträge mit besonderen Angebots- (§ 1 b)) und Annahmeerklärungen (§ 2 des Vertragsformulars) vorgesehen haben, ist ein unmittelbarer Vertrag über die Verpflichtung zum Erwerb zwischen ihnen noch nicht vereinbart worden. Sie haben also innerhalb ihrer Vertragsfreiheit mit ihrer Angebots- und Annahmeverpflichtung nur ein Schuldverhältnis begründet, in dessen Rahmen es zum Forderungserwerb kommen soll. Eine Option oder ein bedingter Vertrag sind nicht gewollt.

### 2. Rahmenvertrag

Die Angebots- und Annahmeverpflichtungen für den jeweiligen Erwerb der einzelnen Forderungen könnten auch ähnlich wie der allgemeine Bankvertrag (Girovertrag) als Rahmen- oder Grundvertrag qualifiziert werden. Eine verbindliche Definition des Rahmenvertrages fehlt, das BGB kennt den Begriff nicht. Gemeinsames Merkmal aller Rahmenverträge ist lediglich, daß nur eine Partei sich zu einer Leistungsbereitschaft für inhaltlich noch unbestimmte Einzelverträge verpflichtet hat, von der anderen Partei aber den Abschluß nicht verlangen kann[7]. So kann ein Bankkunde aufgrund eines allgemeinen Bankvertrages von seiner Bank vielfältige Dienstleistungen verlangen. Die Bank hingegen kann meist nicht verlangen, daß der Kunde ihre Dienstleistungen in Anspruch nimmt. Eine solche lediglich einseitige Bindung nur einer Partei liegt bei der Angebots- und Annahmeverpflichtung für den Erwerb der einzelnen Forderungen nicht vor. Vielmehr können beide Parteien das Angebot oder die Annahme des Forderungserwerbs von einander verlangen. Ein Rahmenvertrag scheidet deshalb aus[8].

### 3. Vorvertrag

Die Verpflichtung zum Angebot oder zur Annahme hinsichtlich des jeweiligen Erwerbs der einzelnen Forderungen könnte als Vorvertrag zu qualifizieren sein. Zwar ist der Vorvertrag im BGB nicht ausdrücklich geregelt, seine Zulässigkeit folgt jedoch aus der Vertragsfreiheit. In einem Vorvertrag verpflichten sich die Parteien, demnächst einen weiteren schuldrechtlichen Vertrag, den Hauptvertrag, abzuschließen[9].

---

[7] Henrich S. 117, 126.

[8] a. A. Heidland KTS 1970, 165, 177; Glomb S. 40, der einen Rahmenvertrag neben einem echten Vorvertrag für möglich hält.

[9] BGH NJW 1962, 1812, 1813; Palandt / Heinrichs vor § 145 Anm. 4b; Erman / Hefermehl vor § 145 Anm. 66.

Der Vorvertrag wird nur ausnahmsweise statt eines sofort wirksamen Vertrages mit dem endgültig vorgesehenen Inhalt gewählt. Für die Annahme eines Vorvertrages sind deshalb besondere Hinweise und Anhaltspunkte notwendig. Hierbei sind keine rechtlich triftigen Gründe für einen Vorvertrag zu verlangen. Auch aus lediglich psychologischen Gründen oder aus subjektiven (Fehl-)Vorstellungen können die Parteien einen Vorvertrag gewollt haben[10]. So ist ein Vorvertrag vor allem dann anzunehmen, wenn dem Abschluß des Hauptvertrages nach den Vorstellungen der Parteien noch irgendwelche rechtlichen oder tatsächlichen Hindernisse entgegenstehen, die Parteien seinen späteren Abschluß aber schon jetzt sicherstellen wollen[11]. Bei Abschluß des Factoring-Vertrages sind sich die Parteien der entscheidenden Bedeutung der Bonitätsprüfung bewußt. Es mag ihnen deshalb zweckmäßig erscheinen, den Erwerbsvertrag hinsichtlich der einzelnen Forderung der Firma erst später abzuschließen. Gleichwohl soll sofort der Abschluß des späteren Vertrages bei entsprechender Kreditwürdigkeit des Debitors durch eine entsprechende Bindung beider Parteien gesichert werden. Die Angebots- und Erwerbsverpflichtungen im Factoring-Vertrag sind damit als Vorvertrag zu werten[12].

## II. Wirksamkeit des Vorvertrages

An einen wirksamen Vorvertrag werden besondere inhaltliche Anforderungen gestellt. Als Vertrag muß er zunächst selbst nach allgemeinen Vertragsgrundsätzen inhaltlich genau bestimmt sein. Vor allem müssen die Verpflichtungen der Parteien zum Abschluß des Hauptvertrages konkretisiert sein.

Weiterhin muß der Inhalt des abzuschließenden Hauptvertrages zumindest bestimmbar sein. Nötigenfalls muß nämlich jede Partei auf Abgabe ihrer Willenserklärung verklagt werden und der Inhalt des Hauptvertrages richterlich bestimmt werden können[13].

### 1. Verpflichtung zum Abschluß der Hauptverträge

#### a) *Verpflichtung der Firma*

Die Firma hat alle künftigen Forderungen ausnahmslos der IFB anzubieten. Zwar sind einzelne Debitoren zumindest teilweise noch un-

---

[10] Henrich S. 114.

[11] BGH NJW 1962, 1812, 1813; Henrich S. 115.

[12] Glomb S. 39; Bette S. 53.

[13] RGZ 66, 116, 121; 156, 129, 138; BGH LM § 256 ZPO Nr. 40; OLG Ffm. MDR 1973, 759.

bekannt. Da jedoch auch die Forderungen gegen noch unbekannte Debitoren anzubieten sind, ist die Verpflichtung der Firma umfassend und hinreichend genau bestimmt.

### *b) Verpflichtung der IFB*

#### aa) Abhängigkeit von Kreditwürdigkeit

Bedenken gegen die Wirksamkeit des Vorvertrages bestehen, weil die IFB nicht ausnahmslos zum Erwerb aller Forderungen verpflichtet ist. Die Verpflichtung der IFB zum Abschluß des Hauptvertrages hängt gem. § 3 d) S. 2 ihres Vertragsformulars letztlich jeweils noch von der Kreditwürdigkeit des betreffenden Debitors ab. Bei Abschluß des Factoring-Vertrags sind jedoch die Debitoren zumindest teilweise noch unbekannt. Inwieweit die IFB den einzelnen Debitor jeweils für kreditwürdig halten wird, ist ebenfalls noch ungewiß. Die Verpflichtung der IFB könnte also wegen inhaltlicher Unbestimmtheit unwirksam sein.

#### bb) Kreditwürdigkeit als Bedingung gem. § 158 BGB

Der Vorvertrag ist inhaltlich bestimmt, wenn das Fehlen der Kreditwürdigkeit des Debitors als eine Bedingung gem. § 158 BGB anzusehen ist. Die mangelnde Bonität eines Debitors ist ein zukünftiges, ungewisses Ereignis. Sobald sie feststeht, endigt auch die Verpflichtung der IFB zum Abschluß des Hauptvertrages. Die mangelnde Bonität des Debitors könnte daher eine auflösende Bedingung hinsichtlich der Verpflichtung aus dem Vorvertrag gem. § 158 Abs. 2 BGB sein. Das Fehlen der Kreditwürdigkeit ist nur Bedingung, wenn die Wirksamkeit des gesamten Vorvertrages von ihr abhängen soll. Es ist fraglich, ob die IFB sich unbeschränkt zum Abschluß von Hauptverträgen verpflichten will, diese Verpflichtung aber bei mangelnder Bonität des Debitors gänzlich unwirksam sein soll. Es erscheint der Sachlage angemessener, daß die IFB mit der Kreditwürdigkeit des Debitors lediglich den Umfang ihrer Verpflichtung einschränken will. Solche Inhaltsbestimmungen sind aber keine Bedingungen i. S. d. §§ 158 ff. BGB[14].

#### cc) Bestimmbarkeit der Kreditwürdigkeit

Die Verpflichtung der IFB zum Abschluß des Hauptvertrages könnte trotzdem ausreichend bestimmt sein, wenn die Parteien bewußt der IFB die künftige Bestimmung des Umfangs ihrer Leistung gem. § 315 Abs. 1 BGB überlassen haben. § 315 BGB ist nämlich auch auf Umstände anwendbar, von denen der Umfang der Leistung abhängen soll[15].

---

[14] Erman / Hefermehl vor § 158 Anm. 4; Soergel / Knopp § 158 Anm. 1; RGRK-BGB (Kuhn) vor § 158 Anm. 6.

[15] Palandt / Heinrichs § 315 Anm. 2 b; Soergel / Schmidt § 315 Anm. 10; Erman / Battes § 315 Anm. 4.

Die IFB soll über die Annahme des Erwerbsangebots oder seine Ablehnung entsprechend der Kreditwürdigkeit des jeweiligen Debitors entscheiden. Sie legt damit zugleich konkludent den Umfang ihrer Verpflichtung aus dem Vorvertrag fest. Ihr Leistungsumfang wird also erst dadurch endgültig bestimmt. Diese Bestimmung soll auch für beide Parteien bindend sein. Die Bestimmung des Leistungsumfangs der IFB soll also erst später durch sie selbst erfolgen.

#### dd) Entscheidung über die Kreditwürdigkeit

Für eine ausreichende rechtliche Bindung ist jedoch noch eine hinreichend bestimmbare Grundlage für die Ausübung des billigen Ermessens notwendig[16]. Hier können die Parteien in den banküblichen Gesichtspunkten für eine Kreditgewährung eine ausreichend bestimmbare Grundlage für die Beurteilung der Kreditwürdigkeit der Debitoren vereinbart haben. Die Kreditwürdigkeit eines Schuldners wird von Banken möglichst umfassend geprüft. Allgemein werden die rechtlichen Verhältnisse, die persönliche Vertrauenswürdigkeit und die wirtschaftliche Lage des Schuldners untersucht[17]. Die banküblichen Gesichtspunkte sind daher hinreichend bestimmt. Die IFB hat sich also bei Ausübung ihres Bestimmungsrechts daran zu orientieren, ob der Debitor unter persönlichen, rechtlichen und wirtschaftlichen Gesichtspunkten willens und fähig erscheint, die Forderung gegen ihn zu erfüllen. Mit der späteren Entscheidung über die Kreditwürdigkeit des Debitors durch die IFB gem. § 315 BGB ist ihre Verpflichtung zum Abschluß des Hauptvertrages hinreichend bestimmbar.

## 2. Inhalt der künftigen Hauptverträge

### *a) Gegenstand der Hauptverträge*

Mit der Einbeziehung jeder künftig entstehenden Forderung haben sich die Parteien auch über den Gegenstand der künftigen Hauptverträge geeinigt. Zwar existieren diese Forderungen bei Vertragsschluß noch nicht. Es reicht aber aus, daß schon jetzt erkennbar ist, über welche Forderungen bei ihrer Entstehung ein Erwerbsvertrag geschlossen werden soll.

### *b) Entgelt*

Die Parteien haben sich auch über die Zahlung eines Entgelts und seine Höhe geeinigt. Zwar kann die Höhe bei Abschluß des Factoring-Vertrages noch nicht bestimmt werden. Da sie aber an den tatsächlichen

---

[16] BGHZ 55, 248, 250 f.; Erman / Battes § 315 Anm. 6; Palandt / Heinrichs § 315 Anm. 2 b).

[17] Beyer S. 230; Müller / Löffelholz Spalte 1141.

Zahlungsanspruch der Firma gegen den Debitor geknüpft ist, ist die Höhe des zu zahlenden Entgelts ausreichend bestimmt. Mit der Vereinbarung über die spätere Fälligkeit haben die Parteien die Anwendung der Auslegungsregel des § 271 Abs. 1 BGB ausgeschlossen.

*c) Zusammenfassung*

Da sich die Parteien auch über die Haftungsregelung beim Forderungserwerb in den §§ 7 ff. des Vertragsformulars der IFB geeinigt haben, ist der Inhalt der einzelnen Hauptverträge hinreichend bestimmbar. Der Factoring-Vertrag der IFB enthält in seinen §§ 1 - 5 einen wirksamen, zweiseitig verpflichtenden Vorvertrag. Beide Parteien können hieraus voneinander die Abgabe von Willenserklärungen, nämlich das Angebot zur Verpflichtung von Forderungsübertragungen und seine Annahme, verlangen.

## III. Hauptvertrag

### 1. Übersendung der Rechnungskopie

*a) Angebot der Firma*

Mit der Übersendung der Rechnungskopie gem. § 1 b) des Vertragsformulars bietet die Firma der IFB an, die in dieser Kopie beschriebene Forderung zu erwerben. Der bis dahin nur bestimmbare Gegenstand des Hauptvertrages wird durch die detaillierten Angaben auf der Rechnung konkretisiert. Mit dem Vertragsgegenstand wird zugleich das bis dahin nur bestimmbare Entgelt in Höhe des Forderungsbetrages festgesetzt. Daß hierbei die Rechnungskopie mit dem Original übereinstimmen muß, dient nur der Klarstellung. Mit dem Angebot, für das die Firma durch ihre Bindung die Fristen der §§ 146 ff. BGB ausgeschlossen hat, erfüllt sie zugleich ihre Verpflichtung aus dem Vorvertrag.

*b) Mitwirkende Gläubigerhandlung i. S. des § 295 BGB*

Ob die Übermittlung der Rechnungskopie daneben auch als mitwirkende Gläubigerhandlung i. S. des § 295 BGB gewertet werden kann mit der Rechtsfolge, daß bei Unterlassung der Handlung die Wirkungen des Gläubigerverzugs gem. §§ 300 ff. BGB eingreifen können, erscheint fraglich. Eine mitwirkende Gläubigerhandlung ist nur eine Obliegenheit des Gläubigers, zu deren Vornahme er gerade nicht verpflichtet ist. Aus dem Vorvertrag ist die Firma verpflichtet, ihre Forderungen durch Übersendung der Rechnungskopien der IFB zum Erwerb anzubieten. Aus dem Hauptvertrag kann sich ebenfalls keine Obliegenheit der Firma ergeben, weil der Hauptvertrag noch nicht geschlossen und die Firma noch nicht Gläubigerin aus dem Hauptvertrag ist. Eine mitwirkende Gläubigerhandlung ist daher in der Übermittlung der Rechnungskopie nicht zu sehen[18].

### 2. Erwerbspflicht der IFB

#### *a) Bestimmung nach der Kreditwürdigkeit des Debitors*

Mit der Festlegung des Vertragsgegenstandes kann auch die bis dahin nur bestimmbare Erwerbspflicht der IFB festgestellt werden. Die IFB kann nun die Entscheidung über die letztlich entscheidende Kreditwürdigkeit des Debitors gem. § 2 ihres Vertragsformulars durch Gutschrift des Gegenwertes oder Verbuchung der Forderung als Treuhandforderung fällen. Damit bestimmt sie gem. § 315 BGB den Umfang ihrer Verpflichtung aus dem Vorvertrag.

#### *b) Bestimmung durch Kreditlimit*

Die IFB ist gem. § 3 a) ihres Vertragsformulars verpflichtet, eine angebotene Forderung auch dann zu erwerben, wenn sie im Rahmen eines für diesen Debitor eingeräumten Kreditlimits liegt. Mit dem Einräumen des Limits hat die IFB den Umfang ihrer Verpflichtung aus dem Vorvertrag bereits festgelegt. Mit Einräumen des Limits hat die IFB also ihr Bestimmungsrecht gem. § 315 BGB insoweit schon ausgeübt.

#### *c) Wirksamkeit der Bestimmung*

Die Bestimmung des Leistungsumfangs der IFB und damit ihrer Erwerbspflicht erfolgt durch Annahme oder Ablehnung des Angebots der Firma gem. § 2 ihres Vertragsformulars oder durch Bekanntgabe der für die einzelnen Debitoren eingeräumten Kreditlimite gem. § 3 b) des Vertragsformulars. Die Bestimmung durch Kreditlimit wird gem. § 130 Abs. 1 S. 1 BGB jeweils nach Zugang bei der Firma wirksam und ist grundsätzlich für beide Parteien bindend, sofern sie nicht unbillig ist und durch das Gericht gem. § 315 Abs. 3 BGB ersetzt werden muß. Räumt die IFB kein Kreditlimit ein, wird die Bestimmung ihres Leistungsumfangs mit ihrer Annahme- oder Ablehnungserklärung wirksam.

### 3. Verhalten der IFB

#### *a) Annahme*

##### aa) Gutschrift

Für Forderungen, die die IFB zu erwerben verpflichtet ist, schreibt sie gem. § 2 ihres Vertragsformulars der Firma das Entgelt gut. Sie

[18] a. A. Schönle § 15 III 3.

verpflichtet sich damit konkludent, die angebotene Forderung zu erwerben. Der Hauptvertrag wird sofort wirksam, weil die Firma konkludent gem. § 151 BGB auf den Zugang der Annahmeerklärung verzichtet hat[19] und auch nach Ablauf der Fristen der §§ 146 ff. BGB noch an ihr Angebot gebunden ist. Mit der Annahmeerklärung erfüllt die IFB ihrerseits ihre Verpflichtung aus dem Vorvertrag.

bb) Kreditlimit

Der Hauptvertrag könnte bereits mit Eingang der Rechnungskopie bei der IFB zustande kommen, wenn der Forderung im Rahmen des für den betreffenden Debitor eingeräumten Kreditlimits liegt[20]. Unerheblich wäre es hierbei, ob die IFB auch das Delkredere-Risiko tragen will oder nicht, weil allein die Kreditwürdigkeit des Debitors entscheidend ist[21]. Ob die IFB aber die Beurteilung der Bonität eines Debitors als eine zumindest kurzfristig gem. §§ 146 ff. BGB bindende Willenserklärung mit dem Inhalt einer Verpflichtung zum Forderungserwerb abgeben will, erscheint bedenklich. Grundsätzlich will sie eine Rechnung erst noch auf Echtheit, Verität der Forderung, Einhaltung des Limits und seine Gültigkeit prüfen. Die Äußerung über die Kreditwürdigkeit des Debitors ist deshalb nicht als Annahmeerklärung der IFB zu werten.

*b) Ablehnung*

Forderungen, die die IFB nicht zu erwerben verpflichtet ist, kennzeichnet sie gem. § 2 ihres Vertragsformulars im Kontoauszug als Treuhandforderungen. Sie lehnt damit konkludent ihre Verpflichtung zum Erwerb ab. Mit Zugang des Kontoauszuges gem. § 130 Abs. 1 S. 1 BGB ist dann ein Hauptvertrag endgültig gescheitert.

### 4. Zusammenfassung

Mit der Zusendung der Rechnungskopie sind Leistung und Gegenleistung des Hauptvertrages genau bestimmt. Die Zusendung enthält das Angebot der Firma, sich zur Übertragung der Forderung zu verpflichten. Über alle anderen wesentlichen Punkte, insbesondere über die Haftungsregelung gem. §§ 7 ff. des Vertragsformulars, haben sich die Parteien schon im Factoring-Vertrag geeinigt. Es kommt deshalb mit der in der Gutschrift des Entgelts konkludent erklärten Annahme der IFB ein wirksamer Hauptvertrag zustande.

---

[19] Bette S. 76.
[20] Bette S. 76.
[21] a. A. Bette S. 76: nur bei Delkredere-Risiko des Factors.

## IV. Rechtsnatur der einzelnen Hauptverträge

### 1. Bedeutung der Einordnung

Es stellt sich nunmehr die Frage, ob der einzelne Hauptvertrag sich unter einen bestimmten, im BGB geregelten Vertragstyp einordnen läßt.

Dies ist vor allem von großer Bedeutung für seine inhaltliche Überprüfung. Eine solche Überprüfung ist nötig, weil der Vertrag nicht individuell ausgehandelt wird und die IFB ihn nur zu den von ihr vorformulierten Bedingungen abschließt (Formular-Vertrag). Auf solche einseitig aufgestellten Formularverträge werden die Grundsätze über die Inhaltskontrolle von allgemeinen Geschäftsbedingungen entsprechend angewandt, wenn sie eine Fülle von Klauseln enthalten, deren Umfang und Tragweite nicht ohne weiteres zu überblicken sind[22].

Ausgangspunkt dieser Inhaltskontrolle ist der Vertragstypus. Seine Dispositivnormen konkretisieren die hierfür maßgeblichen Grundsätze von Treu und Glauben gem. § 242 BGB. In den dispositiven Normen eines jeden Vertragstypus hat der Gesetzgeber nicht nur Zweckmäßigkeitserwägungen, sondern auch eine Interessenabwägung und ein Gerechtigkeitsgebot niedergelegt (Ordnungs- oder Leitbildfunktion des dispositiven Rechts)[23].

### 2. Grundlagen der Beurteilung

Die Parteien bezeichnen den Hauptvertrag durchgehend als Kaufvertrag. Dies ist für seine Einordnung nur als Indiz zu werten, weil Verträge gem. §§ 133, 157 BGB nicht nach den Buchstaben, sondern nach dem wirklich gewollten Inhalt und nach Treu und Glauben mit Rücksicht auf die Verkehrssitte auszulegen sind. Auch die wirtschaftliche Funktion des Factoring-Geschäfts kann hierbei nicht entscheidendes Kriterium sein. Die Rechtsnatur richtet sich letztlich allein danach, ob die Parteien wirklich die Rechte und Pflichten aus einem Kaufvertrag gem. § 433 BGB begründet haben.

Dabei darf nicht allein auf die Erwerbs- und Entgeltsverpflichtung aus dem Hauptvertrag abgestellt werden. Der wirkliche Wille der Parteien kann auch aus den übrigen Vertragsbestimmungen ersichtlich

[22] BGHZ 51, 55, 59; 60, 243, 245; NJW 1969, 230, 231; 1971, 1135; 1973, 990, 991 u. 1194; Schmidt-Salzer NJW 1967, 373, 376 f.; Palandt / Heinrichs Einf. vor § 145 Anm. 6 E; Larenz SchR I § 6 III S. 72.

[23] BGHZ 41, 151, 154; 60, 243, 245; NJW 1970, 29, 32; 1971, 1133, 1135; 1973, 1192, 1193 u. 1276; Soergel / Hefermehl § 138, Anm. 71; Staudinger / Weber Einl. N 336 vor § 241; Schmidt-Salzer AGB 1971, N. 135 ff.; Palandt / Heinrichs Einf. vor § 145 Anm. 6 D d).

sein. Alle sich aus dem Factoring-Vertrag ergebenden Rechte und Pflichten sind deshalb mit zu berücksichtigen. Hierbei ist insbesondere auf die Haftungsvereinbarung und ihre eventuelle Geltendmachung zu achten, weil ihr häufig eine entscheidende Bedeutung für die Rechtsnatur des Hauptvertrages nachgesagt wird.

### 3. Geschäftsbesorgungsvertrag auf Forderungsinkasso gem. § 675 BGB

#### *a) Delkredere-Risiko der IFB*

Der Hauptvertrag könnte als ein entgeltlicher Geschäftsbesorgungsvertrag gem. § 675 BGB gewertet werden, aufgrund dessen die IFB die Einziehung der Forderung zugunsten der Firma und ihre Bevorschussung vorzunehmen hätte. Die Übertragung der Forderung wäre nur eine Inkassoabtretung. Dann müßte die IFB die einzelnen Forderungen im Interesse der Firma einziehen. Bedenken gegen ein Interesse der Firma am Forderungseinzug bestehen, wenn die IFB das Kreditrisiko übernommen hat. Dann hat bei einer eventuellen Zahlungsunfähigkeit des Debitors die IFB selbst den Ausfall zu tragen. Die Firma erleidet hierdurch unmittelbar keinen Nachteil. Der einzelne Hauptvertrag wird hiervon nicht berührt. Bezüglich des einzelnen Hauptvertrages hat die Firma an einer Zahlung des Debitors kein eigenes Interesse mehr. Der Firma kommt es lediglich darauf an, daß die IFB die Forderung gegen Zahlung eines Entgelts erwirbt.

Die IFB zieht deshalb bei Übernahme des Kreditrisikos die Forderung allein im eigenen Interesse beim Debitor ein. Eine Geschäftsbesorgung zugunsten der Firma ist nicht anzunehmen[24].

#### *b) Delkredere-Haftung der Anschlußfirma*

Ein eigenes Interesse der Firma am Forderungseinzug könnte vorliegen, wenn die Firma das Delkredere-Risiko[25] trägt. Bei Insolvenz des Debitors wird die Firma dann gem. § 7 e) des Vertragsformulars von der IFB aus ihrer Haftung in Anspruch genommen. Da sie durch den Ausfall des Debitors selbst betroffen ist, hat die Firma am Zahlungseinzug ein eigenes Interesse.

Für einen Forderungseinzug aufgrund einer Geschäftsbesorgung ist weiter nötig, daß der Zessionar die Forderung primär zugunsten des Zedenten einziehen will[26]. Es müßte deshalb aus dem Vertrag eine Be-

---

[24] Esser I § 55 VI 1 b S. 412; a. A. Peter II § 4 Nr. 8 Anm. 18: Inkassozession.

[25] Der beim Factoring-Vertrag spezielle rechtstechnische Begriff „Delkredere-Risiko“ beinhaltet das Risiko der Zahlungsunfähigkeit des Debitors.

[26] Larenz SchR I § 34 V b S. 407.

schränkung der Gläubigerrechte der IFB ersichtlich sein. Gem. §§ 4 b) und 14 a) des Vertragsformulars der IFB werden die Debitoren angewiesen, ausschließlich an die IFB zu zahlen. Weiterhin muß die Firma an sie gelangte Zahlungen gem. § 14 Vertragsformular der IFB sofort an diese weiterleiten. Alle Klauseln zielen darauf ab, den Gegenwert nicht in der Verfügungsmacht der Firma zu belassen. Hieraus ergibt sich, daß die IFB den Gegenwert selbst erhalten will und die Forderungen im eigenen Interesse einzieht. Durch die Abtretung ist daher die IFB uneingeschränkte Rechtsinhaberin geworden[27]. Ein auf Forderungseinzug gerichteter Geschäftsbesorgungsvertrag ist deshalb auch bei Delkredere-Haftung der Firma nicht gewollt[28].

### 4. Darlehen gem. § 607 BGB

#### *a) Delkredere-Risiko der IFB*

##### aa) Typisches Darlehen mit Sicherungsabtretung

Im Hauptvertrag könnten die Parteien ein Darlehen gem. § 607 BGB vereinbart haben. Die IFB würde dann das Entgelt der Firma nur zur vorübergehenden Nutzung zur Verfügung stellen. Ihre Ansprüche aus der Haftungsregelung wären als Rückzahlungsanspruch gem. § 607 Abs. 1 BGB zu werten, der durch die Übertragung der Forderung gesichert würde. Ein solcher Rückzahlungsanspruch fehlt jedoch, wenn die IFB das Delkredere-Risiko übernommen hat. Bei Insolvenz des Debitors hat die IFB selbst den Ausfall zu tragen. Ein Anspruch gegen die Firma steht ihr nicht zu. Es besteht keinerlei Rückzahlungspflicht der Firma. Eine Qualifizierung des Vorschusses als normale Darlehenshingabe und der Rückbelastung als Rückzahlung gem. § 607 Abs. 1 BGB scheidet damit aus. Es kann dann auch keine Sicherungsabtretung vorliegen[29].

##### bb) Atypisches Darlehen

Möglich wäre somit nur ein Darlehen, das von vornherein durch Forderungsabtretung an Erfüllungs Statt gem. § 364 Abs. 1 BGB getilgt werden soll. Die Firma würde dann schon aus §§ 365, 437 Abs. 1 BGB nur für die Verität der Forderung, nicht aber für die Bonität des Debitors haften. Gegen diese Auslegung spricht, daß die Firma mit Forde-

---

[27] Bette S. 75.

[28] a. A. Esser I § 55 VI 1 b S. 412, der beim Factoring ohne Eigenrisiko des Factors (beim „unechten" Factoring) ein Delkredere des Factors für möglich hält. Dies ist jedoch widersprüchlich, weil der Factor mit dem Delkredere immer ein Eigenrisiko übernimmt.

[29] Montenbruck MDR 1971, 541; Serick II § 24 I 1 S. 264 f.; Bette S. 57; Glomb S. 51.

rungsabtretung im Factoring-Vertrag ihre Rückzahlungspflicht aus § 607 Abs. 1 BGB in dem Augenblick gem. § 364 Abs. 1 BGB tilgen würde, in dem ihr das Darlehen durch Gutschrift gem. § 2 Vertragsformular der IFB erst gewährt wird[30]. Zudem wäre es gekünstelt, die Firma gem. § 365 BGB „in gleicher Weise wie einen Verkäufer" haften zu lassen, wenn die Kaufvorschriften möglicherweise direkt anwendbar sind. Auch in Verbindung mit einer Forderungsabtretung an Erfüllungs Statt ist deshalb die Qualifizierung als Darlehen gem. § 607 BGB abzulehnen[31].

*b) Delkredere-Haftung der Firma*

aa) Rückzahlungsanspruch bei Zahlungsunfähigkeit des Debitors

Die IFB könnte einen Rückzahlungsanspruch gem. § 607 Abs. 1 BGB gegen die Firma haben, wenn die Firma die Delkredere-Haftung trägt. Zwar kann die IFB den Vorschuß regelmäßig nicht von der Firma zurückverlangen. Stattdessen soll sie ihre Befriedigung durch Einziehung der ihr übertragenen Forderung suchen. Lediglich bei Zahlungsunfähigkeit des Debitors kann die IFB ihren Anspruch aus der Delkredere-Haftung geltend machen. Dieser Anspruch könnte ein Rückzahlungsanspruch gem. § 607 Abs. 1 BGB sein, für den die Firma erfüllungshalber gem. § 364 Abs. 2 BGB ihre Forderung gegen den Debitor abgetreten hat[32].

bb) Rückzahlungsanspruch bei Nichtbestehen der Forderung

Fraglich ist, ob auch der Anspruch der IFB aus der Haftung der Firma für die Verität der Forderung als Rückzahlungsanspruch gem. § 607 Abs. 1 BGB zu werten ist. Teilweise wird er als Anspruch aus §§ 365, 440 Abs. 1, 437 BGB angesehen[33]. Bedenken ergeben sich, weil die Forderung nicht an Erfüllungs Statt gem. § 364 Abs. 1 BGB sondern lediglich erfüllungshalber i. S. von § 364 Abs. 2 BGB übertragen wurde. Bei Forderungen, die nur erfüllungshalber abgetreten werden, benötigt der Zessionar keine Gewährleistungsansprüche. Er kann seine ursprüngliche Forderung weiter geltend machen, § 365 BGB ist nicht anwendbar[34]. Der Anspruch der IFB bei Nichtbestehen der abgetretenen Forderung kann deshalb nicht aus §§ 365, 440 Abs. 1, 437 BGB folgen.

---

[30] Glomb S. 51.

[31] Glomb S. 51; a. A. HGB-RGRK (Canaris) Anh. § 357 Anm. 593.

[32] BGHZ 58, 364, 366; Glomb S. 59; Montenbruck MDR 1971, 541, 542; Heidland KTS 1970, 248 gegen 165, 170; Fischoeder S. 6; Löffler BB 1967, 1304, 1306; Consbruch / Möller § 1 Anm. 5; Serick BB 1974, 143; Bd. IV § 52 II 2 b S. 545; HGB-RGRK (Canaris) Anh. § 357 Anm. 593.

[33] BGHZ 58, 364, 366.

[34] RGZ 65, 79, 81; Staudinger / Ostler § 437 Anm. 20; Soergel / Ballerstedt § 437 Anm. 9; Soergel / Schmidt § 365 Anm. 1; Erman / Westermann § 365 Anm. 1; Palandt / Heinrichs § 365 Anm. 1.

Er kann vielmehr nur in der ursprünglichen Forderung bestehen. Auch in diesem Fall könnte ein Rückzahlungsanspruch gem. § 607 Abs. 1 BGB vorliegen, für den die Firma ihre Forderung gegen den Debitor erfüllungshalber i. S. von § 364 Abs. 2 BGB abgetreten hat.

### cc) Sicherungszweck der Abtretung

Die IFB könnte sich ihren angeblichen Rückzahlungsanspruch auch durch die Forderung der Firma sichern lassen wollen. Die Abtretung würde dann sicherungshalber erfolgen[35]. Hierfür könnte vor allem sprechen, daß die Firma die Forderung zurückerhält, wenn sie gem. § 19 e) des Vertragsformulars die IFB aus dem „Erwerbsvertrag" entläßt und das empfangene Geld zurückbezahlt[36]. Grundsätzlich darf der Sicherungsnehmer das Sicherungsgut nur bei Nichtleistung des Sicherungsgebers verwerten. Die Sicherungsabrede kann aber atypisch auch vorsehen, daß das Sicherungsgut bei Fälligkeit der gesicherten Forderung grundsätzlich verwertet und mit seinem Erlös die gesicherte Forderung getilgt werden soll (Abwicklungsvertrag)[37]. Bei diesen Verträgen sichert das Sicherungsgut die Forderung dann bis zu einem gewissen späteren Zeitpunkt, zu dem es frühestens verwertet werden darf[38]. Kein Sicherungszweck liegt dagegen einer Abtretung zugrunde, wenn der Zessionar die abgetretene Forderung schon zum frühesten Zeitpunkt einziehen darf. Er wartet dann nur auf die Fälligkeit der Forderung[39]. Auch die IFB wartet nur auf die Fälligkeit der abgetretenen Forderung und zieht sie dann sofort ein. Die Abtretung an sie erfolgt also nicht sicherungshalber[40].

Die Ansprüche der IFB aus einer Delkredere-Haftung der Firma könnten als Rückzahlungsanspruch gem. § 607 Abs. 1 BGB zu werten sein, für den die Firma ihre Forderung nur erfüllungshalber übertragen hat. Bei Delkredere-Haftung der Firma könnten die Parteien also ein Darlehen vereinbart haben.

### dd) Darlehensabsicht der IFB

Die IFB müßte hierbei die Vorschußzahlung als Darlehensgewährung gewollt haben (credendi causa). Eine solche Darlehensabsicht wird damit begründet, daß der Factor die Delkredere-Haftung nicht überneh-

[35] Glomb S. 70; Montenbruck MDR 1971, 541, 543; Heidland KTS 1970, 165, 170; Löffler BB 1967, 1304, 1306.

[36] Glomb S. 70.

[37] Serick II § 18 I 2 S. 48.

[38] Serick II § 24 I 1 S. 265.

[39] BGHZ 19, 12, 15; Serick II § 24 I 1 S. 265; Schlegelberger / Hefermehl Anh. § 368 Anm. 227.

[40] Serick BB 1974, 143; Bette S. 74.

men könne und wolle, weil er die Kreditwürdigkeit der Debitoren nicht ausreichend beurteilen könne. Das Risiko beim Forderungserwerb ohne eine eventuelle Rückbelastungsmöglichkeit sei ihm zu groß[41]. Es komme ihm deshalb in erster Linie auf den Rückzahlungsanspruch gegen die Anschlußfirma an. Allein auf deren Bonität vertraue er, weil er ihre Leistungsfähigkeit aufgrund der Geschäftsverbindung und der Büchereinsicht gut abschätzen könne. Der wirtschaftliche und rechtliche Schwerpunkt des Factoring-Geschäfts habe sich also für den Factor auf seinen Rückzahlungsanspruch gegen die Firma verlagert[42].

ee) Bedenken gegen eine Auslegung als Darlehen

Gegen die Annahme eines Darlehens bestehen Bedenken, weil fast alle beim Factoring-Geschäft getroffenen Vereinbarungen für ein Darlehen atypisch sind[43]. So müßte man für den Regelfall der Einbringlichkeit der Forderung als vereinbart ansehen, daß die Firma den Anspruch aus § 607 Abs. 1 BGB nicht direkt durch eigene Zahlung, sondern atypisch in erster Linie durch Abtretung ihrer Forderung gegen den Debitor erfüllungshalber i. S. von § 364 Abs. 2 BGB befriedigen soll. Dagegen könnte die IFB im atypischen Fall, wenn ausnahmsweise eine Forderung wegen Zahlungsunfähigkeit des Debitors nicht beitreibbar ist, auf den typischen Rückzahlungsanspruch gem. § 607 Abs. 1 BGB zurückgreifen.

Auch die Regelung, daß die IFB hierbei gem. §§ 7 e), 8 ihres Vertragsformulars ohne weiteres nach Ablauf der Karenzzeit auf ihren Rückzahlungsanspruch aus 607 Abs. 1 BGB zurückgreifen könnte, ist bei erfüllungshalber abgetretenen Forderungen atypisch. Der Zessionar muß regelmäßig zuerst seine Befriedigung aus der ihm erfüllungshalber abgetretenen Forderung suchen[44]. Des weiteren ist es eine atypische Regelung, wenn die IFB sich gem. § 7 d) S. 2 ihres Vertragsformulars bei Nichtbestehen der erfüllungshalber abgetretenen Forderung das Recht zur fristlosen Kündigung des Darlehens vorbehalten hätte.

ff) Bedenken gegen die angebliche Darlehensabsicht

Fraglich ist auch, ob die IFB wirklich nur auf die Bonität der Anschlußfirma vertraut und ob sie den Debitor nicht für ausreichend kreditwürdig hält. Grundsätzlich prüft die IFB die Kreditwürdigkeit aller

[41] Glomb S. 55.

[42] Glomb S. 58; Montenbruck MDR 1971, 541, 542; Serick BB 1976, 429.

[43] So aber ausdrücklich Serick BB 1976, 429: im Regelfall liegt ein Darlehen mit atypischem, im Ausnahmefall ein Darlehen mit typischem Rückzahlungsablauf vor.

[44] Soergel / Schmidt § 364 Anm. 4; Palandt / Heinrichs § 364 Anm. 4 a; Erman / Westermann § 364 Anm. 11.

Debitoren erschöpfend. Es besteht deshalb kein Grund, weshalb sie einmal von einer zuverlässigen Beurteilung der Kreditwürdigkeit ausgehen und das Kreditrisiko übernehmen kann[45], ein anderes Mal dagegen ihrer eigenen Bonitätsprüfung mißtrauen und sie nur als Minderung der Ungewißheit ansehen soll[46]. Zudem ist es unverständlich, daß die IFB die Prüfung der Kreditwürdigkeit vertraglich übernimmt, sich selbst aber die Beurteilung der Kreditwürdigkeit der Debitoren nicht zutrauen soll. Es ist deshalb anzunehmen, daß die IFB immer auf die Zuverlässigkeit ihrer Kreditwürdigkeitsprüfung vertraut.

Die IFB verpflichtet sich nur, Forderungen gegen kreditwürdige Debitoren zu erwerben. Es besteht keine Notwendigkeit, Forderungen gegen Debitoren von zweifelhafter Bonität zu erwerben und dafür die Delkredere-Haftung auszuschließen. Beim Erwerb einer Forderung ist deshalb die IFB immer von der Bonität des betreffenden Debitors überzeugt. Daß die IFB das Delkredere-Risiko häufig nicht trägt, liegt daran, daß auch die Anschlußfirmen bei normaler Konjunkturlage regelmäßig auf die Kreditwürdigkeit ihrer Debitoren vertrauen konnten. Sie hatten deshalb bei allgemein zufriedenstellender Zahlungsmoral der Debitoren in Deutschland häufig keinen Anlaß, das Delkredere-Risiko gegen hohe Gebühren abzuwälzen[47].

Ob die IFB beim Factoring-Geschäft auch das Delkredere-Risiko tragen will oder nicht, ist für die Rechtsnatur des Hauptvertrages letztlich nicht entscheidend. Wesentlich für seine Qualifizierung ist lediglich, ob es der IFB letztlich auf einen Rückzahlungsanspruch gegen die Firma ankommt. Zwar finanziert die IFB nur Firmen, die selbst in gewissem Maß kreditwürdig sind[48]. Dies ist nötig, weil sonst die Gefahr betrügerischer Manipulationen durch fingierte Ausgangsrechnungen, Zurückbehalten von Zahlungseingängen usw. zu groß werden könnte. Gerade hierdurch sollen die Factoring-Institute die größten Verluste erleiden[49]. Trotz der Bonitätsforderungen an die Firma muß deshalb die IFB nicht den größten Wert auf einen Rückzahlungsanspruch gegen die Firma legen.

Bedenken gegen die gesteigerte Bedeutung des Rückzahlungsanspruchs der IFB gegen die Firma ergeben sich vor allem, wenn eine Anschlußfirma für die von ihr angebotene Forderung hinsichtlich ihrer eventuellen Delkredere-Haftung unbedenklich kreditwürdig ist. Die IFB könnte, wenn es ihr hauptsächlich auf einen durchsetzbaren Anspruch gegen die Firma ankäme, sich ohne weiteres verpflichten, diese

---

[45] Glomb S. 50.
[46] Glomb S. 56.
[47] Betz S. 115 f.
[48] Schmitt S. 39; a. A. Wißkirchen S. 55.
[49] Bette S. 75; Schmitt S. 40.

Forderung zu erwerben. Daß sie die Forderung dennoch nur bei Kreditwürdigkeit des Debitors erwirbt, beweist, daß die IFB der Bonität des Debitors größere Bedeutung zumißt als der Kreditwürdigkeit der Firma[50]. Es kommt der IFB in erster Linie auf einen durchsetzbaren Anspruch gegen den Debitor an. Deshalb wird auch ein Kreditlimit für die einzelnen Debitoren und nicht für die Firmen festgesetzt[51], die ohnedies häufig nicht sehr finanzstark sind[52].

#### gg) Zusammenfassung

Wegen der überragenden Bedeutung des Anspruchs gegen den Debitor will die IFB in erster Linie keinen Rückzahlungsanspruch gegen die Anschlußfirma begründen. Beide Parteien gehen aufgrund der Bonitätsprüfung der IFB von einer Befriedigung der Forderung durch den Debitor aus. Auch die Firma will deshalb keine „Rückzahlungs"pflicht übernehmen.

Die Firma soll aus ihrer Bestands- und Delkredere-Haftung nur bei Vertragsstörungen in Anspruch genommen werden können. Diese Ansprüche gehören nicht zu den Pflichten, die die Rechtsnatur des Hauptvertrages bestimmen. Der Hauptvertrag ist auch bei Delkredere-Haftung der Firma nicht als Darlehen gem. § 607 BGB zu werten[53].

## 5. Kaufvertrag gem. § 433 BGB

### *a) Delkredere-Risiko der IFB*

Der Hauptvertrag könnte als Kaufvertrag über eine Forderung gem. § 433 Abs. 1 Satz 2 BGB mit einer Verpflichtung zur Kaufpreiszahlung zu qualifizieren sein. Die Forderungsübertragung wäre dann das Erfüllungsgeschäft des Kaufvertrages.

#### aa) Endgültigkeit des Leistungsaustausches

Die Firma will die Forderung auf die IFB übertragen, um Geld zu erhalten. Dieser Austausch von Forderung und Geld müßte als endgültig gewollt sein. Mit dem Delkredere-Risiko trägt die IFB bei einer eventuellen Zahlungsunfähigkeit des Debitors den Ausfall der Forderung. Sie kann dann keinen entsprechenden Anspruch gegen die Anschlußfirma geltend machen. Nur bei Nichtbestehen der Forderung kann die IFB die Firma aus ihrer Veritätshaftung in Anspruch nehmen. Dies spricht aber nicht gegen die Endgültigkeit des Leistungsaustausches,

---

[50] Wißkirchen S. 55; Schmitt S. 39; Betz S. 114; Schoenle § 13 I 3 b.

[51] Schmitt ZKW 1966, 1044.

[52] Glomb S. 58 f.; Schmitt S. 71.

[53] Bette S. 57; Schork § 1 Anm. 72.

weil diese Rechtsfolge gem. § 437 BGB ohnehin bei jedem Kaufvertrag vorgesehen ist. Sie kann die Endgültigkeit des Leistungsaustausches nicht ausschließen. Die Firma soll das Entgelt für die zu übertragende Forderung endgültig erhalten. Andererseits soll die IFB Inhaberin der Forderung werden. Sie zieht die Forderung für sich ein und behält den Gegenwert. Eine Rückübertragung der Forderung ist nicht vorgesehen. Es liegt also ein endgültiges Austauschverhältnis vor.

#### bb) Äquivalenz

Indiz für einen Kaufvertrag ist weiterhin, daß Leistung und Gegenleistung zumindest subjektiv nach Ansicht der Parteien gleichwertig sind. Beim Factoring-Geschäft soll die Gleichwertigkeit der Leistungen schon deshalb vorliegen, weil die IFB die Bonität des Debitors überprüft habe[54]. Die IFB leistet aber nicht erst bei Tilgung der Forderung durch den Debitor, sie verpflichtet sich vielmehr zur sofortigen Gutschrift eines Entgelts. Eine Forderung ist bis zur Tilgung immer mit dem Risiko eines plötzlichen Vermögensverfalls des Debitors belastet. Die Forderung allein ist deshalb kein äquivalenter Gegenwert für das Entgelt.

Für das Delkredere-Risiko erhält die IFB einen Ausgleich in Geld. Zwar wird die Factoring-Gebühr gem. § 18 a) Vertragsformular der IFB nur als Entgelt für den Verwaltungsaufwand bezeichnet. Gem. § 7 e) des Vertragsformulars ermäßigt sie sich jedoch, wenn die IFB das Delkredere-Risiko nicht trägt. Es ist daher eindeutig, daß der entsprechende Anteil der Factoring-Gebühr als Entgelt für das Delkredere-Risiko der IFB gedacht ist.

Die Äquivalenz könnte weiterhin durch die Verwaltungskosten für die einzelnen Forderungen gestört sein. Eine Forderung könnte für die IFB nämlich nur den Wert des Nennbetrages abzüglich der Verwaltungskosten haben. Auch der restliche Teil der Factoring-Gebühr würde dann im Äquivalenzverhältnis stehen. Dann würde sich aber die IFB ihre Tätigkeit durch Verminderung ihrer Leistung im Erwerbsverhältnis vergüten lassen. Dies ist nicht anzunehmen, weil das BGB für Tätigkeiten eigene Vertragstypen geschaffen hat. Der Rest der Factoring-Gebühr steht deshalb nicht im Äquivalenzverhältnis. Die IFB erhält mit der Forderung und dem Gebührenanteil für ihr Delkredere-Risiko eine gleichwertige Gegenleistung der Firma für ihren Vorschuß. Der Hauptvertrag ist deshalb bei Delkredere-Haftung der IFB als Kaufvertrag gem. § 433 BGB zu werten[55].

---

[54] Glomb S. 47.

[55] h. M., Glomb S. 37; Bette S. 54; Rödl BB 1967, 1301; Klaas NJW 1968, 1502, 1506; Montenbruck MDR 1971, 541; Finanzministerium NRW Erl. v. 16. 1. 71 in DB 1971, 1792; Schmitt, S. 13; Löffler BB 1967, 1304; Fikentscher

### *b) Delkredere-Haftung der Firma*

#### aa) Endgültigkeit des Leistungsaustausches

Gegen die Endgültigkeit des Austausches von Forderung und Entgelt werden Bedenken erhoben, wenn die Anschlußfirma das Delkredere-Risiko trägt[56]. Bei einer eventuellen Insolvenz des Debitors kann die IFB im Ergebnis ihre Leistung zurückverlangen, weil sie die Firma aus ihrer Delkredere-Haftung in Anspruch nehmen kann. Auch § 7 c) S. 2 letzter Halbsatz des Vertragsformulars besagt, daß das Entgelt erst später endgültig der Firma zur Verfügung gestellt werden soll. Zudem setzt § 20 c) S. 2 des Vertragsformulars die Möglichkeit voraus, das Entgelt zurückzurechnen. Fraglich ist andererseits auch, ob die IFB in jedem Fall endgültig Forderungsinhaber sein soll. Gem. § 19 c) des Vertragsformulars kann die IFB nach ihrer „Entlassung" aus dem Erwerbsverpflichtungsvertrag durch die Firma eine Forderung nicht mehr geltend machen. Weiterhin muß die IFB gem. § 20 a) ihres Vertragsformulars Zahlungen eines Debitors, die wider Erwarten nach einer Inanspruchnahme der Firma aus der Haftungsregelung doch noch eingehen, der Firma gutschreiben. Die Parteien können die empfangenen Leistungen nicht in jedem Fall behalten.

Die Pflicht der Parteien, die empfangenen Leistungen zurückzugewähren, ist auch bei Annahme eines Kaufvertrages sehr wohl möglich. So könnte sie als ein vorbehaltenes Rücktrittsrecht der Parteien oder als Folge des Eintritts der auflösenden Bedingung der Nichtzahlung des Debitors zu werten sein. Sie könnte sich sogar als bloße Haftungsregelung erweisen.

Zur Haftung der Firma kommt es nur ausnahmsweise bei Nichtleistung des Debitors. Daß ein Kauf bei nicht ordnungsgemäß erbrachter Leistung sogar rückgängig gemacht werden kann, ist angesichts der Regelungen der §§ 437, 440, 459 ff. BGB nichts Ungewöhnliches. Zwar hat die Firma ihre normalen Verpflichtungen aus einem Kaufvertrag erfüllt. Mit der Haftung für das Kreditrisiko hat sie jedoch weitere Verpflichtungen übernommen. Vor allem die Auslegungsregel des § 438 BGB beweist, daß eine solche Haftungserweiterung auch dann nicht einen Kaufvertrag, d. h. die vorgesehene Endgültigkeit des Leistungsaustausches ausschließt, wenn sie im Ergebnis zu einer Rückabwicklung führen kann[57]. Auch bei Haftung der IFB für die Bonität des Debitors kommt es bei Nichtbestehen der Forderung im Ergebnis zu einer Rückabwicklung, ohne daß deshalb ein Kauf bezweifelt wird.

---

§ 57 V 1; Serick II § 24 I 1 S. 264 f.; Baur § 58 I 2 d); Wißkirchen S. 54; Müller / Löffelholz Spalte 685; Baumbach / Duden Anh. I § 406 Nr. 13; Szagunn / Neumann § 1 Anm. 26; Serick IV § 52 II 2 b S. 543.

[56] Serick BB 1974, 143; Glomb S. 55.

[57] Bette S. 57.

Die Rechte der Parteien bei einer Insolvenz des Debitors müssen demnach die Endgültigkeit des Leistungsaustausches nicht notwendig ausschließen.

Andererseits deutet gerade auf einen endgültigen Leistungsaustausch hin, daß gem. § 2 S. 2 des Vertragsformulars die Ansprüche aus dem „Erwerbsverpflichtungsvertrag" selbst dann bestehen bleiben sollen, wenn die IFB ihre Ansprüche aus der Haftungsregelung geltend gemacht hat. Die IFB soll also immer die Forderung, die Firma immer das Entgelt verlangen oder behalten können. Dementsprechend scheidet auch die von der IFB erworbene Forderung aus dem Vermögen der Firma aus. Die IFB wird alleinige Forderungsinhaberin. Sie zieht deshalb die Forderungen selbst ein und hat in § 14 ihres Vertragsformulars jede nur erdenkliche Vorsorge getroffen, Zahlungseingänge selbst zu erhalten. Folgerichtig kann sie gem. § 19 ihres Vertragsformulars alle zum Einzug und zur gerichtlichen Beitreibung erforderlichen Maßnahmen ergreifen. Sogar bei Inanspruchnahme der Firma aus ihrer Haftungsverpflichtung bleibt sie bis zur „Entlassung" aus dem Kaufvertrag Forderungsinhaberin.

Für den Normalfall, in dem der Debitor die Forderung bezahlt, hat die IFB also die Forderung endgültig erhalten. Die Firma ihrerseits erhält das Entgelt und kann ungehindert darüber verfügen. Zwar trägt sie die Delkredere-Haftung, bei ordnungsgemäßer Abwicklung des Factoring-Geschäfts kann sie jedoch nicht von der IFB in Anspruch genommen werden. Die Firma behält das Entgelt also endgültig, wenn der Debitor zahlt. Bei Zahlung des Debitors steht der endgültige Leistungsaustausch fest. Die Parteien wollen auch, weil sie beide von der Zahlung des Debitors ausgehen, einander die Rechtsstellung einräumen, die sie bei Zahlung durch den Debitor haben. Die Parteien wollen deshalb den endgültigen Austausch von Forderung und Entgelt.

#### bb) Äquivalenz

Es fragt sich weiterhin, ob das Äquivalenzverhältnis als Indiz für einen Kaufvertrag fehlt, weil die erworbene Forderung für die IFB nicht so wertvoll sein kann wie das sofort verfügbare Entgelt[58]. Jeder Forderung haftet das Risiko ihrer Uneinbringlichkeit an. Hier steht der Leistung der IFB einmal die Forderung und dazu noch die Haftungszusage der Firma gegenüber. Die Forderung, die die IFB erhält, ist nur geringfügig mit dem Risiko der Uneinbringlichkeit belastet. Die Parteien können deshalb von einer Gleichwertigkeit ihrer Leistungen ausgehen. Forderung und Haftungsversprechen der Firma bilden die äquivalente Gegenleistung der Firma[59].

---

[58] Glomb S. 56.

[59] Bette S. 57.

#### cc) Ergebnis

Die IFB und die Firma einigen sich im Hauptvertrag, Forderung und Haftungszusage gegen ein gleichwertiges Entgelt endgültig auszutauschen. Der Hauptvertrag ist auch bei Delkredere-Haftung der Firma als Kaufvertrag gem. § 433 BGB zu werten[60].

### *c) Zusammenfassung*

Der Hauptvertrag ist, gleichgültig wer das Delkredere-Risiko trägt, immer ein Kaufvertrag gem. § 433 BGB, der nur im Haftungsumfang der Firma einen Unterschied aufweist[61]. Die Haftung der Firma für die Verität der Forderung und die eventuelle Haftung für die Bonität des Debitors sind nur sekundäre Nebenbestimmungen, die der Einordnung als Kaufvertrag nicht entgegenstehen. Ob nämlich eine Forderung besteht und erfüllt wird, ist für die Rechtsnatur des Hauptvertrags unerheblich, weil sie nicht rückwirkend verändert werden kann. Das „echte" und das „unechte" Factoring sind einem einheitlichen Geschäftstyp zugehörig.

## V. Inhaltskontrolle des Hauptvertrages

Nachdem zunächst die Rechtsnatur des Hauptvertrages geklärt worden ist, kann nun seine Inhaltskontrolle vorgenommen werden[62]. Nach ständiger Rechtsprechung des BGH richtet sie sich nach den Maßstäben von Treu und Glauben gem. § 242 BGB. Die Rechtsordnung kann einseitig aufgestellte Klauseln nicht anerkennen, wenn sie den Interessenausgleich, der im dispositiven Recht enthalten ist, mißachten, ohne den Vertragspartner in anderer Weise angemessen zu schützen[63]. Es ist daher zu prüfen, ob eine eventuelle Abbedingung dispositiver Kaufrechtsnormen im Vertragsformular der IFB gegen grundlegende Anforderungen von Gerechtigkeit und Billigkeit verstößt oder ob ein berechtigtes Interesse der IFB hierfür vorliegt und die berechtigten Belange der Anschlußfirmen gewahrt sind. Ein ausreichender Interessenausgleich zwischen den Parteien ist regelmäßig noch anzunehmen, wenn der Factoring-Vertrag von Dispositivnormen abweicht, die mehr der Zweckmäßigkeit dienen. Für Abweichungen von Normen, in denen der Gesetzgeber ein Gerechtigkeitsgebot festgesetzt hat, bedarf es dagegen sachlicher Gründe.

---

[60] Bette S. 54; Schmitt S. 13; Wißkirchen S. 54; Schork § 1 Anm. 72; Baumbach / Duden Anh. I § 406 Nr. 13.

[61] a. A. Serick BB 1976, 429: zwei verschiedene Vertragstypen, Kauf und Kreditgeschäft; Bd. IV § 52 II 2 c S. 546.

[62] Vgl. o. S. 44.

[63] Vgl. BGHZ 54, 106, 109; 60, 243, 245 u. 377, 380.

### 1. Bestimmung des eigenen Leistungsumfanges durch die IFB

Gewöhnlich wird der Leistungsumfang beider Parteien bei Abschluß des Kaufvertrages festgelegt. Trotzdem ist die bloße nachträgliche Bestimmung ihres Leistungsumfangs durch die IFB gem. § 3 d) ihres Vertragsformulars nicht grundsätzlich unbillig, wie schon die Vorschrift des § 315 BGB zeigt. Angesichts der Ungewißheit der Bonität der Debitoren hat die Firma kein berechtigtes Interesse an einer sofortigen Bindung der IFB. Daß der Forderungskauf der IFB von der erst später festzustellenden Kreditwürdigkeit des Debitors und der späteren Bestimmung der Forderung abhängig gemacht wird, entspricht deshalb der dargestellten Interessenlage. Die spätere Festlegung ihres Leistungsumfangs kann die IFB wirksam in ihr Vertragsformular aufnehmen.

### 2. Ausschluß des § 271 Abs. 1 BGB

Mit der Fälligkeitsvereinbarung für den von der IFB zu zahlenden Kaufpreis in § 5 c) des Vertragsformulars wird die Auslegungsregel des § 271 Abs. 1 BGB ausgeschlossen. Ob ihr ein Gerechtigkeitsgebot zugrunde liegt, erscheint zweifelhaft, weil die Vorschrift selbst den Vorrang abweichender Vereinbarungen vorsieht. Für die Wirksamkeit in dem Formularvertrag ist entscheidend, daß auch die IFB die abgetretene Forderung erst später verwerten kann. Die Koppelung der Fälligkeit mit dem Zahlungseingang ist sachlich gerechtfertigt.

## § 2 Vorschußzahlung

### A. Interessenlage

Die Firma legt großen Wert darauf, den Kaufpreis für ihre Forderung möglichst rasch zu erhalten und darüber verfügen zu können.

### B. Ausgestaltung

#### *a) Vorschuß*

Ungeachtet der Fälligkeit des Kaufpreisanspruchs zu einem späteren Zeitpunkt schreibt die IFB gem. § 5 d) S. 1 des Vertragsformulars der Firma den Kaufpreis sofort als Vorschuß gut. Diese kann hierüber grundsätzlich frei verfügen, soll ihn aber gemäß der Präambel vorrangig zur Bezahlung der laufenden Betriebskosten verwenden.

Fraglich ist, ob die Firma in jedem Fall über den Vorschuß verfügen darf. Bedenken hiergegen bestehen, wenn das Abrechnungskonto z. B. durch Belastung von Zinsen oder durch Inanspruchnahme aus der Haftungsregelung überzogen ist.

Der Vorschuß wird als Gutschrift gem. § 20 a) Vertragsformular der IFB auf dem Abrechnungskonto verbucht. Gem. § 5 d) S. 2 Vertragsformular der IFB darf die Firma nur über ein „Guthaben" verfügen. Es ist anzunehmen, daß die Parteien diese Begriffe in banktechnischem Sinn verstanden haben. Einmal heißt es, daß die Firma über ein „so entstandenes" Guthaben verfügen kann, weiterhin entspricht es dem Sinn und Zweck des Abrechnungskontos. Die Firma ist also zu Verfügungen über den Vorschuß nur insoweit berechtigt, als das Abrechnungskonto nicht überzogen wird.

*b) Verzinsung des Vorschusses*

Bei Verfügungen der Firma über den Vorschuß läßt sich die IFB gem. § 5 d) S. 2 ihres Vertragsformulars bis zum Eingang der Debitorenzahlung oder bis zu ihrem Selbsteintritt Kontokorrentzinsen versprechen. Ein Ende der Verzinsungspflicht ist dagegen nicht vorgesehen, wenn der Debitor nicht zahlt und die Firma aus ihrer Bestands- oder Delkredere-Haftung gem. § 7 Vertragsformular der IFB eintreten muß. Es ist daher zu prüfen, ob die Firma dann eine unbegrenzte Verzinsungspflicht trifft. Gegen eine weitere Zinspflicht der Firma bestehen Bedenken, weil die IFB mit Durchsetzung ihrer Haftungsansprüche den vor ihr zur Verfügung gestellten Gegenwert im Ergebnis wieder erhalten hat. Die Verzinsungspflicht der Firma muß deshalb auch enden, wenn sie aus ihrer Haftung gem. § 7 Vertragsformular der IFB in Anspruch genommen wird.

## C. Rechtliche Würdigung

*a) Annahmeerklärung*

Die Gutschrift des Vorschusses auf dem Abrechnungskonto der Firma ist zunächst als Annahmeerklärung der IFB für den Kaufvertrag zu werten[1].

*b) Erfüllung des Kaufpreisanspruchs*

Mit Gutschrift des Vorschusses könnte sie weiterhin zugleich ihre Verpflichtung zur Kaufpreiszahlung schon vor Fälligkeit des Kaufpreisanspruchs erfüllen.

[1] s. o. S. 43.

Die Vereinbarungen der Parteien über den Vorschuß lassen seine Rechtsnatur nicht eindeutig erkennen. Meist wird ein Vorschuß als Vorausleistung auf die Erfüllung eines noch nicht bestehenden oder noch nicht fälligen Anspruchs geleistet (solvendi causa)[2]. Ausnahmsweise könnte hier ein Darlehen zur Zwischenfinanzierung neben dem Kaufvertrag angenommen werden[3]. Dann würde bei Zahlung des Debitors der Rückzahlungsanspruch gem. § 607 Abs. 1 BGB mit dem nun fälligen Kaufpreisanspruch gem. § 433 Abs. 2 BGB aufgerechnet.

Zwar hätte normalerweise die Gutschrift des Vorschusses den Kaufpreisanspruch sofort tilgen können, weil die Zustimmung der Firma zur Kontozahlung aus § 20 a) Vertragsformular der IFB folgt. Auch kommt es bei der Erfüllung gem. § 362 Abs. 1 BGB auf die Kenntnis des Empfängers von der Gutschrift nicht an[4]. Diese Erfüllungswirkung konnte die IFB als Schuldner ausdrücklich ausschließen, unabhängig davon, ob ein rechtsgeschäftlicher Wille für die Erfüllung notwendig ist oder nicht[5].

Für ein Darlehen müßten besondere Anhaltspunkte ersichtlich sein. Die bereits bestehende Forderung der Firma und die beiderseitige Überzeugung von der Solvenz des Debitors sprechen eher gegen ein Darlehen. Da die IFB auch bei Erfüllungsvorausleistung Zinsen verlangen kann, ist kein Grund für eine Darlehensabsicht der IFB ersichtlich. Es ist deshalb anzunehmen, daß die IFB sich gegen Zinszahlung zur vorzeitigen Erfüllung des Kaufpreisanspruchs der Firma verpflichtet.

### *c) Ausschluß des § 272 BGB*

Mit der Vereinbarung in § 5 d) S. 2 des Vertragsformulars, daß die Firma bei Verfügungen über den Vorschuß zur Zinszahlung verpflichtet ist, haben die Parteien den § 272 BGB ausgeschlossen. Diese Vorschrift kann wirksam abbedungen werden[6]. Bei einem Ausschluß durch Formularvertrag muß hierfür jedoch eine besondere Interessenlage vorliegen. Der Schuldner, der bereits vor Fälligkeit zahlt, soll gem. § 272 BGB grundsätzlich keine Zwischenzinsen abziehen können, weil die verfrühte Leistung auf freiem Willen oder auf seinem Interesse beruht.

Beim Factoring-Geschäft liegt die wirtschaftliche Bedeutung für die Firma im Vorschuß, den die IFB ihr zur Verfügung stellen muß.

---

[2] z. B. RG 133, 249, 252; BGH LM 1 zu Beamtenrecht - Allgemeines - Gehaltsvorschüsse; Soergel / Schmidt § 362 Anm. 2; Palandt / Putzo vor § 607 Anm. 4 e; Palandt / Heinrichs § 362 Anm. 1; Erman / Wagner § 607 Anm. 6.

[3] BGHZ 26, 167, 171: RGRK-BGB (Löscher) § 362 Anm. 12; Esser I § 26 IV 3.

[4] Schönle § 15 III 1.

[5] BGHZ 51, 157, 160 f.; NJW 1972, 1750; Palandt / Heinrichs § 362 Anm. 1.

[6] Staudinger / Werner § 272 Anm. 4.

Die IFB ist also verpflichtet, den Vorschuß zu zahlen. Die Interessenlage des 272 BGB paßt also nicht beim Factoring-Geschäft. Weiterhin hängt die Pflicht zur Zinszahlung letztlich allein von der Firma ab. Zinsen muß sie nämlich erst zahlen, wenn sie über den Vorschuß verfügt. Dann steht dieser Pflicht aber der meistens größere Vorteil ihrer eigenen Liquiditätsverbesserung gegenüber. Verzichtet sie bei ausreichender Liquidität darauf, den Vorschuß in Anspruch zu nehmen, werden auch keine Zinsen berechnet. Die Verzinsungspflicht ist also direkt den Interessen der Firma angepaßt; sie kann somit auch im Formularvertrag wirksam vereinbart werden.

## § 3 Forderungsübergang

### A. Interessenlage

Die IFB will die gekauften und schon bevorschußten Forderungen auch tatsächlich erhalten. Sie hat ihre Leistungen schon weitgehend erbracht und will deshalb ihren Forderungserwerb so sichern, daß er möglichst nicht mehr vereitelt werden kann. Auch will sie allein die Forderungen verwerten können. Der Debitor soll ausschließlich an sie befreiend zahlen können.

### B. Ausgestaltung

#### 1. Forderungsübertragung

Die Firma tritt schon mit Abschluß des Factoring-Vertrages gem. § 6 des Vertragsformulars alle künftigen Forderungen aus Warenlieferungen und Dienst- oder Werksleistungen gegen alle ihre Debitoren an die IFB ab.

#### 2. Vertragliche Wirksamkeitsvoraussetzung

Der Forderungsübergang soll aber nur wirksam werden, wenn die IFB die Forderung ankaufen wird. Für diesen Kaufvertrag sollen §§ 1, 2 und 3 des Vertragsformulars gelten. Die Kennzeichnung der Rechnung nach § 4 des Vertragsformulars soll jedoch für den Übergang der Forderung keine Voraussetzung sein.

Scheitert der Kauf, soll der derzeitige Inhaber Gläubiger der Forderung bleiben. Insbesondere soll der Lieferant, dem eine Forderung aufgrund seines verlängerten Eigentumsvorbehalt abgetreten wurde, Inhaber bleiben.

#### 3. Mitteilung von der Rechtsstellung der IFB

Die Firma verpflichtet sich gem. § 4 b) des Vertragsformulars weiterhin, dem Debitor auf allen Rechnungen die Rechtsstellung der IFB mitzuteilen. Bei Verstoß hiergegen darf die IFB von den ihr zu übergebenden Blanko-Benachrichtigungsanzeigen Gebrauch machen.

## C. Rechtliche Würdigung

### I. Erfüllungsgeschäft

Mit der schon bei Abschluß des Factoring-Vertrages erklärten Übertragung ihrer Forderungen auf die IFB kommt die Firma ihrer Verpflichtung aus dem Kaufvertrag zur Verschaffung der jeweiligen Forderung nach. Die Forderungsübertragung ist also das vorzeitige Erfüllungsgeschäft für den Kaufvertrag[1].

### II. Wirksamkeit der Forderungsübertragung

#### 1. Gesetzliche Voraussetzungen

*a) Einigung*

Die IFB kann nur Forderungsinhaberin werden, wenn ein wirksamer Übertragungsakt für die künftige Forderung vorliegt. Die Übertragung einer bestehenden Forderung geschieht durch Abtretung gem. § 398 BGB. Die Parteien müssen sich dann einigen, daß diese Forderung von der einen auf die andere Partei übergehen soll. Möglich ist auch die Abtretung einer künftigen Forderung[2]. Die Parteien müssen sich dann über den Übergang der künftigen Forderung einigen. Gem. § 6 a) des Vertragsformulars sind die Firma und die IFB einig, daß die künftigen Forderungen der Firma auf die IFB übergehen sollen. Eine wirksame Einigung liegt also vor.

*b) Bestimmtheit*

aa) Maßstab

Weiterhin müssen sich die Parteien auf die bestimmte Forderung verständigen, die jeweils übergehen soll. Die Abtretung einer Forderung ist eine Verfügung. Auch bei Abtretung von künftigen Forderungen muß deshalb der Bestimmtheitsgrundsatz beachtet werden.

[1] Bette S. 76.

[2] RGZ 136, 100, 102; Soergel / Schmidt § 398 Anm. 7.

Die Forderung muß also bestimmt, zumindest aber individuell bestimmbar sein. Eine künftige Forderung ist dann ausreichend bestimmbar, wenn sie im Augenblick der Abtretungserklärung so festgelegt ist, daß im Zeitpunkt ihrer Entstehung auch die Personen von Gläubiger und Schuldner sowie ihr Inhalt zweifelsfrei bestimmt werden können[3]. Einen besonders strengen Maßstab hat das Reichsgericht an die Bestimmbarkeit angelegt, wenn die Voraus-Abtretung in allgemeinen Geschäftsbedingungen enthalten war. Die abgetretene Forderung sei nur dann bestimmbar, wenn kein Fall denkbar sei, in dem wegen der nur gattungsmäßigen Bezeichnung der Forderung Zweifel möglich wären[4]. Diese Anforderungen waren jedoch unmöglich zu erfüllen und deshalb zu streng. Ausreichend ist deshalb, daß die jeweilige Forderung im konkreten Einzelfall hinreichend bestimmt ist[5].

#### bb) Bestimmbarkeit bei Factoring-Abtretung

Hier tritt die Firma alle künftigen Forderungen aus Warenlieferung und Dienst- oder Werksleistung gegen ihre sämtlichen Debitoren in unbeschränkter Höhe ab (Globalzession). Mit Entstehung der einzelnen Forderungen werden ihre Gläubiger, Schuldner und ihr Inhalt genau festgestellt. Auch ist die Art der Rechtsgeschäfte, aus denen die Forderungen abgetreten werden, ausreichend bestimmt. Darüber hinaus erscheint kein zweifelhafter Fall denkbar. So ist selbst nach der strengen Ansicht des RG die Forderung ausreichend bestimmt. Mit ihrer Entstehung wird sie dann endgültig konkretisiert. Die Forderung wird damit allein aus der Abtretungserklärung bestimmt. Für die Bestimmtheit der Forderung ist deshalb nicht erforderlich, daß die Kennzeichnungsvorschriften für die Forderungen gem. § 4 des Vertragsformulars eingehalten werden. § 6 b) S. 2 des Vertragsformulars dient nur der Klarstellung.

### *c) Verfügungsberechtigung*

Weiterhin muß die Firma berechtigt sein, über die Forderungen zu verfügen. Verfügungsberechtigt ist regelmäßig der Forderungsinhaber. Die Firma verfügt nur über ihre eigenen Forderungen. Sie ist deshalb verfügungsberechtigt.

---

[3] BGHZ 7, 365, 367; Soergel / Schmidt § 398 Anm. 7; Erman / Westermann § 398 Anm. 11; Baur § 58 II m. w. Nachw.

[4] RGZ 155, 26, 29; Westermann, Interessenkonflikte S. 13 ff.; v. Caemmerer JZ 1953, 97, 99 f.

[5] BGHZ 7, 365; 26, 185, 189; Flume NJW 1950, 841, 845 ff.; Soergel / Schmidt § 398 Anm. 8; Schlegelberger / Hefermehl Anh. § 368 Anm. 81 ff., 233.

#### *d) Zeitpunkt der Wirksamkeit*

Mit der Abtretung der bestimmten künftigen Forderungen durch den Berechtigten könnten sie auf die IFB übergehen. Künftige Forderungen werden jedoch erst mit ihrer Entstehung existent. Die Abtretung einer künftigen Forderung kann deshalb erst mit ihrer Entstehung wirksam werden[6]. Trotz Abtretungserklärung im Factoring-Vertrag wird die IFB erst mit Entstehung der Forderung Gläubigerin.

### 2. Vertragliche Voraussetzungen

#### *a) Kaufvertrag*

##### aa) Bedeutung von § 4 des Vertragsformulars

Die Abtretung an die IFB soll nach dem Willen der Parteien nur wirksam werden, wenn die IFB die Forderung ankauft. Es soll für jeden Forderungsübergang ein entsprechender Kaufvertrag notwendig sein. Gegen einen Kaufvertrag als Wirksamkeitserfordernis für die Abtretung könnte aber sprechen, daß gem. § 6 b) S. 1 Vertragsformular der IFB nur die §§ 1 bis 3 des Vertragsformulars ausdrücklich gelten sollen. Sofern hierdurch die §§ 4 und 5 des Vertragsformulars ausgeschlossen werden sollten, könnte es an einem wirksamen Kaufvertrag fehlen.

Bei Ausschluß von § 4 Vertragsformular der IFB könnte wegen der fehlenden Angaben auf der Rechnung über Grund, Höhe und Schuldner der Forderung die jeweilige Forderung als Kaufgegenstand noch zu unbestimmt sein. Diese Bedenken entfallen, da die Forderung jeweils schon durch das Angebot der Firma gem. § 1 des Vertragsformulars konkretisiert ist. Für die Bestimmung des Kaufgegenstandes und damit für einen Kaufvertrag ist § 4 des Vertragsformulars nicht Voraussetzung.

##### bb) Bedeutung von § 5 des Vertragsformulars

Sollten die Parteien gem. § 6 b) des Vertragsformulars für die Abtretung nur die §§ 1 bis 3 des Vertragsformulars voraussetzen, würde dies bedeuten, daß mit dem Ausschluß von § 5 des Formulars die für einen Kaufvertrag notwendige Einigung über die Gegenleistung fehlen würde, so daß ein Kaufvertrag nicht vorläge. Auf das Angebot der Firma zum Kauf der Forderung würde die IFB dann erklären, die Forderung ohne Gegenleistung erwerben zu wollen. Insoweit läge ein offener Dissens vor. Daß die Parteien von einem Dissens die Wirksamkeit der Abtretung abhängig machen wollten, ist nicht anzunehmen. Es ist deshalb davon auszugehen, daß § 5 des Vertragsformulars und daher

---

[6] BGHZ 30, 238, 240; 32, 367, 369; Soergel / Schmidt § 398 Anm. 11.

wohl auch § 4 des Formulars durch die fehlende Bezugnahme nicht ausgeschlossen werden sollten, zumal eine Verweisung innerhalb eines Vertrages ohnehin überflüssig ist. Für die Wirksamkeit der Abtretung ist deshalb ein wirksamer Forderungskauf gem. §§ 1 bis 5 des Vertragsformulars Voraussetzung.

#### *b) Bedingung gem. § 158 Abs. 1 BGB*

Diese vertraglich vereinbarte Wirksamkeitsvoraussetzung könnte als aufschiebende Bedingung gem. § 158 Abs. 1 BGB zu werten sein. Ob die IFB die Forderung ankaufen wird, ist bei Abschluß des Factoring-Vertrages ein zukünftiges ungewisses Ereignis. Mit dem Eintritt dieses Ereignisses soll auch die Abtretung erst wirksam werden. Der künftige Forderungskauf ist deshalb als aufschiebende Bedingung gem. § 158 Abs. 1 BGB für die Abtretung zu werten.

### 3. Zusammenfassung

§ 6 a) des Vertragsformulars enthält eine wirksame Abtretung aller künftigen Forderungen der Firma unter der aufschiebenden Bedingung des Forderungskaufs durch die IFB (bedingte Voraus-Globalzession).

## III. Rechtsstellung der IFB

Obwohl die Abtretung erst mit Entstehung der Forderung und mit Bedingungseintritt voll wirksam werden kann, könnte sie schon vorher gewisse Rechtswirkungen entfalten. Es fragt sich, ob die IFB bereits mit der Abtretungserklärung eine gesicherte Rechtsposition für den Forderungserwerb erhält[7]. Dann müßte sie mit Abschluß des Kaufvertrages jede Forderung erwerben.

### 1. Erwerbsposition vor Entstehung der Forderung

Bedenken bestehen, ob die IFB an einer künftigen Forderung schon vor ihrer Entstehung eine gesicherte Rechtsposition haben kann. Die künftige Forderung kann erst mit ihrer Entstehung auf die IFB übergehen. Diese hängt noch vom Abschluß eines entsprechenden Vertrages zwischen der Firma und dem Debitor ab. Ob die Firma den Vertrag schließt, ist allein ihr überlassen. Die Entstehung einer künftigen For-

[7] Ob diese als eine „Anwartschaft" i. w. S. anzusehen ist, soll dahingestellt bleiben, weil aus der Bezeichnung als Anwartschaft keine Rechtsfolgen abzuleiten sind. Vgl. Medicus JuS 1967, 385, 388 f.

derung ist also noch völlig ungewiß. Die IFB kann deshalb vor Entstehung der Forderung keine gesicherte Erwerbsposition an ihr haben.

### 2. Erwerbsposition nach Entstehung der Forderung

Nach Entstehung der Forderung hängt die Wirksamkeit der Abtretung regelmäßig nur noch vom Bedingungseintritt ab. Mit dem Kauf der Forderung wird die IFB auch ihre Inhaberin. In dieser Schwebezeit bis zum Eintritt oder endgültigen Ausfall der Bedingung könnte in der Rechtsstellung der IFB eine gesicherte Erwerbsposition zu erblicken sein.

#### *a) Verfügungsbefugnis der Firma*

Gegen einen gesicherten Forderungserwerb der IFB spricht, daß die Firma während der Schwebezeit Inhaberin der Forderung bleibt. Jede Verfügung über die Forderung ist deshalb voll wirksam. So kann sie ihre Forderung als Berechtigte wirksam an einen Dritten gem. § 398 BGB abtreten. Auch eine wirksame Aufrechnung ist möglich. Weiterhin ist die Firma berechtigt, Zahlungen des Debitors anzunehmen. Der Debitor leistet dann an den Berechtigten[8] und erfüllt die Forderung gem. § 362 Abs. 1 BGB.

#### *b) Schutz der IFB gegen Abtretungen*

Der Forderungserwerb der IFB könnte bei Abtretungen an Dritte gem. § 161 Abs. 1 S. 1 BGB geschützt sein. Mit der Vorausabtretung ihrer Forderung an die IFB im Factoring-Vertrag hat die Firma aufschiebend bedingt über die Forderung verfügt. Jede weitere Verfügung der Firma in der Schwebezeit wird deshalb mit Bedingungseintritt unwirksam, soweit sie die Rechtsstellung der IFB beeinträchtigen würde.

Die Abtretung ihrer Forderung an einen Dritten ist ebenfalls eine Verfügung der Firma. Sie würde den Forderungserwerb der IFB vereiteln. Die Abtretung der Forderung an einen Dritten wird deshalb gem. § 161 Abs. 1 S. 1 BGB mit Bedingungseintritt wirkungslos. Der Dritte kann die Forderung auch nicht gem. § 161 Abs. 3 BGB entsprechend den Vorschriften über den gutgläubigen Erwerb vom Nichtberechtigten erwerben, weil es bei Forderungen keinen gutgläubigen Erwerb gibt. Mit Bedingungseintritt erwirbt die IFB die Forderung, auch wenn die Firma in der Schwebezeit die Forderung an Dritte abgetreten hatte. Die IFB ist gegen anderweitige Abtretungen der Forderung durch die Firma geschützt.

[8] Pohle S. 743; a. A. Flume II § 39 3 S. 704: Zedent bleibt Gläubiger, ist aber nicht mehr zum Einzug berechtigt.

### c) *Schutz der IFB gegen Aufrechnung*

#### aa) Aufrechnung durch die Firma

Ebenso könnte sich ein Schutz der IFB gegen eine wirksame Aufrechnung zwischen Firma und Debitor aus § 161 Abs. 1 S. 1 BGB ergeben. Dann müßte die Aufrechnung eine Verfügung der Firma enthalten. Mit einer einseitig erklärten Aufrechnung gem. §§ 387 ff. BGB wirkt die Firma unmittelbar auf den Bestand der Forderung ein. Die einseitige Aufrechnungserklärung der Firma enthält also eine Verfügung. Möglich ist auch die Aufrechnung durch einen im BGB nicht geregelten, aber aufgrund der Vertragsfreiheit zulässigen Aufrechnungsvertrag[9]. Auch mit dem Abschluß eines solchen Aufrechnungsvertrags, durch den unmittelbar auf den Forderungsbestand eingewirkt wird, verfügt die Firma über ihre Forderung. Durch diese Verfügung würde die Firma den Forderungserwerb der IFB beeinträchtigen. Mit Bedingungseintritt wird die Aufrechnung deshalb insoweit unwirksam. Der Forderungserwerb der IFB ist gem. § 161 Abs. 1 S. 1 BGB auch gegen Aufrechnungen der Firma geschützt.

#### bb) einseitige Aufrechnung durch den Debitor

Dagegen liegt bei einseitig erklärter Aufrechnung des Debitors keine Verfügung der Firma vor; § 161 Abs. 1 BGB kann nicht eingreifen. Durch diese Aufrechnungsmöglichkeit des Debitors wird die gesicherte Rechtsstellung der IFB aber nicht geschwächt. Auch nach Forderungserwerb durch die IFB könnte der Debitor gem. § 406 BGB mit Forderungen gegen die Firma aufrechnen.

### d) *Schutz der IFB gegen Zahlungen des Debitors an die Firma*

Es fragt sich, ob der Forderungserwerb der IFB auch bei Zahlungen des Debitors an die Firma gem. § 161 Abs. 1 S. 1 BGB so geschützt wird, daß mit Bedingungseintritt die Erfüllung unwirksam wird. Bei Zahlungen geschieht die Erfüllung meist durch rechtsgeschäftliche Handlungen, beispielsweise durch Übereignung von Geld. Trotzdem ist in der Annahme der geschuldeten Leistung keine Verfügung zu sehen, weil der Untergang der Forderung nicht auf einer rechtsgeschäftlichen Einwirkung auf diese Forderung beruht[10]. Eine Verfügung der Firma liegt nicht vor, die IFB wird insoweit nicht durch § 161 BGB geschützt[11].

---

[9] Soergel / Schmidt vor § 387 Anm. 3; RGRK-BGB (Löscher) vor § 387 Anm. 20.

[10] Esser I § 26 I 3 S. 151, a. A. Fikentscher § 38 II 6, Flume II § 39 3 a) S. 704.

[11] Zur Rechtslage bei Leistungen des Debitors an die Firma siehe unten S. 66 ff.

#### *e) Zusammenfassung*

Mit Entstehung der Forderung wird ihr Erwerb durch die IFB gem. § 161 Abs. 1 S. 1 BGB so weit geschützt, wie es die Rechte der Firma erlauben, ohne die Rechte des Debitors zu beschneiden. Die IFB hat schon mit Entstehen der Forderung eine gesicherte Rechtsposition für den Forderungserwerb.

### 3. Erwerb mit Bedingungseintritt

Mit Bedingungseintritt wird jede Zwischenverfügung der Firma gem. § 161 Abs. 1 S. 1 BGB unwirksam, soweit sie die Gläubigerstellung der IFB beeinträchtigen würde. Die bis dahin bestehende gesicherte Erwerbsposition der IFB erstarkt zum Vollrecht. Die IFB wird Inhaberin der Forderung.

### 4. Kein Erwerb bei Ausfall der Bedingung

Mit Ablehnung des Kaufangebots durch die IFB fällt die Bedingung aus. Die aufschiebend bedingte Abtretung wird endgültig unwirksam. Der zu diesem Zeitpunkt bestehende Rechtszustand bleibt bestehen, weil jede eventuelle Zwischenverfügung endgültig wirksam wird. Daß der derzeitige Gläubiger gem. § 6 c) Vertragsformular der IFB jeweils Inhaber der Forderung bleiben soll, dient also nur der Klarstellung.

## IV. Leistungen des Debitors

### 1. Schutz des Debitors

Durch die aufschiebend bedingte Abtretung wird die IFB mit Bedingungseintritt regelmäßig Forderungsinhaberin. Zu prüfen ist daher, inwieweit der Debitor sich bei Zahlungen an die Firma auf die Schuldnerschutzvorschriften berufen kann.

#### *a) Zahlung vor Bedingungseintritt*

Mit Zahlung vor dem Bedingungseintritt, wenn die IFB die Forderung noch nicht angekauft hat, erfüllt der Debitor die Forderung gem. § 362 Abs. 1 BGB. Die Firma ist gem. § 158 Abs. 1 BGB während der Schwebezeit bis zum Bedingungseintritt Gläubigerin der Forderung geblieben, der Debitor hat an den Berechtigten gezahlt[12].

---

[12] Vgl. Pohle S. 743; Lehmann § 35 A VI 1 a); a. A. Flume II § 39 3 S. 704: Zedent ist nicht mehr zur Einziehung berechtigt.

Es fragt sich, ob mit Bedingungseintritt die Erfüllungswirkung der Leistung des Debitors gem. § 161 Abs. 1 BGB zum Schutz der bedingt berechtigten IFB unwirksam geworden ist, so daß die IFB Gläubigerin der Forderung gegen den Debitor geworden wäre. Die IFB ist durch § 161 Abs. 1 BGB nur gegen Verfügungen der Firma geschützt. Die Leistung des Debitors ist keine Verfügung[13]. § 161 Abs. 1 BGB kann nicht eingreifen[14]. Die Forderung gegen den Debitor ist endgültig gem. § 362 Abs. 1 BGB erfüllt[15] und erloschen. Die IFB kann daher auch nicht bei Bedingungseintritt Gläubigerin der Forderung werden.

*b) Zahlung nach Bedingungseintritt*

Bei Inanspruchnahme durch die IFB könnte sich der Debitor, der schon an die Firma geleistet hat, auf § 407 Abs. 1 BGB berufen. Dann müßte er nach Abtretung der Forderung an die Firma geleistet haben. Seine Leistung erbringt der Debitor immer erst nach der schon im Factoring-Vertrag enthaltenen Abtretungserklärung der Firma. § 407 Abs. 1 BGB stellt aber nicht auf die Abtretungserklärung sondern darauf ab, ob die Forderung bereits auf den neuen Gläubiger übergegangen ist. Vorher ist ein Schutz des Schuldners regelmäßig nicht nötig, weil er an den Berechtigten leistet. Entscheidend ist deshalb, daß der Schuldner nach Wirksamkeit der Abtretung an den neuen Gläubiger leistet.

Mit Zahlung nach dem Bedingungseintritt (Ankauf der Forderung durch die IFB) leistet der Debitor nach Abtretung der Forderung. § 407 Abs. 1 BGB ist dann anwendbar. Sofern der Debitor bei Zahlung keine sichere Kenntnis von der Abtretung hat, ist er gem. § 407 Abs. 1 BGB vor einer erneuten Inanspruchnahme durch die IFB geschützt.

### 2. Verhinderung der befreienden Leistung des Debitors

*a) Mitteilung der bedingten Abtretung*

Gegen eine befreiende Zahlung des Debitors an die Firma könnte sich die IFB schützen, wenn dem Debitor, wie es in § 4 b) S. 1 Vertragsformular der IFB vorgesehen ist, die Rechtsstellung der IFB auf Rech-

[13] s. o. S. 65.

[14] Vgl. Pohle S. 742 mit anderer Begründung: Zum Schutz des Schuldners ist analog § 407 Abs. 1 BGB § 161 Abs. 1 BGB nicht anwendbar. Hiergegen ist einzuwenden, daß § 407 BGB keinen Wirksamkeitsgrund für ein Rechtsgeschäft des Schuldners mit dem alten Gläubiger enthält; a. A. Flume a.a.O.: Die Zahlung ist eine Verfügung, § 161 Abs. 1 BGB ist anwendbar.

[15] Im Ergebnis auch Flume a.a.O.: Da der alte Gläubiger nicht mehr zur Einziehung der Forderung berechtigt ist, kann zum Schutz des Schuldners § 407 Abs. 1 BGB direkt eingreifen.

nung mitgeteilt wird. Bei Rechnungserstellung ist die IFB nur bedingt berechtigt. Die Kenntnis des Debitors von der bedingten Abtretung an die IFB müßte seine Berufung auf § 407 Abs. 1 BGB ausschließen können. Bei Kenntnis der nur bedingten Abtretung weiß der Debitor nicht, ob die Forderung noch dem alten Gläubiger zusteht oder schon mit Bedingungseintritt auf den neuen Gläubiger übergegangen ist. Ohne Kenntnis vom Bedingungseintritt weiß der Debitor nicht, wer Forderungsinhaber ist. Eine eindeutige und sichere Kenntnis fehlt ihm daher bei Zahlung an die Firma. Eine Berufung auf § 407 Abs. 1 BGB ist ihm der IFB gegenüber nicht verwehrt. Die IFB ist nicht vor befreienden Zahlungen des Debitors an die Firma geschützt.

#### *b) Mitteilung einer unbedingten Abtretung*

##### aa) Geltung gegenüber der Firma

Die IFB könnte trotz ihrer nur bedingten Berechtigung dem Debitor gegenüber als unbedingte Forderungsinhaberin ausgewiesen werden. Dann liegt hierin eine eindeutige Mitteilung, daß die IFB Gläubigerin ist. Der Debitor wird nur an die IFB zahlen. Die Firma kann sich zwar durch Offenlegung der nur bedingten Abtretung vor Bedingungseintritt als wahre Gläubigerin ausweisen und Zahlung vom Debitor verlangen. Die Firma hat aber selbst dem Debitor die Abtretung angezeigt. Sie muß deshalb gem. § 409 Abs. 1 S. 1 BGB die Abtretung gegen sich gelten lassen. Der Debitor kann die Zahlung an die Firma verweigern.

##### bb) Kenntnis des Debitors

Trotzdem kann der Debitor auf seine Schuldnerschutzvorschrift verzichten und an die Firma leisten. Hierbei weiß er auch genau, daß noch keine Abtretung erfolgt ist. Bei einer späteren Inanspruchnahme durch die IFB könnte er sich auf § 407 Abs. 1 BGB berufen. Die IFB wäre dann trotz Mitteilung der Abtretung nicht geschützt.

Infolge der Abtretungsanzeige gilt die IFB dem Debitor gegenüber immer noch als Forderungsinhaberin. Die Abtretungsanzeige kann gem. § 409 Abs. 2 BGB nur mit ihrer Zustimmung zurückgenommen werden. Mit der so gesetzlich fingierten Kenntnis des Debitors von der Gläubigerstellung der IFB ist dem Debitor bei erneuter Inanspruchnahme durch die IFB die Berufung auf § 407 Abs. 1 BGB verwehrt. Die IFB ist durch die Mitteilung einer unbedingten Abtretung vor einer befreienden Zahlung des Debitors an die Firma geschützt.

### 3. Blanko-Benachrichtigungsanzeigen

Bei Verstoß der Firma gegen die Mitteilungspflicht könnte die IFB durch Gebrauch der Blanko-Benachrichtigungsanzeigen gegen eine Zahlung des Debitors an die Firma geschützt sein. Mit Empfang einer entsprechend ausgefüllten Benachrichtigungsanzeige erfährt der Debitor, daß die Forderung an die IFB abgetreten ist. Der Debitor kann dann nicht mehr befreiend an die Firma leisten, weil er sich nicht mehr auf § 407 Abs. 1 BGB berufen kann. Weiterhin legt die Firma selbst in der Benachrichtigungsanzeige die Forderungsabtretung offen. Aufgrund ihrer Abtretungsanzeige kann die Firma auch gem. § 409 Abs. 1 BGB keine Zahlung mehr vom Debitor verlangen. Ab Kenntnis des Debitors von der Benachrichtigungsanzeige wird die IFB ebenso geschützt wie durch einen entsprechenden Vermerk auf der Rechnung.

#### 4. Zusammenfassung

Vor einer befreienden Leistung des Debitors an die Firma ist die IFB durch die Mitteilung von der Abtretung auf der Rechnung oder in einer Benachrichtigungsanzeige nur geschützt, wenn sie dem Debitor gegenüber als unbedingte Forderungsinhaberin ausgewiesen wird. Der Schutz durch eine Benachrichtigungsanzeige setzt erst mit Kenntnis des Debitors von dieser Anzeige ein. Die Benachrichtigungsanzeige kann deshalb nur ein vorübergehender Ersatz für die Mitteilung auf der Rechnung sein.

## § 4 Kontokorrentforderungen

### A. Interessenlage

Beim Ankauf von Forderungen kann die IFB nicht immer prüfen, ob für diese Forderungen eventuell ein echtes oder unechtes Kontokorrentverhältnis zwischen der Firma und dem Debitor besteht. Sie muß deshalb sicherstellen, daß sie auch bei solchen Forderungen einen verwertbaren Gegenwert für ihren Vorschuß erhält.

### B. Ausgestaltung

Die Parteien haben eine besondere Vereinbarung für kontokorrentpflichtige Forderungen getroffen. Gem. § 13 Vertragsformular der IFB tritt die Firma hierbei schon im voraus ihre bei Rechnungsabschluß entstehende Saldoforderung an die IFB bis zur Höhe des Wertes der kontokorrentgebundenen verkauften Forderungen ab. Weiterhin verspricht sie, die IFB auf bestehende Kontokorrentverhältnisse hinzuweisen, und bevollmächtigt sie die IFB, die Kontokorrentverhältnisse jederzeit zu kündigen.

## C. Rechtliche Würdigung

### I. Abtretung von kontokorrentpflichtigen Forderungen

#### 1. Begriff

Ein echtes Kontokorrentverhältnis gem. §§ 355 ff. HGB liegt vor, wenn jemand mit einem Kaufmann für seine Geschäftsbeziehungen vereinbart, daß alle gegenseitigen Ansprüche und Leistungen in Rechnung gestellt und in regelmäßigen Zeitabständen durch Verrechnung und Feststellung des Überschusses ausgeglichen werden[1].

Von einem unechten Kontokorrentverhältnis spricht man, wenn zwei Nichtkaufleute verabredungsgemäß ihre gegenseitigen Ansprüche kontokorrentmäßig abwickeln[2].

#### 2. Abtretbarkeit

Wenn die Parteien ein echtes oder unechtes Kontokorrentverhältnis vereinbart haben, stehen ihre gegenseitigen Leistungen und Ansprüche nur zur Verrechnung und können nicht selbständig geltend gemacht werden. Wegen der fehlenden Verfügungsmacht können kontokorrentpflichtige Forderungen auch nicht abgetreten werden[3]. Kontokorrentpflichtige Forderungen der Firma werden deshalb von der Globalzession nicht erfaßt.

#### 3. Abtretung der künftigen Forderungen

Auch wenn bei Abschluß des Factoringvertrages ein Kontokorrentverhältnis besteht, können künftige Forderungen der Firma trotzdem abtretbar sein, sofern das Kontokorrentverhältnis vorher beendet wird. Mit Offenlegung der Abtretung an die IFB dem Debitor gegenüber könnte die Firma das Kontokorrentverhältnis mit ihm stillschweigend beendigt haben. Eine Beendigung ist gem. § 355 Abs. 3 HGB jederzeit durch Kündigung möglich. Die laufende Rechnungsperiode wird dann vorzeitig beendet, der Rechnungsabschluß hat zu erfolgen[4].

Die Kündigung verträgt als Gestaltungsrecht keine Unsicherheit und muß deshalb eindeutig erklärt werden. Falls der Debitor die Saldofeststellung unterläßt und die Forderungen weiterhin in gleicher

---

[1] Serick II § 26 IV 1 S. 362.

[2] Serick II § 26 IV 3 S. 368.

[3] Serick II § 26 IV 1 S. 364; Schlegelberger / Hefermehl § 355 Anm. 27; Baumbach / Duden §§ 355 ff. Anm. 3 A; Schlotterbeck S. 127; Baur § 58 II Fußn. 3; Pickart WM 1960, 1314, 1318; a. A.: Abtretungsverbot vereinbart: Palandt / Heinrichs § 399 Anm. 3; Soergel / Schmidt § 399 Anm. 4.

[4] Schlegelberger / Hefermehl § 355 Anm. 57.

Weise wie zuvor verrechnet, hat er — für die Anschlußfirma erkennbar — die Mitteilung von der Forderungsabtretung an die IFB nicht als Kündigung des Kontokorrentverhältnisses verstanden. Solange die Anschlußfirma nicht eindeutig auf ihrem Beendigungswillen besteht, ist deshalb keine stillschweigende Kündigung der Kontokorrentabrede anzunehmen. Auch die Vertragsparteien gehen nicht von einer Kündigung aus. Andernfalls könnte keine Vollmacht zur künftigen Kündigung erteilt werden. Die künftigen Forderungen bleiben daher kontokorrentpflichtig und nicht abtretbar.

## II. Abtretung der Saldoforderungen

### 1. Abtretung der nächsten Saldoforderung

Mit Abtretung der bei Rechnungsabschluß zu Gunsten der Firma entstehenden Saldoforderung bis zur Höhe der verkauften, aber kontokorrentgebundenen Forderungen an die IFB tragen die Parteien der aufgezeigten Rechtslage Rechnung. Sie sind sich darüber einig, daß die nächste Saldoforderung, die sich bei Abschluß der laufenden Rechnungsperiode ergibt, auf die IFB übergehen soll.

### 2. Abtretung aller künftigen Salden

#### *a) Bedeutung*

Die Parteien könnten auch die Abtretung aller künftigen Saldoforderungen aus dem jeweiligen Kontokorrentverhältnis gewollt haben. Die Abtretung aller künftigen Salden ist unerheblich, solange das Factoring-Verhältnis besteht. Dann ist nach Saldierung auch der neue künftige Saldo aus der laufenden Rechnungsperiode gem. § 13 a) des Vertragsformulars an die IFB abgetreten. Wird der Factoring-Vertrag beendet, ist nur der Saldo aus der laufenden Rechnungsperiode abgetreten. Fällt dieser Saldo durch eine zufällige Gegenforderung des Debitors zu Ungunsten der Firma aus, erhält die IFB für ihren Vorschuß keinen Gegenwert. Auch daß die IFB gem. § 24 c) des Vertragsformulars nach Beendigung des Factoring-Vertrages die angekauften Forderungen zurückrechnen darf, nutzt ihr wenig, wenn die Firma den dann entstehenden Sollsaldo nicht abdecken kann.

#### *b) Parteiwille*

Die Abtretung aller künftigen Saldoforderungen erscheint nicht gewollt, weil der Wortlaut nur von einer Saldoforderung spricht. Zudem geht nach der Unklarheitenregel für allgemeine Geschäftsbedingungen und Formularverträge jede Unklarheit einer Bestimmung zu Lasten der formulierenden Partei[5]. Auch die Auslegung von Formularverträgen darf andererseits gem. §§ 133, 157 BGB nicht an den Buchstaben des Textes kleben. Die Unklarheitenregel greift nur ein, wenn das Vertragsformular auch nach Auslegung objektiv mehrdeutig oder unklar ist. Die Parteien sind sich einig, daß der IFB genau bestimmte Forderungen abgetreten werden sollen. Sind diese jedoch wegen Einstellung in ein Kontokorrentverhältnis unabtretbar, soll diese Unabtretbarkeit im Ergebnis durch Abtretung von entsprechenden Saldoforderungen umgangen werden. Die IFB soll in voller Höhe ihre Gegenleistung für den Vorschuß erhalten. Insbesondere ist kein Grund ersichtlich, weshalb die Firma für die über den ersten Saldo hinausgehenden Forderungen keine Ersatzforderungen abtreten will. Die Parteien haben sich auf die Abtretung aller künftigen Saldoforderungen bis zur vereinbarten Höhe geeinigt. Eine Unklarheit oder Mehrdeutigkeit des Formularvertrages liegt nicht vor.

### 3. Wirksamkeit der Abtretung

#### *a) Abtretbarkeit*

Eine Saldoforderung entsteht erst durch Anerkennung des Saldos. Sie ist eine künftige Forderung. Sie ist grundsätzlich abtretbar, soweit es nicht durch die Besonderheit des Kontokorrent-Verhältnisses ausgeschlossen ist, z. B. bei Kontokorrentpflicht auch der Saldoforderung[6].

#### *b) Bestimmtheit*

Als künftige Forderungen müssen die Saldoforderungen schon bei der Abtretungserklärung so bestimmbar sein, daß sie im Zeitpunkt ihres Entstehens genau bestimmt werden können. Künftige Saldoforderungen, die erst nach Abschluß künftiger Rechnungsperioden entstehen, sollen grundsätzlich nicht ausreichend bestimmbar sein, weil ungewiß sei, ob nach Abschluß der laufenden Rechnungsperiode das Kontokorrentverhältnis noch fortbestehen werde[7]. Die Ungewißheit, ob eine künftige Forderung überhaupt entstehen wird, besteht immer. Sie kann die Bestimmbarkeit einer Forderung nicht ausschließen. Auch alle künftigen Salden eines Kontokorrentverhältnisses können deshalb ausreichend bestimmbar sein[8].

---

[5] BGHZ 47, 207, 216; Schmidt-Salzer AGB Anm. 120; Palandt / Heinrichs vor § 145 Anm. 6 C b.

[6] BGH BB 1956, 770; WM 1956, 1125, 1126; Schlegelberger / Hefermehl § 355 Anm. 40 f.; Serick II § 26 IV 1 S. 364 f.

[7] RGRK-HGB (v. Godin) § 357 Anm. 2; LG Hbg MDR 1965, 391, 392; Baumbach / Duden § 357 Anm. 8 E.

[8] RGZ 140, 219, 223; Schlegelberger / Hefermehl § 357 Anm. 11; Schütz S. 507.

Bei Abschluß des Factoring-Vertrages sind alle kontokorrentpflichtigen Einzelforderungen, die die Firma der IFB übertragen will, hinreichend bestimmbar. Damit sind zugleich auch Gläubiger, Schuldner und Rechtsgrund der Saldoforderung hinreichend bestimmt. Mit ihrer Entstehung wird die Saldoforderung dann endgültig konkretisiert. Da die IFB über den Ankauf einer kontokorrentpflichtigen Forderung bereits vorher entschieden hat, ist die abgetretene Saldoforderung auch der Höhe nach genau bestimmt. Bei Abschluß des Factoring-Vertrages sind die abgetretenen Salden ausreichend bestimmbar.

#### *c) Verfügungsberechtigung*

Weiterhin muß die Firma verfügungsberechtigt sein. Als Inhaberin der Saldoforderung ist die Firma regelmäßig verfügungsberechtigt, sofern die Saldoforderung nicht selbst ebenfalls kontokorrentpflichtig ist.

#### *d) Mitteilungspflicht*

Daß die Firma die IFB gem. § 13 c) des Vertragsformulars vom Bestehen eines Kontokorrentverhältnisses unterrichten muß, dient nur der Klarstellung. Diese Mitteilungspflicht besteht schon als Nebenpflicht aus Kaufvertrag und Forderungsabtretung gem. §§ 444, 402 BGB.

### 4. Zusammenfassung

Soweit die IFB kontokorrentpflichtige Forderungen der Firma ankauft und bevorschußt, gehen alle künftigen, nicht kontokorrentpflichtigen Saldoforderungen aus diesem Kontokorrentverhältnis bis zur Höhe der angekauften Einzelforderung mit ihrem Entstehen auf die IFB über.

## III. Kündigungsrecht gem. § 355 Abs. 3 HGB

### 1. Verwertung der Saldoforderung

Die Saldoforderungen entstehen erst mit Rechnungsabschluß. Die IFB müßte daher möglicherweise längere Zeit auf die Entstehung und Verwertung ihrer Saldoforderung warten. Auch ist der Saldo oft selbst kontrokorrentpflichtig und deshalb nicht abtretbar. Die IFB kann dann ihre Saldoforderung erst bei Beendigung des Kontokorrentverhältnisses einziehen. Um eine verwertbare Forderung zu erhalten, muß die IFB deshalb das Kontokorrentverhältnis selbst beenden können.

## 2. Übergang des Kündigungsrechts

### a) Abtretbarkeit

Die IFB könnte das Kontokorrentverhältnis beenden, wenn mit der Saldoforderung auch das Kündigungsrecht aus § 355 Abs. 3 HGB auf die IFB entsprechend § 401 BGB übergegangen ist. Dann müßte das Kündigungsrecht überhaupt abtretbar sein. Das Kündigungsrecht für ein Kontokorrentverhältnis könnte untrennbar an die Vertragsparteien des Kontokorrentverhältnisses gebunden sein, wenn es notwendiger Bestandteil des subjektiven Rechts ist[9]. Das Kündigungsrecht kann dann nicht auf die IFB übergehen.

Das Kündigungsrecht hat keinen höchstpersönlichen Charakter. Seine Abtretbarkeit kann daher angesichts der Vertragsfreiheit nicht grundsätzlich verneint werden. Es ist deshalb ein unselbständiges Gestaltungsrecht, das nur mit dem Hauptrecht übergehen kann[10]. Zu seiner Ausübung bedarf es jedoch möglicherweise der Zustimmung des Zedenten.

### b) Übergang entsprechend § 401 BGB

Das Kündigungsrecht kann als unselbständiges Gestaltungsrecht nur entsprechend § 401 BGB auf die IFB übergehen, wenn es lediglich das abgetretene Hauptrecht beeinflussen kann. Eine entsprechende Anwendung des § 401 BGB ist dagegen ausgeschlossen, wenn durch die Ausübung des Gestaltungsrechts die Rechtsstellung der Vertragspartner des ursprünglichen Vertrages beeinflußt würde[11]. Eine Kündigung des Kontokorrentverhältnisses durch die IFB würde den Kontokorrentvertrag beenden, der auch nach Abtretung der Saldoforderungen noch zwischen der Firma und dem Debitor weiterbesteht. Die Kündigung würde die Rechtsstellung der Firma berühren. Das Kündigungsrecht kann deshalb nicht entsprechend § 401 BGB auf die IFB übergehen. Anhaltspunkte für seine konkludente Abtretung sind nicht ersichtlich. Das Kündigungsrecht geht deshalb nicht auf die IFB über.

## 3. Vollmacht für Kündigung

Die IFB könnte das Kontokorrentverhältnis als Vertreter der Firma beenden. Die Kündigung ist eine Willenserklärung. Mit Vollmacht einer Partei des Kontokorrentverhältnisses kann auch ein Vertreter wirksam gem. § 164 Abs. 1 BGB kündigen[12]. Die IFB ist von der Firma in § 13 b)

---

[9] Serick II § 26 IV 2 b S. 367; Grigat BB 1952, 819; 1953, 192.

[10] BGH NJW 1973, 1794; Palandt / Heinrichs § 413 Anm. 1 c cc); Eder BB 1953, 191, 192; offengelassen Schütz S. 507.

[11] RGZ 140, 219, 221; Palandt / Heinrichs § 401 Anm. 1 d; Soergel / Schmidt § 401 Anm. 2.

ihres Vertragsformulars zur Kündigung gem. § 167 Abs. 1 BGB bevollmächtigt worden. Sie kann im Namen der Firma wirksam gem. § 164 Abs. 1 BGB das Kontokorrentverhältnis kündigen. Die Parteien können hierbei auch gem. § 168 BGB die Unwiderruflichkeit der Vollmacht vereinbaren. Die IFB kann jederzeit das Kontokorrentverhältnis beenden und ihre Saldoforderung verwerten.

# § 5 Kollision mit Abtretungsverbot

## A. Interessenlage

Beim Ankauf von Forderungen muß die IFB immer damit rechnen, daß für Forderungen ein Abtretungsverbot besteht, ohne daß sie dies erfährt. Sie muß deshalb Sorge tragen, auch beim Abtretungsverbot einen Gegenwert von der Firma zu erhalten.

## B. Ausgestaltung

Trotzdem hat die IFB für Forderungen, für die ein Abtretungsverbot besteht, keine besondere Regelung getroffen. Auch solche Forderungen sollen deshalb gem. § 6 ihres Vertragsformulars auf die IFB übergehen.

## C. Rechtliche Würdigung

### I. Wirkung eines Abtretungsverbots gem. § 399 2. Alt. BGB

#### 1. Ausschluß der Abtretbarkeit

*a) Unwirksamkeit der Abtretung*

Bedenken gegen die Wirksamkeit der Factoring-Globalzession bestehen, wenn für eine Forderung zwischen der Firma und dem Debitor ein Abtretungsverbot gem. § 399 2. Alt. BGB vereinbart ist. Durch ein Veräußerungsverbot wird einer Forderung von Anfang an die Veräußerungsfähigkeit (Verkehrsfähigkeit) genommen, sie entsteht dann als ein unveräußerliches Recht[1]. Eine trotzdem erklärte Abtretung ist

---

[12] Serick II § 26 IV 2 b S. 367 f.; Grigat BB 1953, 192 mit Bedenken; Eder BB 1953, 191, 192.

[1] RGZ 136, 395, 399; BGHZ 40, 156, 160; Larenz SchR I § 34 II 1 S. 396 N. 2; Serick II § 24 III 2 S. 290; Soergel / Schmidt § 399 Anm. 4; Palandt / Heinrichs § 399 Anm. 6.

nicht nur relativ, sondern absolut unwirksam. Auch jeder Dritte kann sich darauf berufen[2]. Bei vertraglichem Ausschluß der Abtretbarkeit könnte die IFB nie Forderungsinhaberin werden.

### *b) Genehmigungsfähigkeit der Abtretung*

Ein Abtretungsverbot wird allein zum Schutz des Schuldners vereinbart. Auf diesen Schutz kann er später verzichten wollen. Eine unwirksame Abtretung ist deshalb nicht endgültig unwirksam (nichtig). Sie ist vielmehr schwebend unwirksam und kann durch nachträgliche Zustimmung des Schuldners wirksam werden[3]. Bei Ausschluß der Abtretbarkeit beruht die Unübertragbarkeit einer Forderung nicht auf der unzureichenden Verfügungsmacht des Gläubigers, sondern auf dem Inhalt der Forderung. Diesen kann der Schuldner nicht einseitig ändern. Seine Zustimmung zur Abtretung ist als neuer, abändernder Vertrag gem. § 305 BGB mit seinem Gläubiger zu werten[4]. Mit Abschluß dieses Änderungsvertrages geht dann die Forderung auf den neuen Gläubiger über[5]. Eine Abtretung an die IFB kann deshalb auch trotz Ausschluß der Abtretbarkeit wirksam werden, wenn der Debitor ihr nachträglich zustimmt.

## 2. Zustimmungsbedürftigkeit der Abtretung

Ebenfalls zweifelhaft ist der Forderungserwerb der IFB, wenn der Debitor von vornherein die Abtretung einer Forderung vertraglich von seiner Zustimmung abhängig macht. Die Zustimmungsbedürftigkeit einer Abtretung ist im BGB nicht geregelt. Die Abhängigkeit der Wirksamkeit einer Abtretung von gewissen sachlichen Voraussetzungen ist nur eine geringere Einschränkung als der völlige Ausschluß der Abtretbarkeit. Auch solche Vereinbarungen sind deshalb nach § 399 BGB zulässig[6]. Der Schuldner kann sich mit einem geringeren Schutz zufrieden geben und die Wirksamkeit einer Abtretung von seiner Zustimmung gem. §§ 182 ff. BGB abhängig machen. Mit Genehmigung einer

---

[2] BGHZ 40, 156, 159 f.; 56, 173, 176; Larenz SchR I § 34 II 1 S. 396 N. 1; Erman / Westermann § 399 Anm. 3; Soergel / Schmidt § 399 Anm. 6; Palandt / Heinrichs § 399 Anm. 6; Furtner NJW 1966, 182, 186; Huber NJW 1968, 1905; a. A. RGZ 148, 105, 110 ff.; Enn. / Lehmann SchR § 78 IV 2.

[3] BGHZ 40, 156, 160; 56, 173, 176; Serick II § 24 III 2 S. 291.

[4] Larenz SchR I § 34 II 1 S. 396 N. 2; Soergel / Schmidt § 399 Anm. 7; a. A.: einseitige Zustimmung des Schuldners entsprechend § 185 Abs. 2 BGB: Serick II § 24 III 2 S. 291; Erman / Westermann § 399 Anm. 3; Palandt / Heinrichs § 399 Anm. 6; offengelassen BGHZ 40, 156, 160 f.

[5] Soergel / Schmitd § 399 Anm. 7; Larenz SchR I § 34 II 1 S. 396 N. 2; im Ergebnis auch Serick II § 24 III 2 S. 291; a. A. Rückwirkung: Palandt / Heinrichs § 399 Anm. 6; RGRK-BGB (Löscher) § 399 Anm. 5; offen gelassen BGHZ 40, 156, 163; Erman / Westermann § 399 Anm. 3.

[6] RGZ 136, 395, 399; BGHZ 40, 156, 161.

Abtretung wird diese dann gem. § 184 Abs. 1 BGB rückwirkend wirksam. Die IFB kann auch bei Zustimmungsbedürftigkeit der Abtretung Forderungsinhaberin werden, wenn der Debitor seine Zustimmung erteilt.

### 3. Wirksamkeit eines Abtretungsverbots

#### *a) Sittenwidrigkeit gem. § 138 Abs. 1 BGB*

Die IFB kann Forderungen, für die ein Abtretungsverbot vereinbart wurde, trotzdem auch ohne Zustimmung des Debitors erwerben, wenn das Abtretungsverbot gem. § 138 Abs. 1 BGB sittenwidrig und daher nichtig ist. Das Abtretungsverbot ist volkswirtschaftlich unerwünscht, weil es die Finanzierung kleinerer und mittlerer Unternehmen behindert[7]. Sie können häufig nicht auf Kredite gegen Abtretung ihrer Forderungen verzichten. Sie müssen dann ihre Kreditgeber täuschen und ihnen Forderungen versprechen, die sie wegen des Abtretungsverbots gar nicht abtreten können. Da der Schuldner dies sehr wohl weiß, könnte er mit der Vereinbarung eines Abtretungsverbots bewußt den Gläubiger zur Täuschung seiner Kreditgeber und zu strafbaren Handlungen verleitet haben. Das Abtretungsverbot könnte sittenwidrig gem. § 138 Abs. 1 BGB und nichtig sein.

#### *b) Keine Sittenwidrigkeit*

Der Schuldner hat ein berechtigtes Interesse, nicht einer Vielzahl von Gläubigern gegenüber stehen zu müssen. Kreditgeber, die nur gegen Forderungsabtretung Kredite gewähren, müssen deshalb mit einem Abtretungsverbot rechnen. Der Schuldner provoziert dadurch keine Täuschung der Kreditgeber des Gläubigers. Insbesondere ist er auch nicht gehalten, auf dessen Kreditgeber Rücksicht zu nehmen. Außerdem ist es allein eine Aufgabe des Gläubigers, sich entsprechend dem Abtretungsverbot zu verhalten. Die Verwertung seiner Forderungen als Sicherungsmittel ist dem Gläubiger auch nicht unmöglich, weil er die Zustimmung des Schuldners einholen kann. Es wird ihm nicht jede Aussicht genommen, dem Sicherungsbedürfnis seiner Kreditgeber Geltung zu verschaffen[8]. Ein Abtretungsverbot verstößt nicht gegen die guten Sitten, wenn der Gläubiger seine Forderungen nicht mehr zu seiner Finanzierung verwerten kann. Die IFB kann sich deshalb nicht auf eine Nichtigkeit eines Abtretungsverbots berufen.

### 4. Zusammenfassung

Die Globalzession der Firma an die IFB ist schwebend unwirksam für solche Forderungen, für die der Debitor mit der Firma ein Abtre-

---

[7] BGHZ 51, 113, 116; Serick II § 24 III 2 S. 289.
[8] BGHZ 51, 113, 116 ff., 56, 173, 175.

tungsverbot vereinbart hatte. Die Abtretung kann jedoch wirksam werden, sobald der Debitor nachträglich seine Zustimmung erteilt. Die Firma ist deshalb nach dem Grundsatz von Treu und Glauben gem. § 242 BGB verpflichtet, sich um die Zustimmung des Debitors zur Abtretung an die IFB zu bemühen.

## II. Rechtsstellung der IFB

### 1. Erwerbsposition vor Zustimmung des Debitors

Ein Abtretungsverbot eines Debitors könnte auch Auswirkungen auf die Erwerbsposition der IFB haben. In der Schwebezeit vor Bedingungseintritt (Ankauf der Forderung durch die IFB) hat die IFB möglicherweise keine gesicherte Rechtsposition für den Forderungserwerb, solange die Zustimmung des Debitors fehlt. Die Zustimmung des Debitors ist allein in sein Belieben gestellt. Die IFB hat keinen Anspruch hierauf. Ob sie Forderungsinhaberin wird, hängt neben dem Bedingungseintritt noch von der freien Entscheidung des Debitors ab. Die IFB hat deshalb keine gesicherte Rechtsposition, bestehende, aber unabtretbare Forderungen zu erwerben.

### 2. Erwerbsposition mit Zustimmung des Debitors

Die IFB könnte eine gesicherte Rechtsposition erhalten, sobald eine Zustimmung des Debitors vorliegt. Dann müßte sie bei jeder Zustimmung des Debitors mit Bedingungseintritt Forderungsinhaberin werden. Insbesondere dürfte keine anderweitige Abtretung an einen Dritten durch die Zustimmung des Debitors wirksam werden können.

#### *a) Ausschluß der Abtretbarkeit*

Bei Ausschluß der Abtretbarkeit einer Forderung müßte der Änderungsvertrag die volle Verkehrsfähigkeit der Forderung wiederherstellen. Der Schuldner will meistens nicht gänzlich auf seinen Schutz verzichten. Der Änderungsvertrag ist eng auszulegen. Er gibt deshalb der Forderung die Verkehrsfähigkeit nicht generell zurück, sondern macht sie nur von der Zustimmung des Schuldners gem. §§ 182 ff. BGB abhängig. Die Zustimmung des Schuldners bezieht sich jeweils auf eine bestimmte Abtretung. Der Debitor kann durch seine Zustimmung eine andere Abtretung an einen Dritten wirksam werden lassen. Die Abtretung an die IFB bleibt unabhängig von der Priorität wirkungslos.

*b) Zustimmungsbedürftigkeit der Abtretung*

Auch bei vereinbarter Zustimmungsbedürftigkeit kann der Debitor eine andere Abtretung als an die IFB genehmigen. Der Dritte wird dann rückwirkend gem. § 184 Abs. 1 BGB Forderungsinhaber. Die Abtretung an die IFB bleibt auch hier wirkungslos.

### 3. Erwerbsposition bei Zustimmung zur Abtretung an die IFB

Die IFB könnte eine gesicherte Rechtsposition für den Forderungserwerb haben, wenn der Debitor der Abtretung an sie zugestimmt hat. Dann könnte die Forderung mit Bedingungseintritt auf die IFB übergehen. Ihr Forderungserwerb würde nur noch von ihr selbst abhängen. Bedenken gegen eine gesicherte Rechtsposition bestehen, wenn der Debitor schon vorher einer anderen Abtretung an einen Dritten zugestimmt hat.

*a) Ausschluß der Abtretbarkeit*

aa) Priorität der Factoring-Abtretung

Bei Ausschluß der Abtretbarkeit einer Forderung liegt in der Zustimmung zu ihrer Abtretung auch der Änderungsvertrag, durch den die Abtretung nur zustimmungsbedürftig wird. Mit Zustimmung zur Abtretung an einen Dritten ist der Dritte deshalb Forderungsinhaber geworden. Mit der späteren Genehmigung zur Abtretung an die IFB könnte die Abtretung an den Dritten unwirksam werden. Die Genehmigung hat gem. § 184 Abs. 1 BGB rückwirkende Kraft. Sie könnte daher auf den Zeitpunkt des Factoring-Vertrages oder des Änderungsvertrages zurückwirken, so daß im Verhältnis zum Dritten wieder die Priorität der Factoring-Abtretung zur Geltung käme.

bb) Keine Rückwirkung gem. § 184 Abs. 2 BGB

Bedenken gegen die Unwirksamkeit der anderen Abtretung ergeben sich aus § 184 Abs. 2 BGB. Der Genehmigende darf die rückwirkende Kraft der Genehmigung nicht dazu benutzen, die von ihm selbst in der Zwischenzeit getroffene Verfügung unwirksam zu machen[9]. Die Zustimmung eines Schuldners zur Abtretung ist eine Verfügung, weil hierdurch unmittelbar rechtsgestaltend die Forderung auf den neuen Gläubiger übergeht[10]. Mit der ersten Zustimmung hat der Debitor über die Forderung verfügt. Diese Verfügung kann gem. § 184 Abs. 2 BGB nicht durch die Rückwirkung der späteren Genehmigung unwirksam

---

[9] RGRK-BGB (Kuhn) § 184 Anm. 9.

[10] BGH 40, 156, 164.

werden. Mit seiner Verfügung an den Dritten hat der Debitor nach dem Prioritätsprinzip seine Verfügungsberechtigung bereits verloren. Die Forderung kann dem Dritten nicht wieder entzogen werden. In der Zustimmung zur Abtretung an die IFB kann auch kein Widerruf der Genehmigung zur Abtretung an den Dritten liegen, weil solche Genehmigungen grundsätzlich unwiderruflich sind.

#### *b) Zustimmungsbedürftigkeit der Abtretung*

Auch bei vereinbarter Zustimmungsbedürftigkeit der Abtretung wirkt eine Genehmigung gem. § 184 Abs. 1 BGB auf die jeweilige Abtretungserklärung zurück. Die Priorität ihrer Abtretung kann der IFB aber auch hier nichts nützen, weil die Verfügung des Debitors, die in der ersten Zustimmung liegt, gem. § 184 Abs. 2 BGB trotz Rückwirkung der nachfolgenden Genehmigung nicht unwirksam wird. Der Dritte bleibt deshalb Forderungsinhaber.

Die IFB hat bei Zustimmung des Debitors zur Abtretung an sie eine gesicherte Rechtsposition nur, wenn der Debitor vorher keiner anderen Abtretung zugestimmt hat.

### 4. Kein Erwerb bei Verweigerung der Zustimmung

Der Debitor kann seine Zustimmung zur Abtretung an die IFB auch verweigern. Die Abtretung an die IFB wird dann endgültig unwirksam. Eine unwirksame Abtretung kann gem. § 140 BGB dahin umgedeutet werden, daß der Abtretungsempfänger unwiderruflich berechtigt sein soll, die Forderung als Vertreter der Firma gem. § 164 BGB in ihrem Namen einzuziehen[11]. Mit einer Bevollmächtigung ist der IFB aber nicht gedient. Sie hat lediglich schuldrechtliche Wirkung; Inhaber der Forderung bleibt die Firma. Die IFB ist hierdurch nicht geschützt.

### 5. Zusammenfassung

Bei einem Abtretungsverbot kann die IFB nur mit Zustimmung des Debitors Forderungsinhaberin werden. Ohne seine Zustimmung ist die Abtretung für die IFB praktisch bedeutungslos. Auch bei Zustimmung des Debitors zur Abtretung an die IFB hat sie nur dann eine gesicherte Rechtsstellung für den Forderungserwerb, wenn der Debitor nicht vorher einer anderen Abtretung zugestimmt hat. Bei einem Abtretungsverbot hat die IFB nur geringe Chancen, Forderungsinhaberin zu werden und damit die Gegenleistung für ihren Vorschuß zu erhalten.

---

[11] Serick II § 24 III 3 S. 291.

# § 6 Kollision mit verlängertem Eigentumsvorbehalt

## A. Interessenlage

Die IFB will die gekauften Forderungen auch dann erhalten, wenn die Firma sie mit einer Vorausabtretungsklausel aufgrund eines verlängerten Eigentumsvorbehalts zusätzlich an ihre Vorbehaltslieferanten abtritt und abtreten muß. Zwar kann ein Vorbehaltslieferant, der sich in die Forderung meist noch mit anderen Vorbehaltslieferanten im Verhältnis der von ihnen geleisteten Waren teilen muß, seinen Anteil an einer Forderung meistens nicht konkret beweisen, so daß die Kollision häufig nicht offen zutage tritt[1]. Der Forderungserwerb gehört aber wesensnotwendig zum Factoring-Geschäft[2]. Die Wirksamkeit der Factoring-Globalzession auch bei einer Kollision mit dem verlängerten Eigentumsvorbehalt stellt angesichts seiner Häufigkeit eine spezifische Schwierigkeit des Factoring dar.

## B. Ausgestaltung

### 1. Pflicht zur vorrangigen Befriedigung der Lieferanten

#### *a) Ausdrückliche Pflicht*

Die IFB könnte, um eine Kollision mit einem verlängerten Eigentumsvorbehalt zu vermeiden, die Firma zur vorrangigen Bezahlung ihrer Lieferanten verpflichtet haben. Eine entsprechende ausdrückliche Klausel im Vertragsformular fehlt. Laut Präambel soll die Firma ihre Warenbezüge lediglich termingerecht bezahlen. Eine vorrangige Ablösung von Eigentumsvorbehalten ist damit nicht ausdrücklich vereinbart. Andere Bestimmungen, aus denen sich eine Pflicht über die Verwendung des Factoring-Erlöses konkludent ergeben könnten, sind im Vertragsformular nicht enthalten.

#### *b) Geschäftsgrundlage*

Eine solche Verpflichtung könnte Geschäftsgrundlage des Factoring-Vertrages sein. Die IFB prüft jeweils vor Abschluß eines Factoring-Vertrages, ob die Firma aus dem Factoring-Erlös ihre Lieferantenverbindlichkeiten unter Skontoabzug sofort bezahlen kann. Bei Factoring-Finanzierung kann die Firma in der Regel nur rentabel arbeiten, wenn

[1] Bette ZKW 1973, 793.

[2] BGHZ 58, 364, 369; Serick BB 1974, 143.

sie die hohen Factoring-Gebühren durch ihre Skontogewinne decken kann. Ohne Aussicht auf einen entsprechenden Skontogewinn der Firma wird die IFB für die Firma erkennbar ihre Finanzierung ablehnen[3]. Auch die Firma weiß, daß sie nur rentabel wirtschaften kann, wenn sie die Factoring-Gebühr durch Skontogewinne begleichen kann. Allein aus Rentabilitätsgründen ist die Firma schon gezwungen, ihre Lieferanten vorrangig zu befriedigen. Auf die Notwendigkeit, diesen betriebswirtschaftlichen Erfordernissen gerecht zu werden, weist die IFB die Firma bei den Verhandlungen vor Abschluß des Factoring-Vertrages immer wieder hin. Beim Abschluß des Factoring-Vertrages gehen beide Parteien übereinstimmend davon aus, daß die Firma ihre Lieferanten vorrangig bezahlt. Dies ist deshalb als Geschäftsgrundlage anzusehen.

#### 2. Überwachung der Firma

Weiterhin läßt sich die IFB gem. § 21 ihres Vertragsformulars das Recht einräumen, in die Geschäftsbücher der Firma einzusehen. Sie kann damit überwachen, ob die Firma ihrer Verpflichtung zur vorrangigen Befriedigung ihrer Lieferanten auch tatsächlich nachkommt.

#### 3. Verbuchung der abgetretenen Forderungen

Ausdrücklich verpflichtet die IFB die Firma gem. § 14 f) S. 2 ihres Vertragsformulars, ihre Eventualverbindlichkeiten aus der „Garantiehaftung“ gem. § 7 ff. des Vertragsformulars nach den Grundsätzen ordnungsgemäßer Buchführung in ihren Geschäftsbüchern auszuweisen. Die verkauften Forderungen können dann nicht als eigene Forderung der Firma verbucht werden. Damit ist aus der Buchhaltung der Firma und den darauf fußenden Bilanzen die Forderungsabtretung erkennbar.

## C. Rechtliche Würdigung

### I. Wirksamkeit der Factoring-Globalzession

#### 1. Kollisionslage

Die Firma kann ihre Lieferanten beim Bezug von Waren meist nicht sofort bezahlen. Der Lieferant behält sich dann als Sicherheit für seine Forderung regelmäßig das Eigentum an den von ihm gelieferten Waren gem. § 455 BGB vor. Häufig ist dieser Schutz nicht ausreichend, weil die Firma die Waren weiterveräußern darf. Der Lieferant läßt sich

---

[3] Bette S. 87; Lambsdorff Rn. 433.

deshalb oft auch die eventuelle Forderung aus der Weiterveräußerung zur Sicherung seiner Forderung im voraus übertragen. Aufgrund der Factoring-Globalzession hat die Firma diese Forderung aber auch an die IFB abgetreten. Über diese Forderung liegen zwei einander widersprechende Verfügungen vor.

## 2. Abtretung gem. § 398 BGB

### *a) Einigung*

#### aa) Alle Forderungen

Ist eine Forderung auch an den Vorbehaltslieferanten abgetreten, so kann die IFB nur Forderungsinhaberin werden, wenn ihre Factoring-Globalzession auch noch bei einer Kollision mit einem verlängerten Eigentumsvorbehalt wirksam ist. Die IFB und die Firma haben sich zwar über den Übergang der künftigen Forderungen geeinigt. Es fragt sich, ob diese Einigung auch solche Forderungen erfaßt, für die erwartungsgemäß ein verlängerter Eigentumsvorbehalt vereinbart wird. Eine Globalzession könnte, um eine Kollision mit einem verlängerten Eigentumsvorbehalt zu vermeiden, so einschränkend auszulegen sein, daß solche Forderungen nicht erfaßt werden sollen[4]. Die Firma und die IFB haben in § 6 a) des Vertragsformulars ausdrücklich festgelegt, daß alle künftigen Forderungen der Firma auf die IFB übergehen sollen. Für eine einschränkende Auslegung ist kein Anhaltspunkt gegeben. Die Parteien haben sich auf den Übergang aller Forderungen geeinigt.

#### bb) ungeteilte Forderungen

Es stellt sich die Frage, ob die IFB bei Forderungen, für die erwartungsgemäß ein verlängerter Eigentumsvorbehalt vereinbart wird, nur Teilforderungen erhalten will, um eine Kollision der beiden Abtretungen zu vermeiden. Beim Zusammentreffen von verschiedenen Finanzierungsgeschäften soll jeder Zessionar nur einen ihm gebührenden Forderungsteil verlangen dürfen und erhalten wollen[5].

Die IFB ist bestrebt, gem. § 3 a) ihres Vertragsformulars grundsätzlich nur ungeteilte Forderungen zu erwerben. Die Forderungen bevorschußt sie auch in voller Höhe. Einen Gegenwert erhält sie hierfür nur, wenn sie die ganze Forderung erhält. Das Factoring-Geschäft ist deshalb für die IFB nur sinnvoll, wenn sie die angekaufte Forderung auch ungeteilt erhält. Die Parteien einigen sich über den Übergang der ungeteilten Forderung auf die IFB.

---

[4] Kaduk in Festschrift für Larenz S. 700.

[5] Ermann BB 1959, 1109, 1112; Esser JZ 1968, 281, 284 f.; Finger JZ 1970, 642, 644.

#### *b) Bestimmtheit*

Mit der Abtretung aller küntfigen Forderungen an die IFB ist auch jeweils genau bestimmt, welche Forderung auf die IFB übergehen soll.

#### *c) Verfügungsberechtigung*

##### aa) Prioritätsprinzip bei bestehenden Forderungen

Eine wirksame Abtretung setzt voraus, daß die Firma berechtigt ist, über die Forderungen zu verfügen. Verfügungsberechtigt ist regelmäßig der Forderungsinhaber. Zweifel an der Verfügungsberechtigung der Firma ergeben sich, wenn sie eine Forderung mehrmals abtritt. Bei mehrfacher Abtretung einer bestehenden Forderung wird nur die zeitlich erste Abtretung wirksam (Prioritätsprinzip). Jede nachfolgende Abtretung ist wirkungslos, weil der Zedent als Nichtberechtigter verfügt.

##### bb) Surrogationsprinzip bei künftigen Forderungen

Die Firma könnte zur Abtretung ihrer künftigen Forderungen nicht berechtigt sein, soweit sie diese später aufgrund eines verlängerten Eigentumsvorbehalts an ihren Vorbehaltslieferanten abtreten muß. Einer späteren Abtretung an einen Vorbehaltslieferanten könnte grundsätzlich der Vorrang zukommen, wenn die Forderung gegen den Endabnehmer an die Stelle des Eigentums an der Vorbehaltsware tritt (Surrogationsprinzip)[6]. Zur Surrogation kommt es im BGB nur in Ausnahmefällen. Ohne entsprechende Vorschriften im BGB kann bei der Veräußerung von Vorbehaltswaren keine Surrogation angenommen werden, zumal Geld- und Warengläubiger grundsätzlich gleichwertig sind[7]. Die Verfügungsberechtigung der Firma kann durch das Surrogationsprinzip nicht eingeschränkt sein.

##### cc) Teilungsprinzip bei künftigen Forderungen

Weiterhin ist erwogen worden, die Abtretung an die IFB nur teilweise als wirksam zu betrachten, wenn die Firma ihre Forderung mehrfach abgetreten hat. Es ist zu prüfen, ob bei Kollision mehrerer Abtretungen aufgrund verschiedener Finanzierungsgeschäfte der Zedent nur zur anteiligen Abtretung der Forderung an seine Vertragspartner berechtigt ist (Teilungsprinzip)[8]. Für eine Einschränkung der Verfügungs-

---

[6] OLG Celle NJW 1952, 306; Flume NJW 1950, 841, 847 f.; 1959, 913, 918 ff.; Neubeck NJW 1959, 581 f.

[7] BGHZ 30, 149, 152; Esser JZ 1968, 281; Serick BB 1960, 141, 144; Erman BB 1959, 1109, 1110, Beuthien BB 1971, 375, 376; Westermann, Interessenkollision S. 13 ff.; Dempewolf NJW 1956, 851, 853.

[8] Erman BB 1959, 1109, 1112; Scherner BB 1968, 1267, 1269; Beuthien BB 1971, 375, 378; Finger JZ 1970, 642, 644.

berechtigung, die dem Inhaber künftiger Forderungen bei mehreren Finanzierungsgeschäften nur jeweils eine anteilige Forderungsabtretung erlaubt, fehlt die gesetzliche Grundlage. Das Teilungsprinzip kann die Verfügungsberechtigung des Forderungsinhabers nicht beeinträchtigen[9]. Die Verfügungsberechtigung der Firma für ihre künftigen Forderungen ist nicht durch die bloße Möglichkeit einer Kollision mehrerer Abtretungen aufgrund verschiedener Finanzierungsgeschäfte berührt.

### dd) Prioritätsprinzip bei künftigen Forderungen

Die Verfügungsberechtigung würde der Firma fehlen, wenn sie bereits vor Abtretung an die IFB Forderungen an einen Dritten abgetreten hat. Auch bei künftigen Forderungen ist das Prioritätsprinzip anzuwenden. Die zeitliche Reihenfolge der Abtretungen ist das einzige dem Gesetz und den Erfordernissen der Rechtsordnung genügende Unterscheidungsmerkmal, nach dem bei Kollision mehrerer Abtretungen ihre Wirksamkeit entschieden werden kann. Auch bei Abtretung künftiger Forderungen gilt deshalb das Prioritätsprinzip[10]. Die Firma ist bei der Factoring-Abtretung nur verfügungsberechtigt, wenn sie vorher über die bestimmte Forderung noch nicht anderweitig verfügt hatte.

### ee) Priorität der Factoring-Globalzession

Hat die Firma schon vor Abschluß des Factoring-Vertrages alle Forderungen — etwa als Sicherungs-Globalzession für einen Bankkredit — abgetreten, kann die IFB dies leicht aus den Geschäftsunterlagen der Firma ersehen. In diesem Fall muß die IFB den Abschluß des Factoring-Vertrages von einer Rückabtretung der Forderungen durch die Bank abhängig machen. Gegenüber einzelnen Abtretungen aufgrund von verlängerten Eigentumsvorbehalten erhält die Factoring-Globalzession nach einer gewissen Übergangszeit die Priorität. Beim verlängerten Eigentumsvorbehalt wird die einzelne Forderung jeweils beim einzelnen Umsatzgeschäft zwischen dem Vorbehaltslieferanten und der Firma abgetreten. Die Factoring-Globalzession geht zeitlich allen verlängerten Eigentumsvorbehalten vor, die bei Warenlieferungen nach Abschluß des Factoring-Vertrages vereinbart wurden. Fraglich ist die Priorität, wenn der Vorbehaltslieferant seinen verlängerten Eigentumsvorbehalt

---

[9] BGHZ 32, 361, 364; 51, 113, 118; Serick BB 1960, 141, 146 f.; Baur § 59 VI S. 600; Palandt / Heinrichs § 398 Anm. 3 e.

[10] st. Rspr. z. B. BGHZ 30, 149, 151 f.; 32, 361, 363; Soergel / Schmidt § 398 Anm. 11; Erman / Westerman § 398 Anm. 19; Palandt / Heinrichs § 398 Anm. 3 e; Baur § 59 VI S. 600; v. Caemmerer JZ 1953, 97; Dempewolf NJW 1956, 851; 1957, 858; Capeller MDR 1956, 137; Serick BB 1960, 141, 150; a. A. Prioritätsprinzip bei künftigen Forderungen unbegründet: Esser ZHR 1971, 320, 325 f.: einander widersprechende Willenserklärungen und deshalb unwirksam; Beuthien BB 1971, 375, 377 f. nur für bestehendes Vermögen.

durch einen zusätzlichen Kontokorrentvorbehalt oder auf die Sicherung aller seiner Forderungen erweitert. Durch eine solche Erweiterung wird die Sicherheit des Vorbehaltslieferanten auf weitere Forderungen gegen die Firma ausgedehnt. Die künftigen Forderungen der Firma aus der Weiterveräußerung künftiger Warenlieferungen werden durch diese Erweiterungen des verlängerten Eigentumsvorbehalts nicht erfaßt[11]. Die IFB kann nach einer gewissen Übergangszeit immer von einer Priorität ihrer Factoring-Globalzession gegenüber den verlängerten Eigentumsvorbehalten ausgehen.

#### *d) Zeitpunkt der Wirksamkeit*

Die Abtretung für eine künftige Forderung kann erst mit ihrer Entstehung wirksam werden. Mit ihrer Entstehung und mit Bedingungseintritt könnte die Forderung deshalb auf die IFB übergehen.

#### *e) Zusammenfassung*

Aufgrund des Prioritätsprinzips würde die IFB auch die Forderungen wirksam erwerben, die die Firma an einen Vorbehaltslieferanten abtreten muß und abtritt. Der verlängerte Eigentumsvorbehalt wäre damit praktisch bedeutungslos[12].

### 3. Sittenwidrigkeit der Factoring-Globalzession gem. § 138 Abs. 1 BGB

Trotz Priorität ihrer Factoring-Globalzession schlägt aber der Forderungserwerb der IFB fehl, wenn ihre Globalzession beim Zusammentreffen mit einem verlängerten Eigentumsvorbehalt nicht wirksam ist. Nach ständiger Rechtsprechung ist eine Sicherungs-Globalzession regelmäßig sittenwidrig gem. § 138 Abs. 1 BGB und daher nichtig, wenn nach dem Willen der Vertragsparteien auch solche Forderungen erfaßt werden sollen, die der Zedent später seinen Lieferanten aufgrund eines verlängerten Eigentumsvorbehalts abtreten muß und abtritt[13].

#### *a) Täuschung des Vorbehaltslieferanten*

Der Vorbehaltskäufer ist beim verlängerten Eigentumsvorbehalt verpflichtet, bei einer Weiterveräußerung der Ware eine eventuell ent-

[11] Glomb S. 123; Flume NJW 1950, 841, 849 f.; a. A. Serick BB 1960, 141, 147.

[12] a. A. Messer, NJW 1976, 929, der nicht auf die Priorität der Forderungsabtretung sondern der erbrachten Leistung (Ware oder Vorschuß) abstellen will.

[13] BGHZ 30, 149, 153; 32, 361, 365; 55, 34, 35 f.; NJW 1960, 1003, 1004; 1968, 1516, 1518; 1969, 314, 318.

stehende Forderung gegen seinen Abnehmer dem Vorbehaltslieferanten zu übertragen. Hierzu ist der Vorbehaltskäufer nicht mehr in der Lage, wenn er diese Forderung schon vorher mit der Globalzession seinem Kreditgeber abgetreten hatte. Dann geht die Forderung mit ihrer Entstehung sofort auf den Kreditgeber über. Beim Einkauf von Waren unter verlängertem Eigentumsvorbehalt täuscht der Vorbehaltskäufer nach Ansicht des BGH jeweils seinen Vorbehaltslieferanten über die Wirksamkeit der Vorausabtretungsklausel.

Der Vorbehaltskäufer kann zudem die Forderung gar nicht entstehen lassen, ohne gegen seinen Einkaufsvertrag zu verstoßen. Er ist zur Weiterveräußerung der Vorbehaltsware nur ermächtigt, wenn er seine eventuelle Forderung aus der Weiterveräußerung dem Vorbehaltslieferanten überträgt und übertragen kann. Wenn die Forderung wegen der Globalzession nicht übergehen kann, verfügt er vertragswidrig als Nichtberechtigter über die Vorbehaltsware[14]. Sofern der Vorbehaltskäufer regelmäßig nur unter verlängertem Eigentumsvorbehalt Waren beziehen kann, muß er nach Ansicht des BGH, um überhaupt beliefert zu werden, seinen Lieferanten gegenüber fortgesetzt grobe Vertragsverletzungen, möglicherweise sogar strafbare Handlungen begehen. Auch die Anschlußfirma würde bei Warenbezug unter verlängertem Eigentumsvorbehalt ihren Vorbehaltslieferanten über die Wirksamkeit seines Eigentumsvorbehalts täuschen und dadurch sittenwidrig handeln.

### *b) Zurechnung des sittenwidrigen Verhaltens*

Dieses sittenwidrige Verhalten müßte auch der IFB zuzurechnen sein. Ein Vorbehaltskäufer, der nur unter verlängertem Eigentumsvorbehalt Waren einkaufen kann, wird nach Ansicht des BGH durch den Globalzessionar zu diesem sittenwidrigen Verhalten geradezu getrieben. Das sittenwidrige Verhalten sei deshalb, wie der BGH ausführt, auch dem Globalzessionar zuzurechnen, zumal er auf die Warenkreditgeber Rücksicht zu nehmen habe[15]. Der Globalzessionar wisse auch regelmäßig, daß er den Vorbehaltskäufer in eine Zwangslage bringe. Zumindest müsse er damit rechnen, wenn der verlängerte Eigentumsvorbehalt branchenüblich ist. Der Globalzessionar lasse sich die Globalzession aus verwerflicher Gesinnung erklären[16]. Die Sicherungs-Globalzession sei deshalb wegen Sittenwidrigkeit gem. § 138 Abs. 1 BGB nichtig.

[14] BGHZ 30, 149, 153; 55, 34, 37 f.; Flume NJW 1950, 841, 850.

[15] BGHZ 51, 113, 117.

[16] BGHZ 55, 34, 36; NJW 1968, 1516, 1518; dagegen Werhahn NJW 1968, 1516.

Bei der Factoring-Globalzession würde sich nach den Grundsätzen der Rechtsprechung des BGH ergeben, daß diese gem. § 138 Abs. 1 BGB sittenwidrig und nichtig wäre. Der Forderungserwerb der IFB würde dann trotz Priorität ihrer Factoring-Globalzession fehlschlagen.

## II. Bedenken gegen die Annahme einer Sittenwidrigkeit bei einer Globalzession

### 1. Keine Täuschung des Vorbehaltslieferanten

Der Vorbehaltslieferant wird nur getäuscht, wenn er regelmäßig von der Wirksamkeit seines verlängerten Eigentumsvorbehalts ausgehen kann. Das ist aber nicht der Fall. Statt dessen muß er stets darauf gefaßt sein, eine Forderung aus der Weiterveräußerung nicht erhalten zu können. Ein Abtretungsverbot gem. § 399 2. Alt BGB kann vereinbart worden sein. Auch kann eine Kontokorrentabrede gem. §§ 355 ff. HGB bestehen. Bei Wechselzahlung des Abnehmers erhält er nur eine wertlose Forderung, weil er sie wegen der damit verbundenen Stundungsabrede ohne Wechsel nicht verwerten kann. Vor allem muß er regelmäßig mit einer vorausgehenden Globalzession rechnen, die besonders bei kapitalschwachen Mittel- und Kleinbetrieben üblich ist[17]. Der Vorbehaltslieferant weiß genau, daß er nicht immer die Forderung aus der Weiterveräußerung erwerben kann.

Dem Vorbehaltslieferanten ist weiterhin bekannt, daß der Vorbehaltskäufer, soweit diese Weiterveräußerungen von seiner Weiterveräußerungsermächtigung nicht gedeckt sind, nur als Nichtberechtigter über die Vorbehaltsware verfügt. Er hat aber keine Möglichkeit, dies ohne großen Aufwand zu verhindern. Er kann seinem Vertragspartner gegenüber zwar die Vereinbarung, nicht aber die Wirksamkeit des verlängerten Eigentumsvorbehalts durchsetzen. Andererseits fehlt ihm eine andere Sicherungsmöglichkeit. Der Vorbehaltslieferant weiß deshalb, daß er nicht lückenlos geschützt ist. Von einem Irrtum über die Wirksamkeit seines verlängerten Eigentumsvorbehalts und über eine ausschließlich vertragsgemäße Weiterveräußerung kann nicht ausgegangen werden. Der Vorbehaltslieferant wird nicht getäuscht.

### 2. Kein Zwang zum Vertragsbruch

Weiterhin ist der verlängerte Eigentumsvorbehalt nicht notwendig unwirksam. Es ist durchaus möglich, daß der Globalzessionar auf Bitten des Vorbehaltskäufers die Forderung an den Vorbehaltslieferanten

---

[17] Glomb S. 124 f.

abtritt, damit der Vorbehaltskäufer überhaupt Ware beziehen kann. Der Vorbehaltskäufer hat die Möglichkeit, dem verlängerten Eigentumsvorbehalt Geltung zu verschaffen. So ist auch beim Abtretungsverbot gem. § 399 2. Alt. BGB ein kollidierender verlängerter Eigentumsvorbehalt nicht notwendig wirkungslos. Der Vorbehaltskäufer kann sich ebenfalls noch um die Zustimmung des Schuldners zur Abtretung bemühen und so dem verlängerten Eigentumsvorbehalt Geltung verschaffen[18]. Zwar hat der Vorbehaltskäufer in beiden Fällen keine Möglichkeit, den verlängerten Eigentumsvorbehalt von sich aus wirksam werden zu lassen. Er ist jedoch nicht gezwungen, vertragsbrüchig zu werden.

### 3. Keine Zurechnung

Fraglich ist weiterhin, ob dem Globalzessionar das Verhalten des Vorbehaltskäufers zuzurechnen ist. Grundsätzlich ist nur der Vertragspartner verpflichtet, sich an seinen Vertrag zu halten. Anerkannt ist dies beim Abtretungsverbot gem. § 399 2. Alt. BGB, auch wenn daneben noch ein verlängerter Eigentumsvorbehalt branchenüblich ist. Für den Vorbehaltskäufer besteht dann in gleicher Weise wie bei einer Globalzession die Zwangslage, dem Vorbehaltslieferanten die Forderung nicht abtreten zu können. Es ist allein Aufgabe des Vorbehaltskäufers, nach einem Abtretungsverbot keinen verlängerten Eigentumsvorbehalt zu vereinbaren. Ein anderes Verhalten ist jedenfalls nicht dem Schuldner zuzurechnen[19]. In gleicher Weise kann auch nur vom Vorbehaltskäufer verlangt werden, nach einer Globalzession keine weiteren Abtretungen mehr vorzunehmen. Genau wie dem Schuldner beim Abtretungsverbot kann deshalb dem Globalzessionar wegen eines eventuellen Vertragsbruchs des Vorbehaltskäufers kein Vorwurf sittenwidrigen Verhaltens gemacht werden.

### 4. Vorteil des Prioritätsprinzips

Weiterhin erscheinen die Bedenken gegen das Prioritätsprinzip bei einem Zusammentreffen von Globalzession und verlängertem Eigentumsvorbehalt unbegründet. Eine notwendige Benachteiligung der Warengläubiger durch eine Globalzession ist nicht ersichtlich. So steht es dem Lieferanten frei, seinen verlängerten Eigentumsvorbehalt auszuweiten und sich auch die Forderungen aus dem Weiterverkauf künftig zu liefernder Waren bis zur Höhe seiner Forderung zur Sicherheit abtreten zu lassen. Damit könnte er eventuell selbst die Priorität für seine Abtretung beanspruchen[20].

---

[18] BGHZ 51, 113, 118.
[19] BGHZ 51; 113, 118.

Durch das Prioritätsprinzip wird keine Seite notwendigerweise bevorzugt. Nur der schnellere Gläubiger wird Forderungsinhaber[21]. Durch die Rechtsprechung dagegen wird die unbekümmerte Kreditvergabe der Lieferanten gegen kurzfristige Sicherheiten noch prämiert. Zwar ist die Priorität nach außen meist nicht erkennbar. Auf eine Publizität wird aber auch bei anderen Sicherungsmitteln weitgehend verzichtet. Auch bei einer Sicherung durch eine Globalzession ist die Priorität ebenso wie bei anderen Sicherungsmitteln als alleiniger Maßstab anzulegen[22].

#### 5. Zusammenfassung

Beim Zusammentreffen der Factoring-Globalzession mit einem verlängerten Eigentumsvorbehalt wird der Vorbehaltslieferant nicht über die Wirksamkeit seines Vorbehalts getäuscht. Der Vorbehaltskäufer wird nicht zu einem Vertragsbruch getrieben. Sein eventuelles sittenwidriges Verhalten ist zumindest dem Globalzessionar nicht anzurechnen. Zudem bedarf das Prioritätsprinzip keiner Einschränkung, weil es keine Partei einseitig bevorzugt. Die Gründe des BGH für die Sittenwidrigkeit einer Sicherungs-Globalzession sind nicht überzeugend. Die Factoring-Globalzession ist nach der hier vertretenen Auffassung nicht sittenwidrig gem. § 138 Abs. 1 BGB.

## III. Bedenken gegen die Annahme einer Sittenwidrigkeit bei der Factoring-Globalzession

### 1. Objektive Besonderheiten

#### *a) Kollision*

Auch nach der Rechtsauffassung des BGH ist die Factoring-Globalzession nicht als sittenwidrig anzusehen, wenn die objektiven Voraussetzungen der Sittenwidrigkeit gem. § 138 Abs. 1 BGB fehlen. Bei der Factoring-Globalzession wird die Kollision mit einem verlängerten Eigentumsvorbehalt nicht schon dadurch vermieden, daß die Firma ihre Vorbehaltslieferanten vorrangig aus dem Factoring-Erlös befriedigt. Die Firma darf gem. § 4 d) S. 2 Vertragsformular der IFB eine Forderung erst nach Erbringung ihrer Leistung an den Debitor der IFB zum Kauf anbieten. Sie kann den Vorbehaltslieferanten frühestens nach

[20] Esser JZ 1968, 281, 283 N 17; Finger JZ 1970, 642, 644; Beuthien BB 1971, 375, 376.

[21] Serick BB 1960, 141, 147.

[22] Baur § 59 VI S. 599 f.

Weiterveräußerung der Vorbehaltsware aus dem Factoring-Erlös befriedigen. Mit Leistung an den Debitor hätte sie bereits die Forderung dem Vorbehaltslieferanten übertragen müssen. Die Factoring-Globalzession führt regelmäßig sogar dann zur Kollision mit einem später vereinbarten verlängertem Eigentumsvorbehalt der Lieferanten, wenn die Firma ihre Lieferanten vorrangig bezahlt.

### *b) Weiterveräußerungsermächtigung*

Diese Kollisionslage ist ausgeräumt, wenn der Forderungsverkauf an die IFB von der Weiterveräußerungs- und Einziehungsermächtigung des Vorbehaltslieferanten gedeckt ist. Ausdrücklich ist die Firma nicht hierzu ermächtigt. Die Ermächtigung könnte sich stillschweigend auch auf den Forderungsverkauf beziehen, wenn die Zahlung der IFB bei der Firma denselben Erfolg herbeiführt wie die vom Lieferanten gebilligte Zahlung des Debitors.

#### aa) Zahlungen des Debitors

Zahlungen an die Firma leistet der Debitor an den Berechtigten. Der Vorbehaltslieferant ermächtigt den Vorbehaltskäufer regelmäßig, die ihm abgetretene Forderung aus der Weiterveräußerung einzuziehen. Hierdurch wird die Firma in die Lage versetzt, seine Forderung zu befriedigen. Der Vorbehaltslieferant vertraut darauf, daß der Vorbehaltskäufer den eingezogenen Betrag vorrangig zu seiner Befriedigung verwendet[23]. Andererseits erlischt mit Zahlung des Debitors an den Vorbehaltskäufer die Forderung des Vorbehaltslieferanten gem. § 362 Abs. 2 BGB. Mangels anderer Vereinbarungen hat er regelmäßig kein eigenes Recht am Erlös[24]. Er ist nicht geschützt, vom Erlös der Firma auch tatsächlich Zahlungen zu erhalten[25]. Der Vorbehaltslieferant verliert mit Zahlung des Debitors ersatzlos seine Sicherheit, kann aber mit der Bezahlung aus dem Erlös rechnen.

#### bb) Zahlungen der IFB

Bei Erwerb der Forderung zahlt die IFB den Kaufpreis an die Firma. Die Firma kann dann über den Gegenwert der Forderung schon vor Fälligkeit verfügen. Sie ist deshalb in der Lage, die gegen sie gerichtete Forderung des Vorbehaltslieferanten schon vor Fälligkeit der Forderung aus der Weiterveräußerung zu befriedigen. Die Zahlung der IFB ermöglicht der Firma in gleicher Weise wie eine Zahlung des Debitors, die Forderung des Vorbehaltslieferanten zu bezahlen. Durch

---

[23] BGHZ 32, 357, 360.
[24] RGRK-BGB (Kuhn) § 455 Anm. 31.
[25] LG Mainz BB 1966, 1038, 1039.

Verkauf der Forderung an die IFB kann sie ihren Vorbehaltslieferanten sogar schon früher bezahlen, als wenn sie auf die Zahlung des Debitors hätte warten müssen. Andererseits erhält der Vorbehaltslieferant auch bei Zahlung der IFB keine Forderung als Sicherheit. Das könnte ihm unwichtig sein, weil er mit der Befriedigung seiner Forderung rechnen kann. Durch Zahlung der IFB wird der Vorbehaltslieferant nicht schlechter gestellt als durch eine Zahlung des Debitors. Er kann vielmehr in beiden Fällen darauf vertrauen, aus dem Erlös der Firma Bezahlung zu erhalten. Die Zahlung der IFB führt damit denselben Erfolg herbei wie eine Debitorenzahlung. Der Forderungsverkauf an die IFB könnte ebenfalls wie der Forderungseinzug von der Weiterveräußerungsermächtigung gedeckt sein[26].

### *c) Grenzen der Ermächtigung*

Fraglich ist, ob lediglich darauf abgestellt werden darf, daß die Factoring-Zahlung den Vorbehaltslieferanten so stellt, als wenn der Debitor gezahlt hätte. Die Rechtsfolgen bei Zahlung des Debitors leiten sich aus der Weiterveräußerungsermächtigung her. Ob die Factoring-Zahlung dieselben Rechtsfolgen bewirken kann, ist deshalb ebenfalls an der Weiterveräußerungsermächtigung zu messen.

#### aa) Sicherung bis zur vollständigen Bezahlung

Da der Vorbehaltslieferant bei Zahlung des Debitors seine Sicherheit verliert, könnte er immer nur bis zur Befriedigung des Vorbehaltskäufers gesichert werden wollen. Hierfür müßte ein entsprechender Wille in der Weiterveräußerungsermächtigung zumindest konkludent zu finden sein.

Grundsätzlich will sich der Lieferant schon durch einfachen Eigentumsvorbehalt bis zur vollständigen Bezahlung seines Kaufpreisanspruchs sichern[27]. Durch den verlängerten Eigentumsvorbehalt will er diese Sicherung auch noch vor dem Untergang durch Weiterveräußerung soweit möglich bewahren. Vor allem bei Zahlungsunfähigkeit des Vorbehaltskäufers will er noch die Möglichkeit haben, sich durch Rücknahme seiner Ware oder durch Einziehung der Weiterveräußerungsforderung zu befriedigen. Der Vorbehaltskäufer ist zur Weiterveräußerung grundsätzlich nur ermächtigt, wenn er dem Vorbehaltslieferanten die Forderung verschaffen kann[28]. Der Untergang seiner Sicherheit vor

---

[26] Bette S. 87 f.; Serick BB 1974, 143; Schmitt S. 16; offengelassen Mezger WM 1973 Sonderbeilage 1 S. 21.

[27] Erman / Weitnauer § 455 Anm. 10; Serick I § 5 I 1 S. 77.

[28] BGHZ 55, 34, 37 f.; Serick I § 8 II 2 a S. 157.

seiner Befriedigung entspricht nicht dem allgemeinen Willen des Vorbehaltslieferanten.

bb) Unterschied zwischen Factor- und Debitorenzahlung

Der Forderungsverkauf an die IFB kann von der Weiterverkaufsermächtigung gedeckt sein, wenn eine ähnliche Interessenlage wie bei Zahlung des Debitors anzunehmen ist. Bei Zahlung des Debitors verliert der Vorbehaltslieferant mit dem Untergang der Forderung seine Sicherheit. Zwar könnte er sich durch eine sog. Erlösklausel das Eigentum am gezahlten Geld übertragen oder die Forderungen aus Gutschriften bei Bank oder Postscheckamt im voraus abtreten lassen[29]. Eine solche Klausel ist sehr umständlich und zumindest für Geld schwer durchführbar. Sie hat deshalb auch kaum praktische Bedeutung. Der Vorbehaltslieferant muß daher notgedrungen den Untergang seiner Sicherheit hinnehmen.

Die IFB hingegen will mit ihrer Zahlung ihre Zahlungsverpflichtung aus § 5 ihres Vertragsformulars gem. § 362 Abs. 1 BGB tilgen. Da sie also nicht als Dritter gem. § 267 BGB auf die Forderung gegen den Debitor zahlt, erlischt diese Forderung nicht. Ohne Globalzession an die IFB könnte sie dem Vorbehaltslieferanten als Sicherheit dienen. Für den Vorbehaltslieferanten ist es somit ein erheblicher Unterschied, ob der Debitor oder die IFB zahlt. Ihm kommt es hierbei nicht auf den Zahlungseingang bei der Firma, sondern nur auf Befriedigung seines Kaufpreisanspruches an. Er will die Forderung auch als Sicherheit erwerben. Der Vorbehaltslieferant will also nicht auf die Forderung verzichten, er hat den Vorbehaltskäufer nicht zum Forderungsverkauf an die IFB ermächtigt. Die Factoring-Globalzession ist nicht durch die Weiterveräußerungsermächtigung des Vorbehaltslieferanten gedeckt[30]. Eine Sittenwidrigkeit wegen Verleitung zum Vertragsbruch ist nach der Rechtsprechung des BGH nicht unmöglich.

*d) Täuschung des Vorbehaltslieferanten*

aa) Offenlegung der Factoring-Globalzession

Es fragt sich, ob eine Täuschung des Vorbehaltslieferanten bei einer Factoring-Globalzession trotz Kollision mit einem verlängerten Eigentumsvorbehalt unter Berücksichtigung der Grundsätze des BGH vorliegt. Eine Sicherungsglobalzession an eine Bank wird meist erst in der Krise des Vorbehaltskäufers offengelegt. Beim Factoring-Geschäft hin-

---

[29] Schlegelberger / Hefermehl § 368 Anh. Anm. 90; Staudinger / Ostler § 455 Anm. 27 d; Soergel / Mühl § 929 Anm. 20; Enn. / Lehmann SchR § 118 A IV 4 S. 481.

[30] Vgl. auch Messer NJW 1976, 927.

gegen tritt die Abtretung der Forderung offen zutage. Einmal wird sie jeweils dem Debitor mitgeteilt. Zum anderen erscheinen die abgetretenen Forderungen nicht mehr in der Bilanz der Firma. Weitere Bedenken gegen die Annahme einer Täuschung des Vorbehaltslieferanten bestehen, wenn der Vorbehaltskäufer dazu übergeht, sofort und unter Abzug von Skonto seine Warenlieferungen zu bezahlen und der Vorbehaltslieferant hieraus den Schluß auf eine Zusammenarbeit des Vorbehaltskäufers mit einem Factoring-Institut ziehen kann. Folge davon wäre, daß der Vorbehaltslieferant nicht darauf vertrauen kann, die Vorbehaltsforderung als Sicherheit bis zur Bezahlung der Vorbehaltsware zu erhalten[31].

bb) Keine Kenntnis des Vorbehaltslieferanten

Die Factoring-Globalzession ist für den Vorbehaltskäufer allerdings nicht ganz so offenkundig. Von der Mitteilung der Abtretung an die Debitoren erfährt er regelmäßig nichts. Daß ein Vorbehaltskäufer ihn plötzlich unter Ausnutzung des Skontos sofort bezahlen kann, muß nicht notwendig auf einer Factoring-Finanzierung beruhen. Ein Schluß auf Factoring-Finanzierung läge allenfalls dann näher, wenn der Vorbehaltslieferant wüßte, daß plötzlich alle Lieferanten sofort bezahlt werden.

Der BGH stellt auch weniger darauf ab, ob der Vorbehaltslieferant Kenntnis von der Globalzession hat oder haben kann. Der Vorbehaltslieferant ist regelmäßig nicht gehalten, die Wirksamkeit seines verlängerten Eigentumsvorbehaltes zu überprüfen oder gar bei dem Vorbehaltskäufer etwa durch Bilanzeinsicht nachzuforschen. Der Vorbehaltslieferant darf nach der Rechtsprechung des BGH darauf vertrauen, daß der Vorbehaltskäufer vertragsgetreu seinem verlängerten Eigentumsvorbehalt Geltung verschafft und verschaffen kann. Allenfalls durch eine Mitteilung an den Vorbehaltslieferanten könnte dieses Vertrauen zerstört werden. Eine solche Mitteilung ist nicht vorgesehen, weil dann der Vorbehaltslieferant die Firma wohl nicht beliefern würde.

Bei der Factoring-Globalzession liegen insoweit keine wesentlichen Unterschiede zur Sicherungs-Globalzession vor. Nach den Grundsätzen des BGH ist deshalb doch eine Täuschung des Vorbehaltslieferanten anzunehmen. Die objektiven Voraussetzungen für eine Sittenwidrigkeit der Factoring-Globalzession sind demnach ebenfalls zu bejahen.

---

[31] Lambsdorff Rn. 436.

## 2. Subjektive Besonderheiten

### *a) Subjektiver Tatbestand der Sittenwidrigkeit*

Die Kollision zwischen der Factoring-Globalzession und einem verlängerten Eigentumsvorbehalt ist allein nicht ausreichend, um nach den Grundsätzen des BGH den Vorwurf sittenwidrigen Verhaltens zu begründen. Vielmehr ist als subjektives Moment erforderlich, daß die IFB auch in einer zu mißbilligenden Gesinnung gehandelt hat. Sie muß gewußt oder doch zumindest damit gerechnet haben, daß die Firma bei einer späteren Vereinbarung eines verlängerten Eigentumsvorbehalts eventuell zu Vertragsbrüchen und strafbaren Handlungen gezwungen ist.

Dennoch könnte eine verwerfliche Gesinnung der IFB ausgeschlossen sein, weil einer Factoring-Globalzession im Vergleich zur Sicherungs-Globalzession eine andere wirtschaftliche Bedeutung zukommt. Bei der Beurteilung der Sittenwidrigkeit eines Rechtsgeschäfts sind auch die Beweggründe der Parteien und die wirtschaftliche Situation zu berücksichtigen, aus der es zu dem fraglichen Rechtsgeschäft kam[32]. In besonderen Ausnahmefällen könnten die subjektiven Voraussetzungen einer Sittenwidrigkeit fehlen[33].

### *b) Kenntnis von der Kollision*

Bei der Vereinbarung der Factoring-Globalzession weiß die IFB, daß die Firma oft nur unter verlängertem Eigentumsvorbrhalt beliefert wird. Außerdem ist ihr bekannt, daß die Firma durch diese Globalzession eventuell zu einem vertragswidrigen Verhalten gegenüber dem Vorbehaltslieferanten verleitet wird. Zumindest muß sie damit rechnen, wenn der verlängerte Eigentumsvorbehalt branchenüblich ist. Die IFB hat ebenso wie ein Globalzessionar Kenntnis von der Wirkung ihrer Globalzession. Die Factoring-Globalzession könnte deshalb nach den Grundsätzen des BGH in gleicher Weise gem. § 138 Abs. 1 BGB sittenwidrig sein.

### *c) Erwerb aller Forderungen*

Gegen das Vorliegen einer verwerflichen Gesinnung bei der IFB könnte sprechen, daß sie wegen der nur aufschiebend bedingten Abtretung nicht alle Forderungen der Firma erhält. Die Wahrscheinlichkeit, daß die Factoring-Globalzession mit einem verlängerten Eigentumsvorbehalt kollidiert, könnte dadurch verringert sein[34]. Die Sittenwidrig-

[32] BGH NJW 1960, 1003, 1004.

[33] BGHZ 55, 34, 36.

[34] Bette S. 88 N. 254.

keit einer Globalzession hat auch der BGH verneint, wenn nicht ausnahmslos alle Forderungen von ihr erfaßt wurden. Dann muß die Bank um so weniger Bedenken wegen einer möglichen Kollision mit einem verlängerten Eigentumsvorbehalt haben[35]. Die IFB will grundsätzlich alle Forderungen erwerben. Nur bei mangelnder Bonität des Debitors verzichtet sie auf den Erwerb. Mit der Globalzession werden eben doch alle verwertbaren Forderungen auf die IFB übertragen. Hierbei muß sie immer mit einem möglichen Zusammentreffen ihrer Factoring-Globalzession mit einem späteren verlängerten Eigentumsvorbehalt rechnen. Die Beschränkung des Erwerbs auf verwertbare Forderungen kann die Zurechnung eines sittenwidrigen Verhaltens der Firma für die IFB nicht ausschließen.

### *d) Finanzierung einzelner Forderungen*

Die IFB stellt das Geld der Firma jeweils für einzelne bestimmte Forderungen zur Verfügung. Aus diesem Grund könnte sie der Meinung sein, daß es zu einer Kollision zwischen ihrer Globalzession und einem verlängerten Eigentumsvorbehalt nicht kommen könne. Auch ein Sicherungs-Globalzessionar muß nicht mit einem kollidierenden verlängertem Eigentumsvorbehalt rechnen, wenn er nur einzelne Geschäfte finanziert[36]. In dem vom BGH entschiedenen Fall war nur ein einzelnes Geschäft finanziert worden. Der Kredit war hierbei zur Finanzierung des Einkaufs gewährt worden, so daß regelmäßig eine Kollision mit einem verlängerten Eigentumsvorbehalt nicht hätte entstehen können. Bei der Factoring-Finanzierung werden Forderungen aus der Weiterveräußerung finanziert. Mit Entstehung der Forderung ist regelmäßig auch ein Zusammentreffen mit einem verlängerten Eigentumsvorbehalt möglich. Diese Kollision ist auch wahrscheinlich, weil die IFB zwar jeweils einzelne, grundsätzlich aber alle Forderungen finanziert. Auch die Einzelfinanzierung der Forderungen kann die Möglichkeit einer Sittenwidrigkeit der Factoring-Globalzession nicht ausräumen.

### *e) Besonderheiten des Grundgeschäfts*

#### aa) Unterschied zwischen Factoring- und Kreditgeschäft

Es fragt sich, unter welchen Voraussetzungen eine sittenwidrige Gesinnung der IFB trotz ihrer Kenntnis von der Kollisionslage durch die Besonderheiten des Grundgeschäfts ausgeschlossen sein könnte. Beim Factoring-Geschäft müßten die wirtschaftliche Situation und die Motive der Parteien so andersartig gelagert sein, daß sie mit der Si-

---

[35] BGHZ 32, 361, 366; Serick BB 1960, 141, 147.

[36] BGH NJW 1960, 1003, 1004.

tuation bei einer Sicherungs-Globalzession nicht mehr vergleichbar sind. Folgende Gesichtspunkte können von Bedeutung sein: Die Sicherungs-Globalzession wird meist zur Sicherung eines Bankkredits vereinbart. Die Bank ist hierbei der wirtschaftlich überlegene Partner und nutzt dies dazu aus, ihre zusätzliche Sicherung durchzusetzen. Zur Zins- und Rückzahlungspflicht wird deshalb dem Kreditnehmer als weitere Pflicht die Forderungsabtretung auferlegt, die allein dem Sicherungsbedürfnis der Bank dient. Sie wird regelmäßig auch nur bei schwachen Kreditnehmern vereinbart, so daß eine Kollision mit einem verlängerten Eigentumsvorbehalt sehr gut möglich erscheint.

Die IFB und ihre Anschlußfirma hingegen arbeiten als gleichberechtigte Partner zusammen, so daß die Firma keinem Druck seitens der IFB ausgesetzt wird. Beim Factoring-Geschäft handelt es sich außerdem um einen Forderungsverkauf gegen bar. Mit der Factoring-Globalzession erfüllt die Firma ihre Verpflichtung aus dem Kaufvertrag, der IFB die Forderungen zu verschaffen. Als Gegenleistung erhält sie dafür den Kaufpreis. Hierdurch wird ihre Liquidität so verbessert, daß sie ihre Lieferanten sofort mit Skontoabzug bezahlen kann. Die IFB ermöglicht gerade der Firma, ihre Lieferantenverbindlichkeiten zu begleichen und dadurch die Eigentumsvorbehalte abzulösen. Die Bewegungsfreiheit der Firma wird hierdurch stark erweitert. Die Factoring-Globalzession dient auch ihren Interessen. Das Factoring-Geschäft weist nach dieser Ansicht gegenüber der Sicherungs-Globalzession so wesentliche Besonderheiten auf, daß gegen seine Globalzession nicht der Vorwurf der Sittenwidrigkeit erhoben werden kann[37].

### bb) Würdigung der Unterschiede

An der Sicherungs-Globalzession allein kann der Vorteil des Kreditnehmers nicht gemessen werden. Dann würde der Kreditnehmer sich nicht auf ein so unvorteilhaftes Geschäft einlassen. Unter Berücksichtigung des gesamten Kreditgeschäfts liegt der Vorteil für ihn darin, daß er Kredit erhält, obwohl er finanziell schwach ist. Der Vorteil des Zedenten ist für die Sittenwidrigkeit der Globalzession nicht entscheidend. Auch der BGH hat hierauf nicht abgestellt. Insoweit ist kein wesentlicher Unterschied zur Sicherungs-Globalzession erkennbar.

Auch mit einem der Sicherungs-Globalzession zugrunde liegenden Betriebsmittelkredit kann ein Unternehmer seine Lieferantenverbindlichkeiten begleichen und Eigentumsvorbehalte ablösen. Der Betriebsmittelkredit ermöglicht es ihm häufig sogar erst, sein Unternehmen überhaupt zu betreiben und seine Schulden zu bezahlen[38]. Außerdem

[37] Vgl. LG Mainz BB 1966, 1038 f.; Rödl BB 1967, 1301, 1303; Lambsdorff Rn. 433, 440.

[38] BGH BB 1970, 821 f.

will auch der Globalzessionar, um eine eventuelle Sittenwidrigkeit seiner Sicherungs-Globalzession zu vermeiden, daß der Kreditnehmer mit dem Kredit eine Kollision nicht nur beseitigt, sondern von vornherein sogar vermeidet. Die Zielsetzung ist beim Factoring-Geschäft dieselbe wie beim Kreditgeschäft.

Ferner erscheint eine gleich starke Stellung der IFB und der Firma fraglich. Die IFB finanziert die Firma nur gegen Abtretung aller Forderungen. Auch sie kann der Firma durch Kündigung gem. § 24 a) ihres Vertragsformulars und eventuell durch außerordentliche Kündigung den Geldhahn zudrehen. Die IFB hat ebenfalls die stärkere Stellung gegenüber der Firma.

Die Stellung der IFB ist nicht entscheidend. Entscheidend ist nur, ob der Zessionar zum Vertragsbruch getrieben wird. Auch der BGH stellt nicht auf das Verhältnis zwischen den Parteien der Globalzession ab. Andernfalls müßte er die Sicherungs-Globalzession allein schon für sittenwidrig erklären.

cc) Vergleichbarkeit von Factoring- und Sicherungs-Globalzession

Die dargelegten Besonderheiten im jeweiligen Grundgeschäft berühren nicht die Gründe, die der BGH zur Sittenwidrigkeit der Sicherungs-Globalzession angeführt hat. Vielmehr läßt sich auch die IFB alle gekauften Forderungen abtreten. Bei Warenbezug unter verlängertem Eigentumsvorbehalt wird die Firma infolge der Globalzession vertragsbrüchig, weil die Forderung gegen den Debitor auf die IFB übergeht. Aus den angeführten Besonderheiten des Factoring-Geschäfts ergibt sich kein so wesentlicher Unterschied, daß die Factoring-Globalzession im Gegensatz zur Sicherungs-Globalzession nicht nach den Grundsätzen des BGH sittenwidrig sein könnte[38a].

*f) Keine Kollision von Sicherungsinteressen*

Eine zu mißbilligende Gesinnung der IFB könnte fehlen, weil bei einem Zusammentreffen der Factoring-Globalzession mit einem verlängerten Eigentumsvorbehalt nicht derselbe Interessenkonflikt auftritt wie zwischen einer Sicherungs-Globalzession und einem verlängerten Eigentumsvorbehalt. Bei einer Sicherungs-Globalzession und einem verlängerten Eigentumsvorbehalt stoßen die Sicherungsinteressen der Bank und des Vorbehaltslieferanten aufeinander. Bei der Factoring-Globalzession hingegen entsteht keine Sicherungskollision. Die Abtretung an den Vorbehaltslieferanten dient seiner Sicherheit. Die Abtretung an die IFB erfolgt zur Erfüllung des Kaufvertrages. Es ist daher zu prüfen, ob infolge Fehlens einer Sicherungskollision auch

---

[38a] So auch OLG Ffm. DB 1976, 1667.

nach den Grundsätzen des BGH eine verwerfliche Gesinnung der IFB ausgeschlossen ist[39].

Der BGH hat weniger auf die Kollision von Sicherungsinteressen abgestellt. Die verwerfliche Gesinnung sieht er in der Kenntnis vom Vertragsbruch aufgrund der Globalzession. Trotz eines verlängerten Eigentumsvorbehalts erhält der Vorbehaltslieferant vertragswidrig nicht die Forderung aus der Weiterveräußerung der Vorbehaltsware. Dies weiß die IFB ebensogut wie eine Bank bei einer Globalzession. Auch insoweit besteht kein erheblicher Unterschied zwischen beiden Zessionen, der nach den Grundsätzen des BGH eine andere Beurteilung der Factoring-Globalzession nahelegen würde. Unter Berücksichtigung der Rechtsauffassung des BGH kann die Sittenwidrigkeit der Factoring-Globalzession nicht aus diesem Grund verneint werden[40].

### *g) Überwachung sittengemäßen Verhaltens der Firma*

#### aa) Pflicht zur vorrangigen Befriedigung der Lieferanten

Es fragt sich, ob der Vorwurf einer verwerflichen Gesinnung die IFB deshalb nicht treffen kann, weil sie die Firma dazu verpflichtet hat, ihre Lieferanten vorrangig zu befriedigen. Sie könnte darauf vertrauen dürfen, daß die Firma die verlängerten Eigentumsvorbehalte sofort ablöst und sich nicht sittenwidrig verhält. Die bloße Verpflichtung zur vorrangigen Bezahlung der Lieferanten ist aber als eine lediglich formularmäßige, praktisch jedoch bedeutungslose Klausel zu werten, die das Verhalten der Parteien nicht beeinflussen kann[41]. Die bloße Verpflichtung der Firma zur vorrangigen Begleichung ihrer Lieferantenverbindlichkeiten kann eine sittenwidrige Gesinnung der IFB nicht ausschließen.

#### bb) Beeinflussung der Firma durch Rentabilität

Weiterhin stellt sich die Frage, ob die IFB darauf vertrauen darf, daß die Firma ihrer Pflicht zur vorrangigen Bezahlung ihrer Lieferanten nachkommt, wenn sie die Firma auch tatsächlich beeinflußt. Ein sittenwidriges Verhalten des Vorbehaltskäufers ist dem Globalzessionar nicht zuzurechnen, wenn er den Vorbehaltskäufer zu sittengemäßem Verhalten verpflichtet und ihn auch tatsächlich zur Einhaltung dieser Pflicht veranlaßt hatte[42]. Die Beeinflussung der Firma zur vorrangigen Bezahlung der Lieferanten könnte schon darin liegen, daß

---

[39] Rödl BB 1967, 1301, 1303; v. Karger DB 1970 Beilage 7/70 S. 10.

[40] BGH NJW 1968, 1516, 1518; 1969, 318, 319; Esser JZ 1968, 281, 283; Finger JZ 1970, 642, 643.

[41] a. A. Michels DB 1976, 327.

[42] BGH NJW 1960, 1003, 1004; WM 1162, 13, 15.

die Firma beim Factoring-Geschäft nur bei Inanspruchnahme aller Skontomöglichkeiten rentabel arbeiten kann[43]. Bei einer Sicherungs-Globalzession ist es für den Vorbehaltskäufer ebenfalls rentabler, seine Lieferanten sofort unter Skontoabzug zu bezahlen. Solche Rentabilitätsgesichtspunkte werden in einer Krise der Firma vorrübergehend in den Hintergrund treten. Dann wird die Firma auch die Lieferantenkredite voll ausnutzen müssen[44]. Die Rentabilität übt dabei keinen so starken Druck auf die Firma aus, daß sie auch in einer Krise die Lieferanten vorrangig befriedigen wird. Die IFB kann nicht darauf vertrauen, daß die Firma sich allein wegen ihrer Rentabilität immer sittengemäß verhält.

### cc) Beeinflussung durch Überwachung der Firma

Die IFB könnte mit der pflichtgemäßen, vorrangigen Begleichung der Lieferantenverbindlichkeiten durch die Firma rechnen dürfen, weil sie die Einhaltung dieser Pflicht regelmäßig überwacht. Durch diese Überwachung könnte die IFB die Firma nachhaltig beeinflussen und darauf vertrauen dürfen, daß die Firma in einer Krise ihre Lieferanten vorrangig befriedigt[45]. Dieses Vertrauen der IFB ist, wenn man von der Grundsätzen des BGH ausgeht, trotz Überwachung der Firma ungerechtfertigt. Der BGH hat — soweit ersichtlich — eine Überwachung nur einmal für ausreichend gehalten, als der Vorbehaltskäufer verpflichtet war, eine Kollision der Globalzession mit einem verlängertem Eigentumsvorbehalt von vornherein zu vermeiden[46]. In dem vom BGH entschiedenen Fall durfte der Zedent seine Ware nicht unter verlängertem Eigentumsvorbehalt beziehen. Die Einhaltung dieser Verpflichtung wurde auch tatsächlich überwacht. Der Globalzessionar konnte darauf vertrauen, daß der Zedent auch in einer Krise keine Kollisionslage durch Vereinbarung eines verlängerten Eigentumsvorbehalts herbeiführen würde.

Die IFB hingegen muß damit rechnen, daß die Firma in einer Krise die vorrangige Bezahlung der Vorbehaltslieferanten unterläßt und die bestehende Kollision nicht beseitigt. Die Firma wird versuchen, jede Finanzierungsmöglichkeit voll auszunutzen[47]. Durch die Überwachung der Firma wird eine spätere Kollisionslage nicht von vornherein ausgeschlossen. Die IFB kann sich nicht darauf berufen, daß sie mit einer Kollision nicht rechnen mußte. Die Überwachung der Firma ist nach der Rechtsauffassung des BGH nicht ausreichend, um den Vorwurf sittenwidrigen Verhaltens zu entkräften.

---

[43] Bette S. 86 f.; Lambsdorff Rn. 433.
[44] Bette S. 43, 85; Glomb S. 128.
[45] Bette S. 87; Lambsdorff Rn. 434.
[46] BGH WM 1962, 13, 15.
[47] Bette S. 43, 85; Glomb S. 128.

### *h) Ermöglichung der pflichtgemäßen und vorrangigen Befriedigung der Lieferanten*

#### aa) Fortlaufende Finanzierung der Firma

Ein sittenwidriges Verhalten der Firma kann der IFB nicht zugerechnet werden, wenn sie die Firma hierzu nicht verleitet. Eine Verleitung durch die IFB könnte durch die Verpflichtung der Firma zur vorrangigen Befriedigung ihrer Lieferanten und durch die fortlaufende Finanzierung der Firma durch die IFB ausgeschlossen sein. Nach der Rechtsprechung des BGH ist der Vorwurf sittenwidrigen Verhaltens bei einer möglichen Kollision dann entkräftet, wenn die Gewähr dafür gegeben ist, daß der Vorbehaltskäufer seiner Verpflichtung, vorrangig seine Lieferanten zu befriedigen und damit die Kollision zu beseitigen, auch noch in der Krise nachkommen kann[48]. Die IFB läßt sich nicht unterschiedslos alle, sondern nur die angekauften Forderungen abtreten. Für diese Forderungen, bei denen allein die Kollision mit einem verlängerten Eigentumsvorbehalt eintreten kann, stellt sie der Firma fortlaufend Geld zur Verfügung. Auch in einer Krise erhält die Firma bei jedem Forderungsverkauf einen entsprechenden Gegenwert, mit dem sie ihre Vorbehaltslieferanten sofort befriedigen kann und muß. Sie kann und muß die Kollision jeweils unmittelbar nach Erhalt des Factoring-Erlöses durch Ablösung der Eigentumsvorbehalte wieder beseitigen. Die fortlaufende Finanzierung der Firma durch die IFB stellt damit sicher, daß die Firma auch in einer Krise ihre Vorbehaltslieferanten bezahlen und damit die Kollision beseitigen kann. Die Firma ist nicht gezwungen, sittenwidrig zu handeln.

#### bb) Unterschied zur Sicherungs-Globalzession

Hier liegt der entscheidende Unterschied zur Sicherungs-Globalzession. Bei einer Sicherungs-Globalzession wird der Kreditbetrag als Betriebsmittelkredit zur Verfügung gestellt. In einer Krise des Vorbehaltskäufers ist das Geld, sofern es überhaupt noch verfügbar ist, rasch verbraucht. Der Vorbehaltskäufer ist dann nicht mehr in der Lage, die Vorbehaltslieferanten vorrangig zu befriedigen. Mit dieser Zwangslage muß nach Ansicht des BGH gerade gerechnet werden, so daß er eine Globalzession für sittenwidrig erklärt. Indem die IFB die Firma zur vorrangigen Befriedigung ihrer Vorbehaltslieferanten verpflichtet und ihr dies gerade ermöglicht, bringt sie die Firma nicht in eine entsprechende Zwangslage. Die IFB darf deshalb darauf vertrauen, daß die Firma auch in einer Krise die Vorbehaltslieferanten pflichtgemäß vorrangig befriedigt.

---

[48] BGH NJW 1968, 1516, 1518; 1974, 942, 943.

#### *i) Zusammenfassung*

Die Factoring-Globalzession der IFB ist in den meisten entscheidenden Punkten mit einer Sicherungs-Globalzession vergleichbar. Der Vorwurf sittenwidrigen Verhaltens kann dennoch gegen die IFB auch unter Berücksichtigung der Grundsätze des BGH nicht erhoben werden, weil sie die Firma nicht zu einem sittenwidrigen Verhalten verleitet. Die Kollision mit einem verlängerten Eigentumsvorbehalt tritt nur bei den von der IFB angekauften Forderungen ein. Bei diesen Forderungen bietet die IFB durch fortlaufende Finanzierung der Firma die Gewähr dafür, daß die Firma sogar in einer Krise ihrer Pflicht zur vorrangigen Befriedigung ihrer Vorbehaltslieferanten nachkommen kann. Die IFB bringt die Firma damit in keine Zwangslage. Sie kann und darf deshalb darauf vertrauen, daß die Firma sich sittengemäß verhält.

### 4. Ergebnis

Eine Sittenwidrigkeit der Factoring-Globalzession der IFB ist weder nach den Grundsätzen des BGH noch nach der hier vertretenen Ansicht zur Wirksamkeit von Sicherungs-Globalzessionen anzunehmen. Die Factoring-Globalzession der IFB ist nach beiden Meinungen auch bei einer Kollision mit einem verlängerten Eigentumsvorbehalt wirksam.

## § 7 Tilgungsvereinbarungen

### A. Interessenlage

Bei Saldoforderungen aus einem Kontokorrentverhältnis sowie bei mangelnder Bonität des Debitors für die ganze Forderung kann die IFB sich darauf beschränken, ohne rechtliche Verpflichtung hierzu eine Teilforderung zu erwerben. Die IFB hält dann Zahlungen des Debitors nur bis zur Höhe des von ihr erworbenen Forderungsteils für sicher. Mit Zahlungen des Debitors, die über diesen Teilbetrag hinausgehen, rechnet sie nicht. Um den Gegenwert für ihren Vorschuß zu erhalten, muß sie berechtigt sein, alle auf diese Forderung geleisteten Zahlungen des Debitors bis zur Tilgung ihrer Teilforderung für sich zu beanspruchen.

Bei Debitorenzahlungen, die ohne nähere Angaben von Rechnungsnummer, Rechtsgrund der Forderung usw. bei der IFB eingehen (Akontozahlungen), müßte die IFB versuchen, die Forderung herauszufinden, auf die der Debitor geleistet hat. Dies ist sehr schwierig, wenn der Debitor mehrere Forderungen zugleich oder nur einen Teilbetrag einer Forderung begleichen wollte. Diese Schwierigkeiten und die damit verbundene Mehrarbeit will die IFB möglichst vermeiden.

## B. Ausgestaltung

Bei Erwerb eines Forderungteils durch die IFB soll die Teilforderung der IFB gem. § 6 d) ihres Vertragsformulars Vorrang vor der nicht erworbenen Teilforderung der Firma haben und bei Teilzahlungen des Debitors zuerst getilgt werden. Weiterhin soll die IFB gem. § 6 e) ihres Vertragsformulars generell alle Akontozahlungen eines Debitors auf die ältesten von ihr angekauften Forderungen verrechnen dürfen.

## C. Rechtliche Würdigung

### I. Teilforderungen

#### 1. Übertragung

Die IFB kann, obwohl sie hierzu gem. § 3 a) ihres Vertragsformulars nicht verpflichtet ist, auch Teilforderungen ankaufen. Mit dem Kauf tritt nur für diesen Teil der Forderung die Bedingung für die Abtretung ein. Die Teilforderung geht dann auf die IFB über. Der Forderungsrest verbleibt bei dem bisherigen Inhaber.

#### 2. Tilgung

##### *a) Außenverhältnis*

Fraglich ist, ob für diese Teilforderung der IFB ihre vorrangige Befriedigung bei Zahlungen des Debitors vereinbart werden kann. Grundsätzlich ist § 366 BGB auch bei mehreren selbständigen Forderungen aus demselben Rechtsgrund anwendbar. Der Schuldner kann auch bei Teilforderungen bestimmen, welchen Forderungsteil er zuerst tilgen will[1]. Zwar kann die Tilgungsbestimmung auch in einer Vereinbarung getroffen werden. Eine absolute Wirkung kann die Rangabrede nur entfalten, wenn sie mit dem Schuldner vereinbart wurde[2]. Die IFB hat sich hier über die Vorrangigkeit ihrer Forderung nur mit der Firma

[1] BGHZ 46, 242, 244; Palandt / Heinrichs § 398 Anm. 3 b; Soergel / Schmidt § 366 Anm. 1; Serick II § 24 II 3 a S. 280.

[2] BGHZ 46, 242, 244; Serick II § 24 II 3 a S. 280.

geeinigt. Im Außenverhältnis ist die Rangvereinbarung deshalb unerheblich.

### *b) Innenverhältnis*

Im Innenverhältnis dagegen können die Gläubiger von Teilforderungen schuldrechtlich vereinbaren, daß Teilzahlungen des Schuldners nicht entsprechend § 366 Abs. 2 BGB letzter Fall alle Teilforderungen anteilmäßig, sondern zuerst ausschließlich die Forderung einer Partei tilgen sollen[3]. Hierdurch wird die Rechtsstellung des Schuldners nicht beeinträchtigt. Die Tilgungsvereinbarung zwischen der IFB und der Firma kann deshalb nur im Innenverhältnis wirksam sein. Die Firma ist dann verpflichtet, auch alle auf ihre Teilforderung an sie geleistete Zahlungen der IFB bis zur Höhe deren Teilforderung zu übertragen.

## 3. Wirksamkeit im Formularvertrag

### *a) Notwendigkeit einer Tilgungsvereinbarung*

Die Rangvereinbarung unterliegt, weil in einem Formularvertrag vereinbart, der Inhaltskontrolle. Sie ist nach ständiger Rechtsprechung[4] nur wirksam vereinbart, wenn berechtigte Interessen der IFB hierfür bestehen und die Rechte der Firma nicht zu sehr beschnitten sind. Mit dem Vorschuß kann die Firma bereits über den Gegenwert der Teilforderung der IFB verfügen. Sie würde sogar, wenn der Debitor lediglich auf ihre Teilforderung zahlt, über den Gegenwert der gesamten Forderung verfügen können, ohne daß die Teilforderung der IFB auch nur anteilig befriedigt würde. Eine Tilgungsvereinbarung ist deshalb notwendig.

### *b) Bevorzugung der IFB*

Die getroffene Rangvereinbarung räumt der IFB einseitig eine bevorrechtigte Stellung ein. Hierbei könnten Interessen der Firma nicht genügend berücksichtigt worden sein. Der Firma stehen gemäß der Rangvereinbarung Teilzahlungen des Debitors erst zu, wenn die Teilforderung der IFB bereits befriedigt ist. In Höhe dieser Teilforderung hat sie bereits vorher von der IFB den Vorschuß erhalten. Sie kann insgesamt über den vollen Gegenwert der Zahlungen des Debitors verfügen. Die Rangvereinbarung stellt die Firma nicht schlechter, als sie ohne den Ankauf der Teilforderung durch die IFB stehen würde. Die IFB ist mit dem Erwerb der Teilforderung, zu dem sie nicht verpflichtet ist, der Firma bereits entgegengekommen. Sie kann als Aus-

---

[3] BGHZ 46, 242, 244.
[4] s. o. S. 44.

gleich eine bevorrechtigte Befriedigung ihrer Teilforderung auch in ihrem Vertragsformular wirksam vereinbaren.

## II. Akontozahlungen

### 1. Tilgung

#### *a) Außenverhältnis*

Gemäß der Tilgungsvereinbarung wird die jeweils älteste von der IFB angekaufte Forderung nur getilgt, wenn die IFB und die Firma wirksam eine Tilgungsbestimmung für Akontozahlungen vereinbaren können. Gem. § 366 Abs. 1 BGB kann der Schuldner bestimmen, welche Forderungen durch seine Leistung getilgt werden sollen. Diese Bestimmung kann auch vertraglich vorgenommen werden. Eine entsprechende Vereinbarung muß mit dem Schuldner getroffen werden. Eine entsprechende Einigung mit dem Debitor fehlt. Die IFB trifft die Tilgungsvereinbarung nur mit der Firma. Diese Vereinbarung kann nicht die Tilgungsbestimmung des Debitors ersetzen. Die Tilgungsvereinbarung zwischen der IFB und der Firma ist im Außenverhältnis unwirksam.

#### *b) Innenverhältnis*

Die Tilgungsvereinbarung könnte im Innenverhältnis wirksam sein. Wie die Parteien im Innenverhältnis Akontozahlungen verrechnen, berührt die Rechtsstellung des Debitors nicht. Belange des Debitors stehen der Wirksamkeit der Tilgungsvereinbarung im Innenverhältnis nicht entgegen.

Fraglich ist, ob die Tilgungsvereinbarung mit der Anschlußfirma auch dann im Innenverhältnis wirksam ist, wenn der Debitor auf die Forderung einer anderen Anschlußfirma gezahlt hat. Die Tilgungsvereinbarung mit einer Anschlußfirma kann nur im Verhältnis zu dieser Firma Wirkungen entfalten. Die IFB hat mit allen Anschlußfirmen dieselbe Tilgungsvereinbarung getroffen. Jede Firma ist einverstanden, daß durch Akontozahlungen eines Debitors jeweils die älteste Forderung der IFB getilgt wird. Im Innenverhältnis kann eine Tilgungsvereinbarung mit den Anschlußfirmen wirksam vereinbart werden. Die IFB ist dann berechtigt, alle Akontozahlungen eines Debitors auf die ältesten von ihr angekauften Forderungen gegen diesen Debitor zu verrechnen.

## 2. Wirksamkeit im Formularvertrag

### *a) Notwendigkeit einer Tilgungsvereinbarung*

#### aa) Keine Tilgungsbestimmung des Debitors

Auch die Tilgungsvereinbarung kann, weil in einem Formularvertrag vereinbart, nur wirksam sein, wenn berechtigte Interessen der IFB hierfür bestehen und die Belange der Firmen beachtet worden sind. Jede Akontozahlung kann der Debitor auf eine oder mehrere bestimmte Forderungen oder nur als Abschlag leisten wollen. Ohne eine Tilgungsvereinbarung müßte die IFB bei jeder Akontozahlung mit großem Arbeitsaufwand nach einer offenen Forderung in Höhe des Zahlungsbetrages suchen. Bei Zahlungen einer einzelnen Forderung ist es noch möglich, an Hand des Zahllungsbetrages die zu tilgende Forderung zu ermitteln. Bei Abschlagszahlungen oder bei Zahlungen auf mehrere Forderungen kann die IFB dagegen die zu tilgenden Forderungen nicht herausfinden. Es fehlt dann die Tilgungsbestimmung des Debitors.

#### bb) Keine gesetzliche Regelung

Ohne eine Tilgungsvereinbarung könnte gem. § 366 Abs. 2 BGB die zu tilgende Forderung entsprechend dem mutmaßlichen Willen des Debitors nach objektiven Kriterien zu ermitteln sein. § 366 BGB ist nur bei mehreren Forderungen desselben Gläubigers anwendbar[5]. Bei Akontozahlungen eines Debitors an die IFB sind mehrere mögliche Gläubiger vorhanden. Sowohl die IFB als auch eine oder mehrere Anschlußfirmen können Forderungen gegen den Debitor haben. Wegen der Vielzahl der möglichen Gläubiger ist § 366 Abs. 2 BGB nicht anwendbar. Welche Forderung durch eine Akontozahlung getilgt wird, wenn eine Tilgungsbestimmung des Schuldners fehlt und mehrere Gläubiger vorhanden sind, ist im BGB nicht geregelt. Möglicherweise könnte eine Erfüllungswirkung erst mit einer späteren Tilgungsbestimmung eintreten. Es könnten auch entsprechend § 366 Abs. 2 letzter Fall BGB die Forderungen der verschiedenen Gläubiger anteilmäßig getilgt werden. Die Rechtsfolgen von Akontozahlungen sind nicht eindeutig geregelt. Eine verbindliche Vereinbarung zwischen den Parteien ist deshalb nötig.

### *b) Bevorzugung der IFB*

Die getroffene Vereinbarung, nach der die IFB einseitig bevorzugt wird, muß auch interessengemäß sein. Eine anteilige Tilgung der Forderungen der einzelnen Gläubiger könnte sachgerechter sein. Dann

---

[5] Soergel / Schmidt § 366 Anm. 1.

müßte die IFB aber jeweils ermitteln, welchen Anschlußfirmen Forderungen gegen diesen Debitor zustehen könnten. Auch hierdurch würde der IFB beträchtliche Mehrarbeit entstehen, was sie gerade vermeiden will. Die Tilgung der ältesten Forderung ist deshalb die einfachste und klarste Regelung. Wenn sie auch etwas pauschal erscheint, wird sie doch regelmäßig der Regelung im Außenverhältnis entsprechen. Da die IFB grundsätzlich alle Forderungen erwerben will, erfolgt mit großer Wahrscheinlichkeit eine Akontozahlung eines Debitors auf Forderungen der IFB. Die Tilgungsvereinbarung ist sachgerecht. Obwohl sie nur im Vertragsformular der IFB getroffen wurde, ist sie für das Innenverhältnis wirksam vereinbart.

## § 8 Sicherung der Forderungen

### A. Interessenlage

Beim Ankauf der Forderungen erwartet die IFB zwar Bezahlung durch die Debitoren. Trotz sorgfältiger Prüfung der Kreditwürdigkeit kann ein Debitor jedoch überraschend in Zahlungsschwierigkeiten geraten. Die IFB will dann als neuer Forderungsinhaber alle ursprünglich der Firma zustehenden Rechte geltend machen können, die ihr die Durchsetzung ihrer Forderung ermöglichen oder sichern. Großen Wert legt sie darauf, daß ihre Forderungen mit zusätzlichen Rechten und Vorbehalten gesichert sind. Ihre Rechte will sie auch bei Rücksendung von Waren gegenüber der Firma bewahren und durchsetzen können, ohne jedoch die Waren in Besitz nehmen zu müssen.

### B. Ausgestaltung

#### 1. Übertragungspflicht für Nebenrechte

Die IFB läßt sich in § 10 ihres Vertragsformulars von der Anschlußfirma versprechen, ihr unverzüglich alle Rechte zu übertragen, die der Durchsetzung und Sicherung der verkauften Forderung dienen.

#### 2. Übertragung der Nebenrechte

In § 11 des Vertragsformulars einigen sich die Parteien, daß schon mit Abschluß des Factoring-Vertrages neben der abgetretenen Forderung auch alle Herausgabe- oder Rückgabeansprüche aus dem Vertrag mit dem Debitor auf die IFB übergehen sollen. Weiter sind sie sich einig, daß Vorbehalts- und Sicherungseigentum der Firma mit Abtretung der gesicherten Forderung Eigentum der IFB werden soll. Schon jetzt soll der künftige Herausgabeanspruch gegen den Debitor oder einen anderen unmittelbaren Besitzer auf die IFB übergehen.

#### 3. Bestellung von Sicherheiten

Zugleich verpflichtet sich die Firma gem. § 11 c) Vertragsformular der IFB, Waren nur unter Eigentumsvorbehalt, gegebenenfalls mit Verarbeitungsklausel, zu liefern.

#### 4. Rücksendung von Waren an die Firma

Waren, die an die Firma zurückgesandt werden, sollen gem. § 12 des Vertragsformulars im Eigentum der IFB bleiben. Den Erhalt der Ware muß die Firma sofort melden, sie sorgfältig und getrennt aufbewahren und unverzüglich Mängel an ihr beseitigen.

## C. Rechtliche Würdigung

### I. Übertragungspflicht

#### 1. Anwendungsbereich

Mit Abtretung der Forderungen gehen gem. § 401 BGB alle unselbständigen Nebenrechte der Firma gegen die Debitoren auf die IFB über. Andere Nebenrechte und unselbständige Gestaltungsrechte, die sich nur auf die Forderung beziehen, gehen entsprechend § 401 BGB über[1]. Nicht unter § 401 BGB fallen vor allem die Rechte aus Eigentumsvorbehalt, Sicherungsübereignung, Sicherungsabtretung und Garantievertrag. Hier ist gewöhnlich konkludent eine schuldrechtliche Verpflichtung des Zedenten zu ihrer Übertragung anzunehmen[2]. Da dies auch beim Factoring-Geschäft dem Interesse und Willen der Parteien entspricht, dient die Übertragungspflicht nur der Klarstellung.

#### 2. Nebenpflicht

Die Firma soll keine Sicherheiten gegen sich selbst der IFB verschaffen. Sie muß nur bestehende Sicherungsrechte gegen die Debitoren

[1] Soergel / Schmidt § 401 Anm. 2.

[2] BGHZ 42, 53, 56 f.; Soergel / Schmidt § 401 Anm. 3; Palandt / Heinrichs § 401 Anm. 1 c.

übertragen. Es liegt kein Sicherungsvertrag vor. Die Übertragungspflicht der Firma ist lediglich als Nebenpflicht zum Kaufvertrag zu werten, durch die ihre Verpflichtungen als Verkäuferin erweitert werden.

## II. Übertragungsgeschäfte

### 1. Abtretung künftiger Heraus- und Rückgabeansprüche gem. § 398 BGB

Die Firma erfüllt ihre Übertragungspflicht einmal durch Abtretung aller künftigen vertraglichen Ansprüche auf Herausgabe oder Rückgabe gelieferter Waren gem. § 398 BGB, soweit sie ihr selbst neben einer abgetretenen Forderung zustehen. Da die künftigen, abgetretenen Forderungen ausreichend bestimmt sind, sind es auch die künftigen, neben ihr entstehenden Herausgabe- und Rückgabeansprüche. Mit ihrer Entstehung gehen sie auf die IFB über. Damit ist nur die IFB, nicht aber die Firma berechtigt, die Waren vom Debitor herauszuverlangen.

### 2. Übertragung von Sicherungs- und Vorbehaltseigentum

Weiterhin könnte eine vorweggenommene Übereignung von Sicherungs- und Vorbehaltseigentum zur Erfüllung der Übertragungspflicht gewollt sein. Dann müßte eine Einigung über den Eigentumsübergang und eine Übergabe bzw. ein Übergabesurrogat vorliegen.

#### *a) Antizipierte Einigung*

##### aa) Einigung

In der Vereinbarung, daß Vorbehalts- oder Sicherungseigentum der Firma, das eine abgetretene Forderung sichert, mit der Abtretung der gesicherten Forderung auf die IFB übergehen soll, liegt eine antizipierte Einigung gem. § 929 BGB vor. Sie ist zwar nicht bindend, ihr Fortbestand im Zeitpunkt der Übergabe wird aber vermutet[3].

##### bb) Bestimmtheit

Die Einigung kann als dinglicher Vertrag nur wirksam sein, wenn sie sich auf bestimmte Gegenstände bezieht. Die zu übertragenden Gegenstände müssen deshalb in der Einigung und zum Zeitpunkt des Vertragsschlusses genau bestimmt sein. Bloße Bestimmbarkeit durch

[3] Soergel / Mühl § 929 Anm. 12; Palandt / Degenhart § 929 Anm. 2 c; Baur § 5 III 1 b; a. A. Westermann § 38, 4.

außerhalb des Vertrages liegende Umstände reicht nicht aus[4]. Bei der antizipierten Einigung können die zu übereignenden Gegenstände noch nicht konkret und individuell bestimmt werden, weil der Veräußerer sie erst später erwirbt. Zur Bestimmtheit der Einigung ist deshalb hier noch ein einfaches, nach außen erkennbares Geschehen erforderlich, aus dem für jeden, der die Parteiabrede kennt, ohne weiteres ersichtlich ist, daß die Einigung sich auf diesen konkreten Gegenstand beziehen soll[5]. Die Einigung bezieht sich hier auf Vorbehalts- und Sicherungseigentum an den Waren, die eine an die IFB abgetretene Forderung sichern werden. Individuell werden diese Waren erst bei Abtretung einer Forderung an die IFB bestimmt. Dies ist ein einfaches, nach außen erkennbares Geschehen. Die Einigung bezieht sich auf hinreichend konkretisierte Waren.

### *b) Übergabe*

#### aa) Übergabesurrogat gem. § 931 BGB

Weiterhin müßte die Firma die zu übereignenden Waren der IFB übergeben. Diese Übergabe könnte schon durch ein Übergabesurrogat vorweggenommen sein. Die Firma hat nach der Lieferung der Waren an den Debitor unter Eigentumsvorbehalt nur noch mittelbaren Besitz. Auch als Sicherungseigentümerin hat sie meistens nur mittelbaren Besitz am Sicherungsgut. Als Übergabesurrogat käme gem. § 931 BGB die Übertragung des künftigen Herausgabeanspruchs aus diesem Besitzmittlungsverhältnis gem. § 868 BGB auf die IFB in Betracht.

#### bb) Abtretung des künftigen Herausgabeanspruchs

Eine im voraus erklärte Abtretung des Herausgabeanspruchs ist zulässig[6]. Die Parteien haben sich geeinigt, daß alle Herausgabeansprüche auf Vorbehaltswaren und Sicherungsgüter, die Forderungen der IFB sichern, auf die IFB übergehen sollen. Die künftigen Herausgabeansprüche müßten aber bei Abschluß des Factoring-Vertrages schon so bestimmbar sein, daß mit ihrer Entstehung ihre Gläubiger, ihre Schuldner und ihr Inhalt genau bestimmt sind. Die Firma will nur solche Gegenstände übereignen, die eine Forderung der IFB sichern. Sie will nur Herausgabeansprüche auf diese Waren an die IFB abtreten. Gläubiger des künftigen Herausgabeanspruchs soll jeweils derjenige sein, dessen Forderung durch die Gegenstände bei Entstehung des Anspruchs gesichert werden. Schuldner und Inhalt des Herausgabeanspruchs werden mit seiner Entstehung ebenfalls bestimmt. Der künftige Herausgabe-

---

[4] RGZ 132, 183, 187; BGHZ 21, 52, 57; 28, 16, 19; Soergel / Mühl § 930 Anm. 6; Baur § 51 V 6 b S. 447; Palandt / Degenhart § 930 Anm. 2 c u. 4 a.

[5] BGHZ 21, 52, 56; Soergel / Mühl § 930 Anm. 28; Serick II § 21 III 1 S. 163 f.

[6] RGZ 135, 366, 367; Soergel / Mühl § 931 Anm. 1.

anspruch ist hinreichend konkretisiert. Als Inhaberin des Anspruchs ist die Firma auch verfügungsberechtigt. Durch Abtretung des künftigen Herausgabeanspruchs ist damit die Übergabe der Ware gem. § 931 BGB ersetzt.

*c) Verfügungsberechtigung*

Als Eigentümerin von Vorbehaltswaren und von Sicherungsgut ist die Firma auch unabhängig von einer etwa entgegenstehenden Sicherungsabrede regelmäßig zu Verfügungen hierüber berechtigt.

*d) Zeitpunkt der Wirksamkeit*

Eine antizipierte Übereignung gem. § 929, 931 BGB kann erst mit Entstehung des Besitzmittlungsverhältnisses gem. § 868 BGB wirksam werden. Beim Verkauf unter Eigentumsvorbehalt entsteht regelmäßig ein Besitzmittlungsverhältnis[7]. Auch bei Sicherungseigentum ist ein Besitzmittlungsverhältnis anzunehmen[8]. Mit Abtretung der Forderung gegen den Debitor geht das Eigentum an Vorbehaltswaren und Sicherungsgut auf die IFB über.

## III. Pflicht zur Sicherheitsbestellung

Die Pflicht der Firma, sich vom Debitor Sicherheiten bestellen zu lassen, besteht nur bei Warenlieferung. Branchenübliche Sicherheiten bei Dienst- und Werksleistungen muß die Firma sich nicht einräumen lassen.

### 1. Eigentumsvorbehalt gem. § 455 BGB

Durch einen Vorbehalt ihres Eigentums gem. § 455 BGB bleibt die Firma trotz Verkauf und Übergabe der Waren auflösend bedingt ihr Eigentümer. Die Firma verliert jedoch das Eigentum, wenn der Debitor entsprechend einer konkludenten Ermächtigung die Waren im ordnungsgemäßen Geschäftsbetrieb weiterveräußert. Zu einer Verlängerungsklausel, die den Untergang der Sicherung verhindern könnte, ist die Firma nicht verpflichtet.

### 2. Verarbeitungsklausel

Durch eine Verarbeitungsklausel wird im Ergebnis der Eigentumsverlust der Firma durch Verarbeitung der gelieferten Waren gem. § 950 BGB ausgeschlossen[9]. Auch hier ist der Debitor zur Veräußerung ermächtigt. Die Firma oder die IFB verlieren dann ihre Sicherung.

---

7 Soergel / Mühl § 868 Anm. 16.
8 Soergel / Mühl § 868 Anm. 15.
9 h. M., mit unterschiedlichen Begründungen; BGHZ 46, 117, 118.

#### 3. Nebenpflicht

Die Pflicht zur Vereinbarung von Sicherheiten für ihre Forderungen wurde der Firma auferlegt, um der IFB Sicherheiten für angekaufte Forderungen übertragen zu können. Trotzdem ist sie keine Sicherungsabrede, weil durch diese Pflicht nicht unmittelbar Sicherheiten bestellt werden. Die Bestimmung erweitert lediglich die Pflichten der Firma aus dem Kaufvertrag; sie ist lediglich eine Nebenbestimmung.

#### 4. Wirksamkeit im Formularvertrag

Die Pflicht der Firma, sich Sicherheiten bestellen zu lassen, entspringt dem Sicherungsbedürfnis der IFB. Die Firma ist nur verpflichtet, handelsübliche Sicherungsrechte zu verlangen. Eine Verschlechterung ihrer Verkäuferstellung den Debitoren gegenüber kann sich hieraus nicht ergeben. Die Interessen der Firma sind durch die Pflicht zur Sicherheitsbestellung nicht berührt, sie kann daher auch in einem Formularvertrag vereinbart werden.

### IV. Rücksendung von Waren

#### 1. Eigentum der IFB

##### *a) Rücksendung bei Nachbesserung*

Verkaufte Waren können einmal zurückgesandt werden, wenn die Firma Nachbesserung an ihnen vornehmen muß. Die gesicherte Forderung bleibt dann bestehen, auch wenn ihr während der Nachbesserung eine Einrede entgegen steht. Daß hierbei das Vorbehaltseigentum bei der IFB verbleiben soll, dient insoweit nur der Klarstellung.

##### *b) Rücksendung bei Wandlung oder Rücktritt*

Weiterhin können Waren zurückgesandt werden, weil eine Partei vom Vertrag zurückgetreten ist oder weil gewandelt wurde. Damit erlischt zugleich die gesicherte Forderung. Wenn die IFB trotzdem die Sicherheit behalten darf, kann dies nur zur Sicherung einer anderen Forderung gewollt sein. Zugleich mit Untergang der gesicherten Forderung kann die IFB auf ihre Ansprüche aus der Bestandshaftung der Firma gem. § 7 des Vertragsformulars zurückgreifen. Das Vorbehaltseigentum an der Ware sichert diesen Haftungsanspruch gegen die Firma. Die gesicherte Forderung ist damit ausgewechselt worden. Insoweit liegt hier eine Sicherungsabrede vor.

### c) *Wirksamkeit im Formularvertrag*

Daß die IFB ihren Haftungsanspruch gegen die Firma durch das Vorbehaltseigentum sichert, belastet die Firma nicht unbillig. Sie hat ihre Pflicht zu mangelfreier Lieferung verletzt. Die IFB verhindert durch ihr Festhalten am Vorbehaltseigentum lediglich einen unverschuldeten Verlust ihrer Sicherheit. Die Vereinbarung ist interessengemäß.

## 2. Behandlung zurückgesandter Waren

### a) *Mitteilung an IFB*

Mit dem Versprechen, die Rücksendung von Waren der IFB zu melden, hat die Firma eine Nebenpflicht übernommen. Einmal weist sie mit der Meldung auf eventuelle Ansprüche aus der Bestandshaftung gegen sich selbst hin, zum anderen bekundet sie hiermit eindeutig ihren Fremdbesitzerwillen an zurückgesandten Waren.

### b) *Sorgfältige Verwahrung*

Mit der Vereinbarung der Verwahrung durch die Firma will die IFB die Firma verpflichten, die Waren selbst sorgfältig in Besitz für die IFB zu nehmen. Die Firma ist nicht befugt, die Waren der IFB als Eigentümerin zuzusenden. Es liegt ein Verwahrungsvertrag gem. § 688 BGB vor.

### c) *Getrennte Aufbewahrung*

Durch getrennte Aufbewahrung der zurückgesandten Waren will die IFB die Vermischung mit Waren gleicher Art der Firma und damit ihren Eigentumsverlust gem. § 948 BGB verhindern. Weiterhin könnte die Trennung wichtig sein, wenn für die Firma die Eigentumsvermutung des § 1006 Abs. 1 S. 1 BGB streitet. Zwar hat die IFB mittelbaren Eigenbesitz an ihren Vorbehaltswaren, die Firma jedoch nur unmittelbaren Fremdbesitz, weil sie das Eigentum auf die IFB übertragen hatte. Zugunsten des unmittelbaren Besitzers wird regelmäßig Eigenbesitz vermutet. Der nur mittelbare Besitzer muß dann dem unmittelbaren Besitzer nachweisen, daß er den Besitz an den jeweiligen Waren nur als Besitzmittler ausübt[10]. Bei getrennter Aufbewahrung kann die IFB den Fremdbesitzerwille der Firma an den konkreten Waren nachweisen. Sie ist auch im Hinblick auf die Eigentumsvermutung von Bedeutung.

---

[10] RGZ 156, 63; Soergel / Mühl § 1006 Anm. 5.

### *d) Beseitigung von Mängeln*

#### aa) Nebenpflicht

Die Pflicht, Mängel an zurückgesandter Ware zu beseitigen, könnte als Gewährleistung zum Sicherungsvertrag zu verstehen sein. Die Firma sollte dem Debitor mangelfreie Waren liefern. Auch die IFB hat — der Firma erkennbar — das größte Interesse an Lieferung mangelfreier Waren an den Debitor. Die Firma ist schon konkludent verpflichtet, der IFB das Vorbehaltseigentum an mangelfreien Waren zu übereignen. Die Mängelbeseitigung folgt demnach aus einer von der Firma zusätzlich übernommenen Nachbesserungspflicht.

#### bb) Wirksamkeit im Formularvertrag

Die Nachbesserungspflicht der Firma ist bedingt durch die Sicherungsinteressen der IFB. Das Vorbehaltseigentum sichert der IFB den Anspruch aus der Bestandshaftung gegen die Firma. Solange dieser Anspruch noch nicht befriedigt ist, muß der IFB ihre Befriedigung durch Veräußerung der Vorbehaltsware möglich sein. Hierzu muß die Ware aber mangelfrei sein. Grundsätzlich kann nur die Firma für einen mangelfreien Zustand der Waren sorgen. Die IFB hat auf die Qualität der Waren keinerlei Einflußmöglichkeit. Das Sachrisiko muß immer bei der Firma liegen. Die Firma ist deshalb mit der Nachbesserungspflicht nicht unbillig belastet.

## § 9 Wesentliche Besonderheiten anderer Vertragsformulare

Im folgenden ist noch auf einige Rechtsfragen einzugehen, die die Finanzierungsfunktion des Factoring-Geschäfts bei wesentlichen Abweichungen in anderen Vertragsformularen betreffen. Hierzu wurden — soweit erhältlich — die Vertragsformulare der wichtigsten Factoring-Institute untersucht: der Universal-Factoring AG, Ravensburg (Universal-Factoring), der Diskont und Kredit AG, Düsseldorf (Disko), der früheren Selmi-Bank AG, Frankfurt (Selmi-Bank), der Kunden-Kredit-Gesellschaft AG, Mainz (KKG), der GEFA Gesellschaft für Absatzfinanzierung mbH, Wuppertal-Elberfeld (GEFA) und der Deutschen Factoring Bank, Deutsche Factoring GmbH & Co, Bremen (DFB). Ein Vertragsformular der Heller Factoring Bank AG, Mainz, konnte nicht berücksichtigt werden, weil die Bank zur Zeit ein neues Formular konzipiert.

## A. Grundgeschäft Diskontverfahren

### 1. Ausgestaltung

Die Universal Factoring praktiziert wohl als einziges Factoring-Institut das Diskontverfahren. Sie vergütet gem. § 7 ihres Vertragsformulars sofort jede angekaufte Forderung ungeachtet ihrer Fälligkeit oder des Zahlungseingangs hierfür. Dabei zieht sie die ihr zustehende Factoring-Gebühr ab, mit der ihr alle Kosten, Zinsen, Entgelt für Delkrederehaftung usw. pauschal erstattet werden. Auch die vom Debitor einbehaltenen Skontobeträge sowie sonstige Abzüge wie Bonus, Rabatt, Porto usw. werden der Firma belastet.

### 2. Rechtliche Würdigung

Durch die sofortige Fälligkeit des Entgelts der Universal Factoring müssen nicht wie beim Vorschußverfahren die §§ 271 Abs. 1, 272 BGB ausgeschlossen werden. Obwohl diese Regelung den Dispositivnormen des BGB gerade entspricht, erscheint sie doch nicht so interessengerecht wie das Vorschußverfahren. Beim Diskontverfahren bezahlt die Firma mit ihrer Factoring-Pauschale immer einen gewissen Anteil Zinskosten, auch wenn sie liquiditätsmäßig den Gegenwert momentan nicht benötigt. Beim Fälligkeitsverfahren hingegen muß die Firma nur Zinsen zahlen, wenn sie über den Gegenwert auch tatsächlich verfügt hat. Das Fälligkeitsverfahren ist flexibler und daher interessengerechter. Die Wirksamkeit der „Diskont"-Vereinbarung ist dadurch aber nicht beeinträchtigt.

## B. Erfüllungsgeschäft

### I. Forderungsabtretung

### 1. Verzicht auf Vorausabtretung

#### *a) Ausgestaltung*

Die KKG verzichtet in ihrem Vertragsformular auf eine Vorausabtretung der künftigen Forderungen der Firma. Dementsprechend vereinbart sie auch gem. § 4 ihres Vertragsformulars den Übergang von Sicherheiten erst für den Zeitpunkt des späteren Hauptvertrages.

#### *b) Rechtliche Würdigung*

Zur Abtretung der einzelnen Forderung kommt es erst mit Forderungskauf durch die KKG. Diese kann aber nicht mehr im gleichen Maß wie bei einer Vorausabtretung mit der Priorität ihrer Abtretung rechnen. Der Forderungserwerb der KKG ist deshalb unsicher.

### 2. Abtretung der verkauften Forderungen

#### *a) Ausgestaltung*

Für den Fall des Ankaufs der Forderungen durch die GEFA tritt die Anschlußfirma gem. § 7 Abs. 1 des Vertragsformulars der GEFA schon bei Abschluß des Factoring-Vertrages ihre gegenwärtigen und künftigen Forderungen gegen die Debitoren ab.

#### *b) Rechtliche Würdigung*

Die Firma könnte in Erwartung des Ankaufs durch die GEFA alle künftigen Forderungen ausnahmslos abtreten wollen. Gem. § 3 Abs. VI Vertragsformular der GEFA erwirbt die GEFA nur die angekauften Forderungen.

Die Firma könnte nur die von der GEFA angekauften künftigen Forderungen abtreten wollen. Die GEFA kann nur Inhaberin der künftigen Forderungen werden, wenn die abgetretenen Forderungen so individuell bestimmbar sind, daß die Abtretung mit Entstehung der Forderung wirksam werden kann. Bei Entstehung der Forderung ist die GEFA zwar gem. § 1 Abs. 1 ihres Vertragsformulars zum Ankauf verpflichtet, aber nur nach „Maßgabe der Bestimmungen des Vertrages". Bei der Fülle der Ausschlußgründe gem. § 3 Vertragsformular der GEFA, die teilweise auch noch vom Ermessen der GEFA abhängen, ist bei Entstehen der Forderung nicht jeweils zweifelsfrei erkennbar, ob die Forderung von der GEFA angekauft wird und abgetreten werden soll oder nicht. Eine Vorausabtretung nur der verkauften Forderungen ist deshalb zu unbestimmt und daher unwirksam.

Die Firma könnte unter der aufschiebenden Bedingung des Ankaufs gem. § 158 Abs. 1 BGB die Forderungen abtreten wollen. Gem. § 7 Abs. 2 Vertragsformular der GEFA soll die Abtretung erst mit Ankauf durch die GEFA wirksam werden. Der Ankauf selbst ist ein zukünftiges ungewisses Ereignis. Die Parteien haben damit eine aufschiebende Bedingung gem. § 158 Abs. 1 BGB vereinbart. Die Forderungen der Firma gehen mit Ankauf auf die GEFA über.

## II. Kollision mit Abtretungsverbot gem. § 399 2. Alt. BGB

### 1. Ausschluß vom Erwerb

Die GEFA schließt gem. § 3 Abs. 1 c) ihres Vertragsformulars den Erwerb von Forderungen aus, für die ein Abtretungsverbot gem. § 399

2. Alt. BGB besteht. Auch die Disko will gem. § 3 ihres Vertragsformulars solche Forderungen, über die die Firma nicht frei verfügen kann, nicht erwerben.

Bei beiden Factor-Instituten ist aber dadurch nicht ausgeschlossen, daß sie dennoch Forderungen in Unkenntnis des Abtretungsverbots ankaufen und bevorschussen. In solchen Fällen können sie dann gem. § 12 Abs. 1 a) Vertragsformular der GEFA bzw. § 6 Abs. 1 Vertragsformular der Disko die Firma aus ihrer Haftungszusage für die Übertragbarkeit der Forderung in Anspruch nehmen. Die Disko hat sich zusätzlich gem. § 3 Abs. 2 ihres Vertragsformulars ein vertragliches Rücktrittsrecht vorbehalten. Beide haben lediglich schuldrechtliche Ansprüche gegen ihre Anschlußfirma.

### 2. Normaler Ankauf

#### *a) Ausgestaltung*

Die Universal Factoring will hingegen gem. § 12 Abs. 3 ihres Vertragsformulars Forderungen auch ungeachtet eines etwaigen Abtretungsverbots kaufen. Die Firma soll bei ihr eingehende Zahlungen nur treuhänderisch für die Universal-Factoring in Empfang nehmen und sofort an sie weiterleiten. Zahlungen an die Universal Factoring sollen als befreiende Zahlungen auf ein eigenes Recht der Universal Factoring gelten. Auch stimmt die Firma unwiderruflich einer vertraglichen Aufhebung des Abtretungsverbots zu.

#### *b) Rechtliche Würdigung*

##### aa) Kaufvertrag

Das dinglich wirkende Abtretungsverbot schließt schuldrechtliche Verträge über die Forderung nicht aus. Der Firma ist es auch mit Zustimmung des Debitors möglich, der Universal Factoring die Forderung zu verschaffen. Die Firma verspricht keine unmögliche Leistung. § 306 BGB greift nicht ein. Der Kaufvertrag über eine Forderung wird daher durch ein Abtretungsverbot nicht berührt.

##### bb) Zahlung an Firma

Ohne Zustimmung des Debitors zur Abtretung bleibt die Firma Forderungsinhaberin. Mit Zahlungen an sie leistet der Debitor an den Berechtigten und er erfüllt gem. § 362 Abs. 1 BGB die gegen ihn gerichtete Forderung. Wenn die Firma Zahlungen dennoch nur treuhänderisch in Empfang nehmen soll, kann dies nur im Innenverhältnis zwischen der Firma und der Universal Factoring wirken. Die Parteien haben eine mittelbare Stellvertretung und gem. § 9 des Vertragsformulars zugleich eine antizipierte Übereignung vereinbart.

#### cc) Eigenes Recht der Universal Factoring

Zahlungen an die Universal Factoring können nur dann an sie als Rechtsinhaberin erfolgen, wenn die Universal Factoring überhaupt ein eigenes Recht erhalten hat. Durch das Abtretungsverbot war gerade die Übertragung der Rechtsstellung als Forderungsinhaber ausgeschlossen. Dieses Verbot kann durch die Vereinbarung im Factoring-Vertrag nicht aufgehoben werden. Ein anderes Recht, das der Universal Factoring zustehen könnte, kann auch nicht von der Gläubigerstellung abgespalten werden. Allein aufgrund der Vereinbarung kann die Universal Factoring also kein eigenes Recht haben.

In der Zahlung des Debitors an die Universal Factoring liegt aber die Erklärung des Debitors, die Unübertragbarkeit der Forderung aufheben zu wollen. Eine entsprechende bindende Erklärung hatte die Firma im Factoring-Vertrag abgegeben. Mit der Zahlung wird das Abtretungsverbot aufgehoben, die Universal-Factoring wird Gläubigerin. Aufgrund seiner Zustimmung zur Abtretung hat der Debitor befreiend auf eine Forderung der Universal Factoring geleistet.

## 3. Selbstschuldnerische Bürgschaft gem. §§ 765 BGB, 349 S. 1 HGB

### *a) Ausgestaltung*

Andere Factoring-Institute versuchen, Abtretungsverbote durch eine selbstschuldnerische Bürgschaft gem. §§ 765 BGB, 349 S. 1 HGB zu unterlaufen. In diesen Fällen übernehmen die Selmi-Bank gem. § 8 ihres Vertragsformulars und die KKG gem. § 11 ihres Vertragsformulars der Firma gegenüber eine selbstschuldnerische Bürgschaft für die Schuld des Debitors. Die Gutschrift des Vorschusses zugunsten der Firma soll dann als Zahlung des Bürgen gelten. Mit dieser Zahlung aus der Bürgschaft soll kraft Gesetz gem. § 774 Abs. 1 S. 1 BGB die Forderung gegen den Debitor trotz Abtretungsverbot auf die Factoring-Institute als Bürgen übergehen[1].

### *b) Rechtliche Würdigung*

#### aa) Rückgriff gegen Firma

Bedenken gegen die Wirksamkeit der Bürgschaft können sich bei der KKG schon deshalb ergeben, weil die Anschlußfirma gem. § 6 Ver-

[1] Heidland KTS 1970, 248; Schmitt S. 18.

tragsformular der KKG für die Einbringlichkeit der Forderung haftet. Der Gläubiger würde also seinerseits dem Bürgen haften, daß der Schuldner den Rückgriffsanspruch des Bürgen befriedigt. Dies ist nicht mehr mit dem Rechtsinstitut der Bürgschaft vereinbar[2]. Die Bürgschaft ist nicht wirksam vereinbart.

bb) Abtretungsverbot bei gesetzlichem Forderungsübergang

Auch wenn — wie im Vertragsformular von der Selmi-Bank — ausdrücklich auf die Haftung der Firma für die Einbringlichkeit der Forderung verzichtet wird, bestehen Zweifel an der Wirksamkeit der Bürgschaft. Das Abtretungsverbot gem. § 399 2. Alt. BGB gilt gem. § 412 BGB ausdrücklich auch bei der cessio legis[3]. Die Forderung kann deshalb grundsätzlich kraft Gesetz nicht auf das Factor-Institut übergehen[4].

cc) Abtretungsverbot bei Bürgschaft

Das Abtretungsverbot könnte bei einer Bürgschaft unwirksam sein. Die Anwendung des § 399 2. Alt. BGB ist ausgeschlossen, wenn der Zweck des Gesetzes, das den Übergang anordnet, dem Abtretungsverbot entgegensteht[5]. Durch die cessio legis bei der Bürgschaft soll der Bürge geschützt werden, seinerseits Befriedigung vom Schuldner erhalten zu können. Dies soll auch nicht durch ein Abtretungsverbot verhindert werden. Bei einer Bürgschaft geht deshalb regelmäßig der gesetzliche Forderungsübergang gem. § 774 Abs. 1 S. 1 BGB dem Abtretungsverbot vor[6].

dd) Bürgschaft als Umgehungsgeschäft gem. § 134 BGB

Im Zusammenhang mit dem Factoring-Geschäft könnte die Bürgschaft als Umgehungsgeschäft gem. § 134 BGB nichtig sein. Die Bürgschaft der Factoring-Institute würde zu einer Umgehung der Rechtsfolgen des § 399 2 Alt. BGB führen. Die Nichtigkeit tritt nur ein, wenn das Gesetz gerade den rechtlichen Erfolg verhindern will. Durch ein Abtretungsverbot wird dem Schuldner die Möglichkeit gegeben, den Forderungsübergang auf einen anderen Gläubiger ohne seine Zustimmung schlechthin auszuschließen. Es soll gerade der Erfolg des Forderungsübergangs auf einen anderen verhindert werden. Ob bei einer Bürgschaft das Factoring-Institut eventuell auf eine Doppelinanspruchnahme verzichtet, ist unerheblich. Das Abtretungsverbot wird nicht nur

---

2 Bette S. 97.

3 Glomb S. 104; Erman / Westermann § 399 Anm. 4 aber mit Bedenken.

4 Teubner JuS 1972, 261, 265.

5 Soergel / Schmidt § 412 Anm. 3.

6 Bette S. 97; Heidland KTS 1970, 248.

aus Angst vor Doppelinanspruchnahme, sondern auch aus nicht wirtschaftlichen Gründen vereinbart. Die Bürgschaft ist wegen Gesetzesumgehung gem. § 134 BGB nichtig[7].

### 4. Dissensklausel

#### *a) Ausgestaltung*

Gem. § 7 c) Vertragsformular der Selmi-Bank muß jede Anschlußfirma sich in ihren Lieferbedingungen die Abtretbarkeit ihrer Forderungen vorbehalten. Soweit die Lieferbedingungen des Debitors ein Abtretungsverbot enthalten, liegen zwei einander widersprechende Lieferbedingungen vor. Es ist daher zu prüfen, ob die Parteien sich über ein Abtretungsverbot nicht geeinigt haben und die Firma ihre Forderung an die Selmi-Bank abtreten kann.

#### *b) Rechtliche Würdigung*

##### aa) Einbeziehung der Lieferbedingungen

Der Vorbehalt der Abtretbarkeit kann nur Wirkungen entfalten, wenn die Lieferbedingungen der Firma auch im Einzelfall wirksam vereinbart worden sind. Bei einander wesentlich widersprechenden Lieferbedingungen ist regelmäßig anzunehmen, daß die eine Partei sich den Bedingungen der anderen Partei, die zuletzt auf die Gültigkeit ihrer Lieferbedingungen verweist, stillschweigend beugt[8]. Will nämlich eine Partei vom Vertragswillen der anderen Partei gem. § 150 Abs. 2 BGB abweichen, muß sie ihren Willen klar und unzweideutig erklären[9]. Die Firma muß also bis zuletzt auf ihren Lieferbedingungen beharren. Mit der Vereinbarung ihrer Bedingungen wird das Abtretungsverbot des Debitors nicht Bestandteil des Vertrages.

##### bb) Dissens gem. §§ 154 Abs. 1, 155 BGB

Eine stillschweigende Zustimmung zu den Lieferbedingungen der anderen Partei fehlt, wenn beide Parteien sich ausdrücklich mehrfach auf ihre Bedingungen berufen haben[10]. Ebensowenig kann eine stillschweigende Zustimmung zu den Bedingungen der anderen Partei bei Überschneidung nur einzelner Klauseln angenommen werden. Es wird dann

---

[7] a. A. Bette S. 98; Betz S. 159: der Forderungsübergang sei bei Verzicht auf eine Doppelinanspruchnahme kein vom Gesetz mißbilligter Erfolg.

[8] BGH LM § 150 Nr. 3, Nr. 6; OLG Köln MDR 1971, 762; kritisch Schmidt-Salzer BB 1971, 591, 595.

[9] Serick I § 3 II 3 S. 33.

[10] OLG Karlsruhe DB 1972, 1914; BB 1973, 816, 817; Palandt / Heinrichs vor § 145 6 B d) dd).

keine der fraglichen Klauseln in den Vertrag aufgenommen[11]. Über die Frage der Abtretbarkeit ist dann keine Einigung erzielt worden. Es liegt insoweit ein Dissens gem. §§ 154 Abs. 1 S. 1, 155 BGB vor. Dieser Einigungsmangel wiegt nicht so schwer, daß daran der Vertrag scheitern könnte[12]. Der Vertrag zwischen der Anschlußfirma und dem Debitor ist dann ohne Einigung über die Abtretbarkeit der Forderung zustande gekommen. Es gilt das dispositive Recht; die Forderung bleibt abtretbar gem. § 398 BGB. Bedenken hiergegen können auch nicht aus dem Grundsatz von Treu und Glauben gem. § 242 BGB erhoben werden, weil die Firma durch ihre Lieferbedingungen insoweit nur eine Verschlechterung ihrer Rechtsstellung gegenüber den Dispositivnormen verhindert.

#### 5. Ergebnis

Das Abtretungsverbot kann ein Factoring-Institut sowohl beim Ankauf als auch beim Ausschluß vom Ankauf in Schwierigkeiten bringen. Es kann nicht durch eine selbstschuldnerische Bürgschaft umgangen werden. Das Abtretungsverbot kann auch nicht durch zweifelhafte Kommissionsklauseln ausgeräumt werden[13]. Auf diese näher einzugehen, bestand hier kein Anlaß, weil sie zumindest nach den vorliegenden Vertragsformularen heute nicht mehr praktiziert werden. Alle Schwierigkeiten lassen sich aber durch die Dissensklausel, durch die die Vereinbarung eines Abtretungsverbots schon von vornherein ausgeschlossen wird, beseitigen[14].

## III. Kollision mit verlängertem Eigentumsvorbehalt

### Uneingeschränkte Globalzession

#### *a) Ausgestaltung*

Gem. § 6 Vertragsformular der Universal Factoring, gem. § 7 Vertragsformular der Selmi-Bank und gem. § 1 Vertragsformular der DFB muß die jeweilige Anschlußfirma schon bei Abschluß des Factoring-Vertrages alle Forderungen im voraus an das Factoring-Institut abtreten. Gem. § 12 Abs. 1 Vertragsformular der Universal Factoring, gem. § 5 Vertragsformular der Selmi-Bank und gem. Einleitung des Ver-

---

[11] Serick I § 3 II 3 S. 33.

[12] Glomb S. 105.

[13] Serick BB 1974, 285, 288 ff.; Bette S. 95 ff.; Glomb S. 103 f.; Teubner JuS 1972, 261, 265.

[14] Vorsichtig: Teubner JuS 1972, 261, 265; offengelassen Glomb S. 104 f.

tragsformulars der DFB ist die Firma dann zusätzlich zur vorrangigen Befriedigung der Vorbehaltslieferanten verpflichtet. Die Universal Factoring und die Selmi-Bank lassen sich jeweils noch ein Überwachungsrecht und eine Befugnis zur selbständigen, direkten Überweisung an den Vorbehaltslieferanten einräumen.

### *b) Rechtliche Würdigung*

#### aa) Unzureichender Factoring-Erlös

Auch nach der Rechtsauffassung des BGH können diese Factoring-Globalzessionen bei Kollision mit einem verlängerten Eigentumsvorbehalt nicht gem. § 138 Abs. 1 BGB sittenwidrig sein, wenn die Factoring-Institute jeweils die Gewähr bieten, daß die Firma ihre Vorbehaltslieferanten auch noch in einer Krise vorrangig befriedigen kann[15]. Die Factoring-Institute finanzieren bei Forderungserwerb die Firma laufend. Mit diesem Geld hat die Firma ihre Vorbehaltslieferanten zu befriedigen. Der Factoring-Erlös wird meistens nur zur Ablösung der verlängerten Eigentumsvorbehalte an den jeweils verkauften Forderungen ausreichen. Der Factor hat sich jedoch alle Forderungen abtreten lassen. Bei den nicht angekauften und deshalb auch nicht finanzierten Forderungen kommt es demnach zur Kollision mit dem verlängerten Eigentumsvorbehalt, weil die Firma insoweit ihre Vorbehaltslieferanten in einer Krise nicht mehr befriedigen kann. Die Firma kann dem verlängerten Eigentumsvorbehalt nicht Geltung verschaffen, sie muß sich nach der Ansicht des BGH sittenwidrig verhalten.

#### bb) Direkte Zahlungen an Vorbehaltslieferanten

Auch eine Berechtigung des Factors, den Factoring-Erlös direkt an die Vorbehaltslieferanten zahlen zu können, kann die Kollision bei abgetretenen, aber nicht angekauften und nicht finanzierten Forderungen nicht beseitigen. Ob durch eine solche Berechtigung die wirtschaftliche Bewegungsfreiheit der Firma noch ausreichend gem. § 138 Abs. 1 BGB gewahrt ist, kann deshalb dahingestellt bleiben.

#### cc) Zusammenfassung

Die Factoring-Globalzession der Universal Factoring, der Selmi-Bank und der DFB sind nach den Grundsätzen des BGH gem. § 138 Abs. 1 BGB sittenwidrig und nichtig.

---

[15] s. o. S. 101 ff.

### C. Sicherung der Forderungen

Kommissionsverhältnis gem. §§ 383 ff. HGB

*a) Ausgestaltung*

Bei Nichtzahlung des Debitors ist die Firma gem. § 8 Abs. 4, 5 Vertragsformular der Universal Factoring verpflichtet, Waren, an denen die Universal Factoring ein Vorbehalts- oder Sicherungseigentum hat, als Kommissionär gem. §§ 383 ff. HGB für die Universal Factoring zu verkaufen.

*b) Rechtliche Würdigung*

Ein Kommissionsverhältnis ist anzunehmen, wenn die Firma Waren im eigenen Namen für Rechnung der Universal-Factoring verkauft. Waren verkauft die Firma regelmäßig im eigenen Namen und für eigene Rechnung. Bei Nichtzahlung des Debitors könnte sie die Waren für Rechnung der Universal Factoring verkaufen. Die Firma hat mit Verkauf der Forderung an die Universal Factoring auch das Vorbehalts- und Sicherungseigentum an die Universal Factoring gem. § 8 Abs. 3, 5 des Vertragsformulars übertragen. Die Universal Factoring kann sich bei Nichtzahlung des Debitors nicht an die Firma halten, weil sie ausnahmslos gem. § 2 ihres Vertragsformulars das Delkredere-Risiko selbst trägt. Sie muß dann Befriedigung aus der Verwertung ihres Vorbehalts- oder Sicherungseigentums suchen. Sie hat ein eigenes Interesse am Verkauf der Waren und erhält selbst den Erlös. Die Firma verkauft für Rechnung der Universal Factoring. Es liegt ein Kommissionsverhältnis gem. §§ 383 ff. HGB vor.

*Zweiter Abschnitt*

# Rechtsfragen zur Kreditversicherungsfunktion

## § 10 Haftungsregelung

### A. Interessenlage

1. Bestandshaftung

*a) Interesse der IFB*

Dem Forderungskauf legen die Parteien ausschließlich die von der Firma erstellte Ausgangsrechnung zugrunde. Die IFB vertraut letztlich nur auf eine schriftliche Behauptung der Firma, daß ihr eine Forderung gegen den Debitor zustehe. Allein aufgrund dieser Behauptung stellt die IFB der Firma den Vorschuß für den Kaufpreis zur Verfügung. Hierbei muß die IFB damit rechnen, daß die Forderung in Wirklichkeit nicht entstanden ist, daß sie entstanden, aber schon untergegangen ist, oder daß sie nachträglich noch aus den verschiedensten Gründen untergeht.

Dieses Risiko liegt allein im Unternehmensbereich der Anschlußfirma. Sie allein kann die Mangelhaftigkeit ihrer Leistungen sowie Schadensersatzansprüche der Debitoren und Ähnliches verhindern. Die Haftung hierfür muß sie treffen, weil sie sonst kein eigenes Interesse mehr hat, ordnungsgemäße und mangelfreie Leistungen zu erbringen. Die IFB muß deshalb bestrebt sein, eine möglichst lückenlose Sicherheit bei Nichtbestehen der Forderung zu haben.

#### b) Interesse der Firma

Das Interesse der Anschlußfirma hingegen liegt hauptsächlich darin, einen Gegenwert für ihre Forderung gegen den Debitor sofort von der IFB zu erhalten. Hierfür ist sie bereit, eine umfassende Bestandshaftung zu übernehmen, die sie auch ohne Factoring-Geschäft zu tragen hat.

### 2. Delkredere-Risiko

#### a) Interesse der IFB

Selbst wenn die Forderung besteht, ist noch nicht sicher, daß der Debitor sie auch bezahlt. Dieses Kreditrisiko trägt die IFB, wenn sie mit der Kreditwürdigkeitsprüfung der Debitoren auch das Risiko der Falschbeurteilung übernehmen will. Möglicherweise will sie das Kreditrisiko nicht übernehmen. Dann muß sie bestrebt sein, sich für sämtliche Schäden, die sich aus der Nichtleistung des Debitors ergeben können, eine werthaltige Sicherheit geben zu lassen.

Die IFB hat weiterhin Vorsorge zu treffen, daß die Firma nur für alle Debitoren die Risikoübernahme von der IFB verlangen kann. Andernfalls könnte diese die Haftung bei Debitoren von unzweifelhafter Bonität behalten und nur das Risiko bei zweifelhafteren Debitoren der IFB überlassen.

#### b) Interesse der Firma

Bei guter Zahlungsmoral ihrer Debitoren hat die Firma regelmäßig keinen Anlaß, das Delkredere-Risiko gegen höhere Gebühren abzuwälzen. Ob sie das Kreditrisiko tragen will, wird sie deshalb für sich anhand ihrer bisherigen Verlustquote entscheiden müssen. Dementsprechend wird sie sich mit der IFB einigen.

### 3. Durchsetzung der Haftungsansprüche

#### *a) Kenntnis der IFB*

Als Vertragspartner des Debitors erfährt meistens zuerst die Firma, ob der Forderungsbestand oder die Zahlungsfähigkeit des Debitors gefährdet sind. Um ihre Rechte wahrnehmen zu können, will auch die IFB hiervon Kenntnis erhalten.

#### *b) Beweisfragen*

Im Haftungsfall könnte die Firma jeweils die Haftungsvoraussetzungen bestreiten, um ihre Inanspruchnahme hinauszuzögern. Auch ist es meistens mit Mühen und Kosten verbunden, den Bestand einer Forderung oder die Zahlungsunfähigkeit eines Debitors zu beweisen oder zu widerlegen. Um diese Schwierigkeiten zu vermeiden, ist das Vorliegen eines Haftungsfalls möglichst klar und eindeutig festzulegen.

#### *c) Zugriffsmöglichkeit*

Bloße Ansprüche gegen die Firma nützen der IFB wenig, weil sie mit Gutschrift des Vorschusses bereits vorgeleistet hat. Im Haftungsfall will sie deshalb ihre Vorausleistung zurücknehmen und die Rechtslage, die vor der Gutschrift bestand, wiederherstellen können, ohne jedoch die spätere vereinbarungsgemäße Abwicklung des Kaufvertrages zu behindern.

## B. Ausgestaltung

### I. Bestandshaftung

Gem. § 7 a) Vertragsformular der IFB haftet die Firma grundsätzlich für Bestand und Einredefreiheit der Forderung. Hierbei ist es unerheblich, ob die Forderung überhaupt nicht bestand (z. B. bei Nichtigkeit infolge Anfechtung) oder erst später erloschen ist (z. B. durch Aufrechnung). Ausdrücklich haftet die Firma — auch ohne Verschulden — für nachträgliche Veränderungen.

Die Haftungsansprüche der IFB sollen hierbei nicht davon berührt werden, ob die IFB die Rechtsmängel kannte oder kennen mußte. Der Haftungsfall tritt ein, sobald der Debitor seine Zahlungsverpflichtung ganz oder teilweise bestreitet. Die IFB kann dann ihren Anspruch geltend machen, bis die Firma den Bestand der Foderung nachgewiesen hat.

## II. Delkredere-Risiko

### 1. Risiko der IFB

Infolge des Ausschlusses der Bonitätshaftung der Firma gem. § 7 b) des Vertragsformulars trägt die IFB das Risiko der Zahlungsunfähigkeit des Debitors. Spätestens mit Ablauf einer Karenzzeit von 90 Tagen nach Fälligkeit der Forderung wird dann gem. § 7 c) des Vertragsformulars der Kaufpreisanspruch der Firma gegen die IFB fällig. Der Vorschuß soll dann endgültig bei der Firma verbleiben.

### 2. Haftung der Firma

In Abänderung der Haftungsregelung kann die Firma gem. § 7 e) Vertragsformular der IFB durch schriftliche Vereinbarung gegen Ermäßigung der Factoring-Gebühr selbst die Haftung für die Zahlungsfähigkeit des Debitors übernehmen. Zwar heißt es in § 7 e) des Vertragsformulars, daß die Firma die Haftung für die „Zahlungs*un*fähigkeit" übernimmt. Entsprechend dem Sprachgebrauch in diesem Abschnitt muß es jedoch auch hier heißen, daß sie für die Zahlungsfähigkeit haften will. Es liegt hier ein Druckfehler vor. Die Firma haftet gem. § 7 e) S. 3 des Vertragsformulars dafür, daß der Debitor nach Ablauf einer Karenzzeit von 90 Tagen nach Fälligkeit der Forderung zahlt, soweit er nicht seine Zahlungsverpflichtung überhaupt bestritten hat.

## III. Durchsetzung der Haftungsansprüche

Gem. § 7 f) Vertragsformular der IFB hat die Firma alle Umstände, die die Zahlungsfähigkeit des Debitors betreffen und die Durchsetzung einer abgetretenen Forderung beeinträchtigen können, der IFB unverzüglich mitzuteilen. Gem. §§ 8 und 20 a) Vertragsformular der IFB ist die IFB berechtigt, ihre Ansprüche aus der Haftung der Firma durch Rückbelastung auf dem Abrechnungskonto der Firma geltend zu machen. Ausdrücklich sollen hierdurch die gegenseitigen Ansprüche aus dem Forderungsverkauf unberührt bleiben. Gleichzeitig behält sie sich gem. § 20 c) des Vertragsformulars vor, die zurückgerechneten Forderungen auf dem Treuhandkonto der Firma zu verbuchen.

## C. Rechtliche Würdigung

### I. Bestandshaftung

#### 1. Umfang

*a) Umfang gem. § 437 Abs. 1 BGB*

Die Firma könnte im gleichen Umfang für den Forderungsbestand haften müssen wie jeder Verkäufer einer Forderung. Gem. § 437 Abs. 1 BGB haftet der Verkäufer für den rechtlichen Bestand der Forderung und ihre Einredefreiheit. Bei einem späteren Wegfall der Forderung haftet er nur, wenn der Grund des späteren Wegfalls im Zeitpunkt des Kaufabschlusses bereits vorhanden war[1]. Die Firma hat die Haftung auch für jede nachträgliche Veränderung der Forderung übernommen. Ihr Haftungsumfang geht über den Rahmen des § 437 Abs. 1 BGB hinaus.

*b) Erfolgshaftung*

Die Firma haftet für den Forderungsbestand einmal in demselben Umfang wie jeder Verkäufer einer Forderung gem. § 437 Abs. 1 BGB. Infolge der Übernahme der darüber hinausgehenden Haftung auch für jede nachträgliche Veränderung der Forderung muß sie zudem auch dann einstehen, wenn die Forderung später aufgrund neuer Tatsachen untergeht. Die Firma haftet generell für den Erfolg des Fortbestands der Forderung.

*c) Einbringlichkeit der Forderung*

Gemäß der ausdrücklichen Vereinbarung in § 7 b) des Vertragsformulars haftet die Firma nicht für die Einbringlichkeit der verkauften Forderung. Eine bloße Haftung für den Bestand der Forderung umfaßt keine Haftung für ihre Bonität[2]. Der Haftungsausschluß der Firma dient insoweit nur der Klarstellung.

*d) Wirksamkeit im Formularvertrag*

Um in einem Formularvertrag wirksam vereinbart zu werden, darf die über den Rahmen des § 437 Abs. 1 BGB hinausgehende Erfolgshaftung der Firma für den Bestand der Forderung nicht gegen Gerechtigkeit und Billigkeit verstoßen. Ohne Factoring-Geschäft muß die Firma diese Haftung in demselben Umfang ohnehin tragen. Sie wird durch die Haftung nicht mehr als üblich belastet. Auch kann allein die Firma, nicht aber die IFB auf den Bestand der Forderung einwirken. Weiter-

[1] Erman / Weitnauer § 437 Anm. 7; Soergel / Ballerstedt § 437 Anm. 6.
[2] Erman / Weitnauer § 437 Anm. 2; Palandt / Putzo § 437 Anm. 2 b.

hin kann die Firma wegen ihrer größeren Sachnähe unberechtigten Gewährleistungsansprüchen besser als die IFB entgegentreten. Die Bestandshaftung der Firma ist sachgerecht. Sie ist wirksam vereinbart.

### 2. Wirkung

Die Haftung wird sich in der Regel auf Ersatz des Ausfalls in Höhe der nicht bestehenden Forderung beschränken. So greift sie neben einem Bereicherungsanspruch aus § 812 Abs. 1 S. 1 1. Alt. BGB (Leistungskondiktion) auf Rückzahlung des zuvielgezahlten Vorschusses im Fall des § 5 b) Vertragsformular der IFB ein, wenn der wirkliche Forderungsbetrag niedriger ist als in der Ausgangsrechnung angegeben.

Möglicherweise hat die IFB schon vorher als Forderungsinhaber irgendwelche Schritte zu ihrer Durchsetzung gegen den Debitor unternommen. Für hierbei eventuell angefallene Kosten könnte die Firma ebenfalls aus ihrer Bestandshaftung eintreten müssen. Grundsätzlich trägt zunächst die IFB als Forderungsinhaberin die Rechtsverfolgungskosten. Die Bestandshaftung der Firma ist uneingeschränkt. Sie umfaßt alle Schäden, die der IFB bei Nichtbestehen einer Forderung entstehen können. Die Firma muß generell für alle Nachteile aus dem Nichtbestehen der Forderung eintreten. Hierzu gehören auch etwaige Rechtsverfolgungskosten.

### 3. Durchsetzung der Haftungsansprüche

#### *a) Beweislast*

##### aa) Beweislastumkehr

Um die Firma aus ihrer Bestandshaftung in Anspruch nehmen zu können, muß die IFB grundsätzlich die Voraussetzungen des Haftungsfalls, das Nichtbestehen der Forderung, beweisen. Die Parteien haben sich geeinigt, daß für die Inanspruchnahme der Firma schon ein bloßes Bestreiten der Forderung durch den Debitor ausreichen soll. Die IFB ist nicht verpflichtet, das Nichtbestehen der Forderung beweisen zu müssen. Die Vereinbarung enthält eine Beweislastumkehr. Sicherlich kann sich die IFB nicht allein auf bloßes unsubstantiiertes Bestreiten des Debitors stützen. Wieweit die Nachweispflicht der Firma im Einzelfall reicht, muß deshalb jeweils von der Substantiierung des Bestreitens abhängen.

##### bb) Wirksamkeit im Formularvertrag

Die Änderung der Beweislast für das Bestehen der Forderung ist sachgerecht. Einmal kann allein die Firma, aus deren Unternehmensbereich die Forderung herrührt, ihren Bestand beweisen. Zum anderen verschafft sich die IFB durch die Beweislastumkehr lediglich die Beweisposition, die sie vor ihrer Vorleistung schon hatte. Als Forderungsverkäuferin hat die Firma grundsätzlich selbst die Forderung zu beweisen. Die Beweislastumkehr beseitigt lediglich die ungünstige Auswirkung der Vorleistung auf die Beweisposition der IFB. Die Umkehr der Beweislast entspricht einer billigen Interessenabwägung.

#### *b) Zugriff der IFB*

Durch Belastung des Abrechnungskontos hat die IFB die Möglichkeit, ihre Haftungsansprüche geltend zu machen und sofort durchzusetzen. Im Ergebnis kann sie die Auswirkungen ihrer Vorleistung völlig beseitigen.

### 4. Ausschluß des § 439 Abs. 1 BGB

#### *a) Zulässigkeit*

Mit der Vereinbarung, daß die Haftung der Firma nicht durch eine eventuelle Kenntnis der IFB von den Rechtsmängeln berührt werden soll, haben die Parteien den § 439 Abs. 1 BGB ausgeschlossen. Diese Regelung ist dispositiv[3]. Sie kann daher wirksam ausgeschlossen werden.

#### *b) Wirksamkeit im Formularvertrag*

Grundgedanke der in § 439 Abs. 1 BGB getroffenen Regelung besteht darin, daß der Käufer einer Forderung, der sie trotz Kenntnis ihrer Rechtsmängel kauft, damit regelmäßig auf seine Gewährleistungsansprüche verzichten will[4]. Gemäß der umfassenden Bestandshaftung der Firma will die IFB gerade nicht auf etwaige Ansprüche verzichten. Die Ausgangslage des § 439 Abs. 1 BGB ist deshalb beim Factoring-Geschäft nicht gegeben. Angesichts der Vielzahl der täglich von der IFB angekauften Forderungen ist es ihr auch nicht möglich, jeweils nach eventuell bekannten Rechtsmängeln zu forschen. Ein Ausschluß des § 439 Abs. 1 BGB ist auch aus technischen Gründen nötig. § 439 Abs. 1 BGB ist wirksam ausgeschlossen.

### 5. Rechtsnatur

#### *a) Anspruch gem. §§ 437, 440 Abs. 1, 325 Abs. 1 BGB*

Die Parteien gehen von einer Garantie als Anspruchsgrundlage für die Bestandshaftung aus. Garantie ist kein eindeutiger Rechtsbegriff.

[3] Erman / Weitnauer § 439 Anm. 4.

[4] Soergel / Ballerstedt § 439 Anm. 1.

Durch Auslegung ist die Rechtsnatur des Vereinbarten festzustellen[5]. Die Inanspruchnahme der Firma könnte als Haftung aus §§ 437, 440 Abs. 1, 325 Abs. 1 BGB zu werten sein. Die Haftung der Firma hat einen größeren Umfang als beim Verkauf einer Forderung. Sie kann also nicht aus § 437 BGB hergeleitet werden.

*b) Rücktritt vom Kaufvertrag gem. § 346 BGB*

Es fragt sich, ob in der Inanspruchnahme der Firma ein vertraglich vorbehaltener Rücktritt der IFB vom Kaufvertrag gem. § 346 BGB zu erblicken ist. Ein Rücktritt ist ausgeschlossen, wenn der Kaufvertrag — wie ausdrücklich in § 8 S. 2 des Vertragsformulars vereinbart — im Haftungsfall unberührt bleibt. Trotzdem ist zu untersuchen, ob der Kaufvertrag nicht notwendigerweise durch die „Zurückrechnung des Kaufpreises", von der § 20 c) S. 2 des Vertragsformulars ausgeht, beeinflußt wird. Eine solche Veränderung des Kaufvertrages ist nicht zwangsläufig, weil möglicherweise die Rückrechnung des Kaufpreises nur die Vorschußvereinbarung berührt oder weil die IFB einen selbständigen Zahlungsanspruch gegen die Firma hat.

Der Kaufpreisanspruch der Firma wird durch die „Rückrechnung" nicht notwendig beseitigt. Die IFB bleibt vielmehr weiterhin zur Kaufpreiszahlung verpflichtet. Dieser Anspruch wird nur niemals fällig, sofern nicht der Debitor nach Eintritt des Haftungsfalls doch noch zahlt.

In der Umbuchung der Forderung auf das Treuhandkonto liegt nicht notwendigerweise eine Rückabtretungserklärung. Die Umbuchung kann auch dahin ausgelegt werden, daß die IFB künftig nur treuhänderisch Inhaberin der Forderung sein will. Gem. § 19 c) ihres Vertragsformulars will die IFB die Forderung auch weiterhin gegenüber dem Debitor geltend machen können; sie will Forderungsinhaberin bleiben. Der Kaufvertrag wird also nicht durch die Geltendmachung der Haftung berührt. Ein Rücktritt vom Kaufvertrag ist nicht gewollt.

*c) Rücktritt vom Vorschußversprechen gem. § 346 BGB*

Es käme ein vertraglich vereinbarter Rücktritt vom Vorschußversprechen allein gem. § 346 BGB in Betracht, der den Kaufvertrag an sich unberührt lassen könnte. Ein Rücktritt kann nur auf den Vertrag als Einheit wirken[6]. Ein Rücktritt vom Vorschußversprechen ist nur möglich, wenn das Vorschußversprechen als weitere Verpflichtung neben dem Factoring-Vertrag oder als besondere Abmachung außerhalb des Vertrages zu werten ist.

---

[5] BGH WM 1959, 881.

[6] RGZ 67, 101, 104 f.; Erman / Westermann § 346 Anm. 2; Palandt / Heinrichs § 346 Anm. 1 a).

Der sofort verfügbare Vorschuß ist für die Firma der wesentliche Bestandteil des Kaufvertrages mit seinem erst später fälligen Kaufpreisanspruch. Der Vorschuß gehört untrennbar zum einheitlichen Forderungskauf. Ein Rücktritt lediglich vom Vorschußversprechen ist nicht möglich. Bei Bestehen des Kaufvertrages bleibt auch das Vorschußversprechen unberührt.

### *d) Auflösende Bedingung für Vorschußversprechen gem. § 158 Abs. 2 BGB*

Das Nichtbestehen der Forderung könnte als auflösende Bedingung gem. § 158 Abs. 2 BGB für die Vorschußvereinbarung zu werten sein. Ohne Verpflichtung zum Vorschuß könnte die IFB ihr Geld zurückverlangen. Einmal erscheint es schon zweifelhaft, ob für die Vorschußvereinbarung allein eine auflösende Bedingung angenommen werden kann. Selbst wenn eine Verpflichtung zum Vorschuß nicht mehr besteht, kann die IFB die Firma nicht auf Rückzahlung in Anspruch nehmen. Mit Zahlung des Vorschusses ist der Kaufpreisanspruch der Firma aus § 433 Abs. 2 BGB bereits vorzeitig erfüllt. Dieser Anspruch soll trotz Haftungsfall gerade bestehen bleiben. Die IFB hat auf den Kaufpreisanspruch gezahlt und kann deshalb das Geld unabhängig von einer Verpflichtung zum Vorschuß nicht zurückverlangen.

### *e) Selbständiges Garantieversprechen*

Anspruchsgrundlage für den selbständigen Anspruch der Firma könnte somit ein selbständiges Garantieversprchen sein. Der selbständige Garantievertrag ist im Gesetz nicht geregelt. Er ist als Vertrag sui generis gem. § 305 BGB zulässig[7]. Er ist ein formfreier, in der Regel einseitiger[8] Vertrag, durch den jemand für den Eintritt eines bestimmten Erfolges einzutreten verspricht oder eine Gefahr übernimmt[9]. Insbesondere haftet der Garant auch für atypische Zufälle[10]. Die Verpflichtung besteht selbständig und unabhängig von der Hauptschuld[11]. Die Firma tritt bei Nichtbestehen der Forderung für alle, auch atypische Nachteile der IFB ein. Sie hat die volle Gefahr für das Bestehen übernommen. Ihre Verpflichtung ist als selbständiges Garantieversprechen zu werten.

---

[7] Erman / Wagner vor § 765 Anm. 3; Soergel / Schmidt vor § 765 Anm. 29.

[8] Boetius S. 54; Larenz SchR II § 62 III S. 339; Soergel / Schmidt vor § 765, Anm. 29 ff.

[9] RGZ 90, 415, 416; BGH BB 1964, 1360; Erman / Wagner vor § 765 Anm. 3 a; Larenz SchR II § 62 III S. 338; Palandt / Thomas Einl. vor § 765 Anm. 3 c.

[10] BGH WM 1955, 265, 266; Liesecke WM 1968, 24.

[11] Esser SchR II § 87 I 5 b S. 216.

#### *f) Zusammenfassung*

Die Firma hat für den Bestand der Forderung eine umfassende, selbständige Garantiehaftung übernommen. Zusätzlich hat sie noch eine Beweislastumkehr vereinbart.

## II. Delkredere-Risiko der IFB

### 1. Umfang

Bei Haftung der Firma für den bloßen Bestand der Forderung trägt die IFB das Risiko der Zahlungsunfähigkeit des Debitors. Dessen Nichtleistung nach Ablauf der Karenzzeit kann jedoch auch auf anderen Gründen als Zahlungsunfähigkeit beruhen. Die IFB trifft deshalb das Risiko auch für Zahlungsunwilligkeit des Debitors und bei Zahlungsverspätung.

### 2. Beweislast

Die Firma kann den Selbsteintritt der IFB aus ihrem Delkredere bei Zahlungsunfähigkeit des Debitors verlangen. Die Firma muß also grundsätzlich die Zahlungsunfähigkeit des Debitors beweisen. Diesen Beweis kann sie schon vor Ablauf der Karenzzeit führen. Mit Fälligkeit der verkauften Forderung muß dann die IFB aus ihrer Delkredere-Haftung eintreten.

In der Fiktion des Haftungsfalls nach Ablauf der Karenzzeit könnte eine einfache Beweislastregel erblickt werden. Das hätte zur Folge, daß die IFB das Gegenteil, die Zahlungsfähigkeit des Debitors, beweisen dürfte und nicht haften müßte. Nach Ablauf der Karenzzeit soll die IFB aber gem. § 7 c) S. 2 ihres Vertragsformulars immer selbst eintreten. Als einzige Ausnahme ist nur das Bestreiten der Zahlungsverpflichtung durch den Debitor zugelassen. Ein Gegenbeweis ist nicht zulässig, § 7 c) Vertragsformular der IFB enthält, ausgenommen bei Nichtbestehen der Forderung, eine unwiderlegbare Vermutung für die Zahlungsunfähigkeit des Debitors.

### 3. Rechtsnatur

Mit der Haftung der Firma für den bloßen Bestand der Forderung trägt die IFB wie jeder andere Forderungsinhaber auch das Risiko der Uneinbringlichkeit der gekauften Forderung. Die Delkredere-Haftung ist die direkte Rechtsfolge des Forderungskaufs[12].

---

[12] Glomb S. 51; a. A. Rödl BB 1967, 1301 u. Heidland KTS 1970, 165, 169: Kreditversicherungsvertrag.

## III. Delkredere-Haftung der Firma

### 1. Anspruch auf Haftungsvereinbarung

#### *a) Anspruch der Firma*

Gem. § 7 e) Vertragsformular der IFB „kann" die Firma die Delkredere-Haftung auf ihren ausdrücklichen Wunsch übernehmen. Ihr steht ein Anspruch auf Abschluß einer entsprechenden Haftungsvereinbarung zu.

#### *b) Anspruch der IFB*

Fraglich ist, ob auch die IFB von der Firma die Haftungsübernahme verlangen kann. Die Haftungsübernahme geschieht ausdrücklich nur auf Wunsch der Firma; die IFB kann sie deshalb nicht während der Laufzeit des Vertrages von der Firma verlangen. Damit ist nicht ausgeschlossen, daß die IFB bereits den Vertragsschluß überhaupt oder seine Verlängerung von der Haftungsübernahme durch die Firma abhängig macht.

### 2. Umfang

#### *a) Einheitliche Haftung für alle Debitoren*

Der Wortlaut des § 7 e) Vertragsformular der IFB, nach dem die Firma die Haftung für die Zahlungsunfähigkeit des Debitoren übernehmen kann, erweckt den Anschein, daß die Firma die Delkredere-Haftung auf einzelne Debitoren beschränkt übernehmen kann. Hierdurch würde aber die Firma einseitig bevorzugt. Weiterhin fällt die ungewöhnliche Form des Genetivs „des Debitoren" auf. Da im ganzen Abschnitt immer nur die Genetivform „des Debitors" verwandt wurde, liegt die Annahme eines Druckfehlers nahe. Dann würde die Firma die Haftung für die Zahlungsfähigkeit „der Debitoren" übernehmen.

Selbst bei druckfehlerfreier Lesart kann die Firma nicht einzelne Debitoren von ihrer Haftungsübernahme ausschließen. Der ganze Paragraph greift nur eine Forderung heraus und bestimmt beispielhaft an ihr die einzelnen Rechtsfolgen. Was für diese einzelne Forderung gilt, soll für alle Forderungen gelten. Will die Firma die Delkredere-Haftung übernehmen, muß sie sie bei allen Debitoren tragen.

#### *b) Erfolgshaftung*

Bei Delkredere-Haftung der Firma wird der Haftungsfall auf eine Zahlungsunfähigkeit des Debitors und vor allem auf seine Nichtzahlung nach Ablauf der Karenzzeit abgestellt. Eine Einschränkung des Haftungsumfangs ist nicht vorgesehen. Die Firma haftet ausnahmslos in allen Fällen, in denen der Debitor nicht zahlt. Die Zahlung des Debitors kann aus den verschiedensten Gründen unterbleiben. Die Firma muß im Ergebnis auch für Zahlungsverspätung, Zahlungsunwilligkeit und sogar für atypische Zahlungshindernisse beim Debitor einstehen. Mit Haftung für die Zahlung des Debitors haftet die Firma für einen bestimmten Erfolg.

#### c) Zeitpunkt der Haftung

Durch die Vereinbarung der Karenzzeit von 90 Tagen ist die Auslegungsregel des § 438 BGB, nach der sich die Bonitätshaftung im Zweifel nur auf den Abtretungszeitpunkt bezieht, ausgeschlossen.

Die Haftung für die Einbringlichkeit einer Forderung reicht grundsätzlich nur bis zu dem Zeitpunkt, zu dem sie nach Fälligkeit regelmäßig eingezogen werden kann[13]. Auch diese Auslegungsregel ist hier abbedungen. Die Delkredere-Haftung erstreckt sich auf die ganze Karenzzeit.

#### d) Wirksamkeit im Formularvertrag

Gegen die Delkredere-Haftung der Firma bestehen keine Bedenken. Sie wird nur auf ausdrücklichen Wunsch gerade als Abweichung vom üblichen Vertragsformular vereinbart. Auch vom Inhalt her ist sie nicht zu beanstanden. Die IFB bürdet der Firma keine Haftung auf, die über das normale Kreditrisiko der Firma ohne Factoring-Geschäft hinausginge. Auch die zeitliche Erstreckung der Bonitätshaftung über den Rahmen des § 438 BGB ist wirksam vereinbart, weil diese Vorschrift nur eine Auslegungsregel enthält.

### 3. Wirkung

Bei Haftung für die Zahlung des Debitors muß die Firma regelmäßig Ersatz für die ausgefallene Zahlung leisten. Auch eventuell angefallene Rechtsverfolgungskosten, die die IFB vom Debitor hätte verlangen können, muß die Firma als Nebenkosten ersetzen.

### 4. Durchsetzung der Haftungsansprüche

#### a) Beweislast

Zur Geltendmachung der Haftung der Firma wegen Zahlungsunfähigkeit des Debitors muß die IFB grundsätzlich die Uneinbringlichkeit der Forderung beweisen. Bei deren Nachweis kann sie deshalb schon vor Ablauf der Karenzzeit ihren Anspruch gegen die Firma geltend

---

[13] Staudinger / Ostler § 438 Anm. 7.

machen. Falls ihr dieser Nachweis nach Ablauf der Karenzzeit nicht gelingt, kann sie ihren Anspruch auch nicht geltend machen. Darauf ist sie aber auch nicht angewiesen, weil sie statt dessen die Firma aus ihrer Haftung für die Zahlung des Debitors in Anspruch nehmen kann. Hierfür sind keine weiteren Voraussetzungen nötig.

#### *b) Zugriff der IFB*

Auch ihren Anspruch aus der Delkredere-Haftung der Firma kann die IFB durch Belastung des Abrechnungskontos sofort durchsetzen. Hierdurch kann sie die Auswirkungen ihrer Vorleistungen im Ergebnis völlig beseitigen.

### 5. Rechtsnatur

#### *a) Auflösende Bedingung, Rücktritt*

Die Rückbelastung bei Nichtzahlung des Debitors kann nicht als Folge einer auflösenden Bedingung gem. § 158 Abs. 2 BGB oder eines vertraglich vorbehaltenen bedingten Rücktritts gem. § 346 BGB zu werten sein. Gem. § 8 S. 2 Vertragsformular der IFB soll der Forderungskaufvertrag gerade bestehen bleiben[14].

#### *b) Unselbständiges Garantieversprechen*

Die Firma könnte eine erweiterte unselbständige Garantiehaftung gem. § 438 BGB übernommen haben. Eine unselbständige Haftung gem. § 438 BGB bleibt als Nebenabrede im Rahmen des Kaufvertrages und garantiert nur den typischen Vertragsinhalt[15]. Bei Haftung auf einen späteren Zeitpunkt als den der Abtretung ist dies meist nicht anzunehmen[16]. Zudem prüft hier die IFB allein die Kreditwürdigkeit des Debitors, die Firma verläßt sich nur auf deren Beurteilung. Eine Zusicherung der Firma über die Richtigkeit der von der IFB vorgenommenen Prüfung liegt nicht im typischen Rahmen des Forderungsverkaufs. Ein unselbständiges Garantieversprechen ist nicht anzunehmen.

#### *c) Vertragsstrafe gem. §§ 339 ff. BGB*

Die Haftung der Firma ist nicht als Vertragsstrafe gem. §§ 339 ff. BGB zu qualifizieren. Eine Vertragsstrafe soll den Schuldner anhalten, für die Erfüllung seiner Verpflichtung zu sorgen. Die Firma soll nur die Schäden decken, die aus der Nichterfüllung des Debitors bei der IFB entstehen.

---

[14] s. o. S. 130.
[15] RGZ 165, 41 ff., 46 f.; Fikentscher § 92 II 2.
[16] Boetius S. 105.

### *d) Kreditversicherungsvertrag*

Der Delkredere-Haftung der Firma könnte ein Kreditversicherungsvertrag zugrunde liegen. Der Versicherungsvertrag ist ein gegenseitiger Vertrag, bei dem der Versicherer die Gefahrtragung als Hauptpflicht verspricht, um als Gegenleistung die Prämie zu erhalten[17]. Hauptpflicht der Firma beim Forderungsverkauf ist es, der IFB die Forderung zu verschaffen. Die Haftungsübernahme der Firma ist nur Nebenpflicht und dient nur zur Absicherung des Vorschusses.

Die Factoring-Gebühr ermäßt sich gem. § 7 e) S. 2 Vertragsformular der IFB, wenn die Firma die Delkredere-Haftung übernimmt. Mit der Haftung der Firma ist die Forderung nicht mehr mit dem Risiko der Uneinbringlichkeit behaftet. Die IFB kann und muß für die wertvollere Forderung der Firma auch einen höheren Kaufpreis zahlen. Die Ermäßigung enthält also das Entgelt für die Forderung, nicht für die Gefahrtragung der Firma. Ein Kreditversicherungsvertrag ist nicht gewollt.

### *e) Schuldbeitritt*

Die Firma könnte einen Schuldbeitritt gewollt haben. Der Schuldbeitritt (kumulative Schuldübernahme) ist im Gesetz nicht geregelt, wird aber allgemein für zulässig gehalten[18]. Der Versprechende tritt formlos in das bestehende Schuldverhältnis ein und übernimmt als Gesamtschuldner eine Verbindlichkeit, die danach gem. § 425 BGB von der Hauptschuld weitgehend unabhängig ist[19]. Ein Schuldbeitritt ist gewollt, wenn der Versprechende schon vor seiner Erklärung ein eigenes rechtliches unmittelbares Interesse an der Erfüllung der Hauptverbindlichkeit hat[20]. Da das Factoring-Geschäft auch ohne Delkredere-Haftung der Firma betrieben werden kann, müßte die Firma für einen Schuldbeitritt ein eigenes über den normalen Factoring-Vertrag hinausgehendes Interesse haben. Das ist nicht ersichtlich. Fehlt ein solches Interesse, so ist im Zweifel wegen der Formstrenge gem. § 766 BGB und der Einrede des § 771 BGB eher eine Bürgschaft gewollt[21]. Ein Schuldbeitritt ist nicht anzunehmen.

---

[17] Prölss § 1 Anm. 3; Consbruch / Möller § 1 Anm. 43; Soergel / Schmidt vor § 765 Anm. 50; Boetius S. 15.

[18] Larenz SchR I § 35 II S. 417, Soergel / Schmidt vor § 414 Anm. 6.

[19] RGZ 90, 415, 417; 135, 104, 107; Soergel / Schmidt vor § 414 Anm. 10; RGRK-BGB (Löscher) vor § 414 Anm. 18; Larenz SchR I § 35 II S. 418.

[20] RGZ 90, 415, 418; Soergel / Schmidt vor § 414 Anm. 13; Esser SchR II § 87 I 5a S. 216.

[21] Larenz SchR I § 35 II S. 419, Soergel / Schmidt vor § 414 Anm. 13.

### *f) Bürgschaft gem. § 765 BGB*

Auch der Bürge verpflichtet sich gem. § 765 BGB, für eine fremde Schuld, die Hauptschuld, einzustehen. Seine Verpflichtung ist akzessorisch, bleibt also vom Bestand der Hauptschuld abhängig.

Eine Bürgschaft ist vor allem gewollt, wenn der Versprechende sich in erster Linie für den Schuldner verwenden und nur insoweit den Gläubiger sichern will[22]. Auch bei einer Bürgschaft könnte die IFB ihren Anspruch gegen die Firma ohne weiteres direkt geltend machen. Es wäre dann nämlich — soweit dies nicht schon aus § 349 S. 1 HGB folgt — eine selbstschuldnerische Bürgschaft vereinbart, bei der die Einrede der Vorausklage gem. § 771 BGB ausgeschlossen ist.

Daß die IFB trotz Inanspruchnahme der Firma gem. § 19 e) des Vertragsformulars Inhaberin der Forderung bleiben will, spricht ebenfalls nicht gegen eine Bürgschaft. Der gesetzliche Forderungsübergang gem. § 774 Abs. 1 BGB ist abdingbar[23]. Eine Bürgschaftsverpflichtung der Firma wäre möglich[24]. Die Firma würde aus der Bürgschaft haften, soweit die Schuld des Debitors besteht. Soweit diese Schuld nicht besteht, müßte sie aus ihrer Bestandshaftung einstehen.

Es ist unwahrscheinlich, daß die Firma bei Übernahme der Delkredere-Haftung hauptsächlich für den Debitor und nur beschränkt auf die Höhe dessen Verpflichtung einstehen will. Ein solcher Wille stände im Widerspruch zu ihrer umfassenden Haftung für den Bestand der Forderung. Außerdem wird die Haftung ausschließlich zwischen der IFB und der Firma geregelt; der Debitor ist hierbei völlig unbeteiligt. Es ist eher anzunehmen, daß die Firma die Delkredere-Haftung ausschließlich im Interesse der IFB übernimmt. Eine Bürgschaft ist abzulehnen.

### *g) Selbständiges Garantieversprechen*

Die Haftung für die Zahlungsfähigkeit und die Zahlung des Debitors könnte sich ebenso wie die Haftung für den Bestand der Forderung aus einem selbständigen Garantievertrag ergeben.

Eine Garantie ist vor allem anzunehmen, wenn besondere Umstände deutlich den Willen des Versprechenden ergeben, unabhängig von der Hauptschuld verpflichtet sein und für einen Erfolg garantieren zu wollen[25]. Aus der generellen Haftung für den Bestand der Forderung ist

---

[22] Enn. / Lehmann § 197 I S. 808; Larenz SchR I § 35 II S. 418 f.; SchR II § 64 I S. 357.

[23] RGZ 148, 65, 66; Soergel / Schmidt § 774 Anm. 1; Erman / Wagner § 774 Anm. 9.

[24] a. A. Bette S. 58.

[25] Erman / Westermann § 414 Anm. 9; Erman / Wagner vor § 765 Anm. 3; Boetius S. 36 ff.; Larenz SchR II § 64 I S. 357.

zu erkennen, daß die Firma selbst bei Nichtbestehen der Hauptschuld verpflichtet sein will. Da sie auch ausnahmslos einstehen will, wenn der Debitor nicht leistet, haftet sie für den Erfolg der Zahlung des Debitors. Es liegt ein selbständiges Garantieversprechen für die Zahlung des Debitors vor, das die Bestandshaftung für die Forderung mit umfaßt.

#### *h) Zusammenfassung*

Die Delkredere-Haftung der Firma ist als selbständiges Garantieversprechen für die Zahlung des Debitors zu werten.

## § 11 Sicherung des Garantieanspruchs

### A. Interessenlage

Auch ein sorgfältiger Unternehmer kann meist nicht verhindern, daß die eine oder andere Forderung durch Aufrechnung, Minderung, Wandlung oder andere Rechtsgeschäfte ganz oder teilweise erlischt. Zudem kann es vorkommen, daß ein Debitor nicht zahlen kann oder will. Mit einer gewissen Anzahl von Haftungsfällen ist immer zu rechnen.

Durch die bloße Möglichkeit, das Abrechnungskonto der Firma zu belasten, ist die IFB nicht gesichert, ihren Anspruch tatsächlich durchsetzen zu können. Nach einer Verfügung der Firma über den Vorschuß würde das Abrechnungskonto durch die Belastung lediglich überzogen. Im Ergebnis würde die IFB der Firma lediglich einen ungesicherten Kontokorrentkredit einräumen. Bei Verfügungen der Firma vor dem Haftungsfall erhält die IFB durch die bloße Belastung des Abrechnungskontos noch keinen Gegenwert. Die IFB muß Vorsorge treffen, um im Garantiefall einen Gegenwert zu erhalten. Sie benötigt eine Sicherheit für ihre Garantieansprüche.

### B. Ausgestaltung

#### 1. Sicherheit

Gem. § 9 a) Vertragsformular der IFB haben die Parteien vereinbart, daß die Firma der IFB bei Verfügung über den Vorschuß für eine mögliche Inanspruchnahme aus ihrer Garantiehaftung Sicherheiten stellen muß.

### 2. Sperrkonto

#### *a) Höhe*

Diese Sicherheit soll regelmäßig in einem Bardepot (Sperrkonto) bestehen. Seine Höhe ist gem. § 9 b) des Vertragsformulars abhängig von der Summe aller angekauften, aber vom Debitor noch nicht bezahlten Forderungen, des Obligos. Den maßgeblichen Prozentsatz haben die Parteien einer besonderen Vereinbarung vorbehalten.

#### *b) Bildung des Sperrkontos*

Zu Anfang der Geschäftsbeziehungen soll das Sperrkonto gem. § 20 e) Vertragsformular der IFB in Höhe des vereinbarten Prozentsatzes direkt von den Vorschüssen gebildet werden. Um später nicht jeden Geschäftsvorfall auf dem Abrechnungs- und auf dem Sperrkonto verbuchen zu müssen, haben die Parteien eine monatlich zu errechnende Pauschalhöhe vereinbart. Jeweils zum Ende des Monats wird die Höhe nach dem vereinbarten Prozentsatz vom Factoring-Obligo errechnet und das Sperrkonto entsprechend angeglichen.

### 3. Factoring-Obligo

Für das Obligo führt die IFB gem. § 20 b) ihres Vertrages ein eigenes Konto, auf dem sie den Gesamtbestand aller noch offenen angekauften Forderungen, der Treuhandforderungen und der auf das Schwebekonto verbuchten Forderungen aufweist.

## C. Rechtliche Würdigung

### 1. Sperrkonto

#### *a) Höhe*

Über die Berechnung des Sperrbetrages enthält das Vertragsformular der IFB widersprüchliche Vereinbarungen. Bei Berechnung vom Factoring-Obligo gem. § 20 b), e) des Vertragsformulars werden neben den offenen, angekauften Forderungen auch die nicht oder noch nicht angekauften Forderungen berücksichtigt. Gem. § 9 b) des Vertragsformulars soll das Sperrkonto nur von den offenen, angekauften Forderungen gebildet werden.

Bei Berechnung vom Factoring-Obligo müßte die Firma Sicherheiten auch bei solchen Forderungen leisten, für die sie noch keinen Vorschuß erhalten hat. Eine Haftung der Firma für diese Forderungen ist noch nicht möglich. Die IFB benötigt auch keine Sicherheit. Auch enthält § 20 des Vertragsformulars im wesentlichen nur technische Ausführungsbestimmungen. Daß die Vereinbarung über das Sperrkonto hier abgeändert werden sollte, ist nicht anzunehmen. Das Sperrkonto soll nur von der Summe der angekauften Forderungen berechnet werden.

*b) Rechtsnatur*

Die Firma räumt der IFB mit dem Sperrkonto eine Sicherheit ein. Die IFB darf den Sperrbetrag nur zur Erfüllung ihrer Garantieansprüche verwenden. Die Vereinbarung über die Bildung und Unterhaltung des Sperrkontos ist als Sicherungsvertrag zu werten.

*c) Wirksamkeit im Formularvertrag*

Das Sperrkonto belastet die Firma nicht ungebührlich, weil sie Garantiefälle niemals ganz ausschließen kann. Zudem werden ihr hierdurch lediglich die Vorteile der Vorleistung der IFB teilweise wieder genommen. Sie wird nicht schlechter gestellt, als wenn die IFB keine Vorleistung erbracht hätte. Die Sicherheitsabrede ist wirksam vereinbart.

2. Forderung gegen Debitor

Die Forderung gegen den Debitor, die die IFB auch nach dem Haftungsfall behält, könnte ebenfalls als Sicherheit der IFB angesehen werden. Ihr Wert ist, soweit sie überhaupt besteht, ungewiß. Zum anderen kann die Firma gem. § 19 c) Vertragsformular der IFB die Geltendmachung der Forderung durch die IFB verhindern. Die Forderung gegen den Debitor soll der IFB nicht als Sicherheit dienen.

## § 12 Vorteilsausgleich

### A. Interessenlage

1. Interesse der Firma

Die Firma zahlt bei Inanspruchnahme aus ihrer Garantiehaftung im Ergebnis der IFB den Gegenwert des erhaltenen Vorschusses zurück. Ihrerseits hatte sie aber der IFB ihre Forderung abgetreten. Diese Forderung bekommt sie im Haftungsfall nicht zurück, weil der Kaufvertrag hierdurch nicht berührt werden soll. Die Firma hat durch das Factoring-Geschäft ihre Forderung verloren. Sie ist deshalb interessiert, nun auch ihre Leistung zurückzuerhalten.

### 2. Interesse der IFB

Mit der Durchsetzung ihres Garantieanspruchs gegen die Firma erhält die IFB im Ergebnis den Gegenwert für ihren Vorschuß zurück. Sie wird hierdurch in voller Höhe befriedigt. Daneben hat sie noch zusätzlich die Forderung gegen den Debitor, die vor allem bei Zahlungsunwilligkeit, bei nur vorübergehenden Zahlungsschwierigkeiten des Debitors und bei Zahlungsverspätung nicht immer wertlos ist. Mit Zahlung des Debitors würde die IFB doppelte Zahlung erhalten. Die IFB hat weder für die Forderung noch für die Zahlung darauf ihrerseits eine Leistung erbracht; sie kann sie nicht für sich beanspruchen. Vor allem muß sie gewährleisten, daß die Firma auch noch im Garantiefall eine Kollision mit einem verlängerten Eigentumsvorbehalt vermeiden kann, indem sie dem verlängerten Eigentumsvorbehalt Geltung verschaffen kann.

## B. Ausgestaltung

### 1. Entlassung aus dem Kaufvertrag

Gem. § 19 c) Vertragsformular der IFB ist die Firma berechtigt, nach ihrer Inanspruchnahme aus ihrer Garantiehaftung die IFB aus dem Kaufvertrag zu „entlassen“. Sie hat dann den Kaufpreis zuzüglich Zinsen zurückzuerstatten. Die IFB ist nicht mehr berechtigt, die Forderung gegen den Debitor geltend zu machen.

### 2. Gutschrift von Zahlungen

Weiterhin sollen gem. § 20 a) Vertragsformular der IFB nach Geltendmachung des Garantieanspruchs durch die IFB alle Debitorenzahlungen auf die betreffende Forderung, die schon auf dem Treuhandkonto geführt wird, dem Abrechnungskonto der Firma gutgeschrieben werden.

## C. Rechtliche Würdigung

### I. Entlassung aus dem Kaufvertrag

#### 1. Auflösung des Kaufvertrages

Mit Entlassung der IFB aus dem Kaufvertrag kann die Firma keine Ansprüche mehr aus dem bis dahin noch bestehenden Kaufvertrag geltend machen. Sie verliert ihren Kaufpreisanspruch aus § 433 Abs. 2 BGB gegen die IFB. Gleichzeitig muß sie alle empfangenen Leistungen, also auch den empfangenen Vorschuß, zurückgewähren. Andererseits darf die IFB die Forderung gegen den Debitor nicht mehr geltend machen. Eine bloße Verfügungsbeschränkung der IFB können die Parteien aber nicht wollen, weil dann keiner die Forderung geltend machen kann. Es ist anzunehmen, daß auch die IFB alle empfangenen Leistungen zurückgewähren muß. Die IFB muß die Forderung gegen den Debitor an die Firma rückabtreten. Der Kaufvertrag wird damit insgesamt aufgelöst.

### 2. Rückabwicklung

#### *a) Rückerstattung des Kaufpreises*

Bedenken ergeben sich gegen den Rückerstattungsanspruch der IFB für den Vorschuß auf den Kaufpreis, weil die Firma durch Leistung aus ihrer Garantiehaftung bereits den Gegenwert des Vorschusses im Ergebnis zurückgezahlt hatte. Als Folge der Auflösung des Kaufvertrages ist auch die Garantiehaftung der Firma für diese Forderung hinfällig geworden. Da der Firma ein Anspruch auf Rückerstattung ihrer Garantieleistung zusteht, hat die IFB den Gegenwert für ihren Vorschuß nicht endgültig erhalten. Sie hat einen Anspruch auf Zurückerstattung des auf den Kaufpreis geleisteten Vorschusses, mit dem sie gegen den entsprechenden Anspruch der Firma auf Rückzahlung der Garantieleistung aufrechnen kann.

#### *b) Zinspflicht*

Bei Auflösung des Kaufvertrages können sich infolge der Rückerstattungspflicht für Kaufpreis zuzüglich Zinsen gem. § 19 c) des Vertragsformulars gegen die Firma zweifache Ansprüche auf Zinszahlung ergeben. Wenn sie über den Vorschuß bereits verfügt hatte, mußte sie hierfür schon gem. § 5 d) des Vertragsformulars Zinsen zahlen. Bei Auflösung des Kaufvertrages geht der Kaufpreisanspruch gem. § 433 Abs. 2 BGB und die mit ihm untrennbar verbundene verzinsliche Vorschußpflicht aus § 5) des Vertragsformulars unter. Die Firma ist nur einmal zur Zinszahlung verpflichtet.

#### *c) Zinsen nur bei Verfügung*

Die Pflicht der Firma zur Zinszahlung könnte bei Auflösung des Kaufvertrages für den gesamten Kaufpreis bestehen, weil er der Firma seit Kaufvertragsabschluß zur Verfügung stand. Beim Vorschußverfahren wird der Vorschuß vor einer Verfügung gerade nicht auf die Firma übertragen. Es sollen für den Kaufpreis nur Zinsen gezahlt werden, soweit die Firma hierüber verfügt hat. Auch durch Auflösung des Kaufvertrages kann die Firma nicht schlechter gestellt werden, weil dadurch ihre frühere Stellung bezüglich des Vorschusses nicht verbessert wird. Die Firma muß Zinsen nur für den Betrag zahlen, über den sie auch verfügt hatte.

### 3. Rücktritt vom Kaufvertrag gem. § 346 BGB

Es ist zu prüfen, ob die Auflösung des gesamten Kaufvertrags als ein vertragliches Rücktrittsrecht der Firma gem. § 346 BGB zu qualifizieren ist. Mit Auflösung des Kaufvertrages müssen die Parteien die Forderung, den Kaufpreis und die Garantiezahlung zurückgewähren. Soweit die Firma über den Vorschuß verfügt hat, muß sie ihn verzinsen, wie es auch der Regelung des § 347 S. 3 BGB entspricht. Die Parteien müssen alle empfangenen Leistungen einander zurückgewähren. In dieser Vereinbarung ist ein Rücktritt gem. § 346 BGB zu erblicken.

### 4. Zusammenfassung

Im Garantiefall kann die Firma aufgrund ihres Rücktrittsrechts die Rückabtretung der Forderung verlangen. Sobald sie Forderungsinhaberin ist, wird dann eine Vorausabtretung aufgrund eines verlängerten Eigentumsvorbehalts an den Vorbehaltslieferanten wirksam. Die IFB hat damit sichergestellt, daß die Firma auch im Garantiefall einem verlängerten Eigentumsvorbehalt Geltung verschaffen kann.

## II. Gutschrift von Zahlungen

### 1. Anspruch auf Gutschrift

§ 20 Vertragsformular enthält im wesentlichen Bestimmungen über den technischen Ablauf von Buchungen und Kontoführung. Die hierin erwähnte Gutschrift der Debitorenzahlungen auf dem Abrechnungskonto der Firma kann nicht die Anspruchsgrundlage hierfür sein. Der Anspruch der Firma auf die Gutschrift wird vielmehr stillschweigend vorausgesetzt. Die Firma hat nach Leistung auf ihre Garantiehaftung einen Anspruch auf Gutschrift der Debitorenzahlungen.

### 2. Rechtsnatur

#### *a) Anspruch aus §§ 812 Abs. 1 S. 1 1. Alt, 818 Abs. 1 BGB*

Der Anspruch der Firma auf Gutschrift von Debitorenzahlungen könnte sich aus §§ 812 Abs. 1 S. 1 1. Alt, 818 Abs. 1 BGB ergeben, wenn für die Garantieleistung der Firma der rechtliche Grund gem. § 812

Abs. 1 S. 2 1. Alt BGB weggefallen ist. Die Firma hatte für den Bestand der Forderung und ihre Bezahlung gehaftet. Bei Inanspruchnahme aus ihrer Haftung war jeweils der garantierte Erfolg nicht eingetreten. Durch spätere Zahlungen des Debitors kann der einmal eingetretene Garantiefall nicht nachträglich beseitigt werden. Die Garantiehaftung der Firma ist nicht nachträglich als Rechtsgrund weggefallen. Ein Bereicherungsanspruch auf Rückzahlung ihrer Garantieleistung steht der Firma nicht zu.

### *b) Rücktritt vom Kaufvertrag gem. § 346 BGB*

Der Anspruch der Firma auf Gutschrift der Debitorenzahlung könnte als Rückgewähranspruch nach einem Rücktritt gem. § 346 BGB zu qualifizieren sein. Die IFB könnte konkludent mit der Gutschrift den Rücktritt vom Kaufvertrag erklärt haben. Dann müßte sie die empfangene Forderung gem. § 346 BGB zurückgewähren. Mit Zahlung des Debitors ist diese zwar gem. § 362 Abs. 1 BGB erloschen, die IFB könnte aber statt dessen die erhaltene Zahlung entsprechend § 346 S. 2 BGB herausgeben müssen. Aus § 346 S. 2 BGB folgt, daß bei Unmöglichkeit der Rückgewähr der Leistung ihr Wert zu vergüten ist[1]. Die IFB kann die Forderung nicht zurückgewähren, die Zahlung entspricht dem Wert der Forderung. Die IFB könnte sie als Folge eines Rücktritts herausgeben müssen. Bei Rücktritt hätte die Firma neben dem Anspruch auf Gutschrift der Zahlung auch einen Anspruch auf Rückerstattung ihrer Garantieleistung. Die IFB ihrerseits könnte ihren Kaufpreis zurückverlangen. Eine solch weitgehende Rückabwicklung der gegenseitigen Leistungen ist nur bei Rücktritt der Firma gem. § 19 c) des Vertragsformulars vorgesehen. Ein Rücktritt ist hier nicht anzunehmen.

### *c) Vertraglicher Anspruch auf Rückforderung der Garantieleistung*

Der Anspruch der Firma auf Gutschrift der Debitorenzahlungen könnte als vertraglicher Anspruch auf Rückforderung ihrer Garantieleistung zu werten sein. Der Garant muß nicht den garantierten Erfolg selbst herbeiführen. Er muß nur dem Garantienehmer die entstandenen Nachteile ausgleichen[2]. Aus dieser Haftungsbeschränkung ergibt sich auch ohne vertragliche Vereinbarung ein Anspruch auf Vorteilsausgleich, sofern die Nachteile sich später vermindern[3]. Die Firma könnte wegen der Haftungsbeschränkung ihres Garantieversprechens den Anspruch auf Vorteilsausgleich haben. Dieser Anspruch ist nur

---

[1] Soergel / Schmidt § 346 Anm. 5; Erman / Westermann § 346 Anm. 7; Palandt / Heinrichs § 346 Anm. 2.

[2] BGH WM 1961, 204, 206; Larenz SchR II § 62 III S. 338.

[3] BGH WM 1961, 204, 207.

anzunehmen, wenn die Firma keinen anderen Anspruch mehr gegen die IFB hat. Hier hat sie aber noch einen Kaufpreisanspruch gem. § 433 Abs. 2 BGB. Ein Anspruch auf Vorteilsausgleich ist nicht gewollt.

#### *d) Kaufpreisanspruch gem. § 433 Abs. 2 BGB*

Die Gutschrift der Debitorenzahlung könnte die Erfüllung des Kaufpreisanspruchs aus § 433 Abs. 2 BGB gem. § 362 Abs. 2 BGB sein. Der Kaufvertrag besteht immer noch fort. Mit Zahlung des Debitors wird der Kaufpreisanspruch fällig. Zudem haben die Parteien, die ausdrücklich den Fortbestand des Kaufvertrages vereinbart haben, nach einem Garantiefall das Bestreben, den Kaufvertrag doch noch vereinbarungsgemäß abzuwickeln. Die angebliche Gutschrift der Debitorenzahlung ist deshalb lediglich die Kaufpreiszahlung der IFB, die mit der Debitorenzahlung fällig geworden ist.

### 3. Zusammenfassung

Die IFB zahlt mit Gutschrift auf dem Abrechnungskonto ihren nun fällig gewordenen Kaufpreis. Bei Zahlung des Debitors wird der Kaufvertrag vereinbarungsgemäß abgewickelt.

## § 13 Wesentliche Besonderheiten anderer Vertragsformulare

### 1. Haftungsregelung

Die Haftung ist in den Vertragsformularen der einzelnen Factoring-Institute unterschiedlich geregelt. Die Universal Factoring will gem. § 2 ihres Vertragsformulars ausnahmslos die Delkredere-Haftung übernehmen. Sie trägt alle Risiken, die sich bei der Geltendmachung, Mahnung, Einziehung und Durchsetzung der jeweiligen Forderung ergeben.

Die DFB übernimmt gem. § 4 ihres Vertragsformulars immer das Delkredere-Risiko. Sie will jedoch ausdrücklich gem. §§ 4, 17 Abs. 3, 20 Abs. 1 ihres Vertragsformulars lediglich für die Zahlungsfähigkeit des Debitors haften.

Dagegen soll gem. § 4 Vertragsformular der Selmi-Bank und gem. § 6 Abs. 1 Vertragsformular der KKG jeweils die Anschlußfirma die Delkredere-Haftung übernehmen.

#### 2. Vorteilsausgleich

Eine Regelung über einen Vorteilsausgleich ist in den anderen vorliegenden Vertragsformularen nicht enthalten. Eine ausdrückliche Vereinbarung ist nicht nötig, weil der Anspruch auf Vorteilsausgleich schon aus der Beschränkung der Garantiehaftung auf Schäden der Factoring-Institute folgt.

*Dritter Abschnitt*

## Rechtsfragen zur Dienstleistungsfunktion

## § 14 Kreditwürdigkeitsprüfung

### A. Interessenlage

#### 1. Doppelte Prüfung durch Firma und IFB

*a) Interesse der Firma*

Bevor die Firma an einen Debitor unter Einräumung eines Kredits leistet, muß sie regelmäßig im Rahmen ihrer Möglichkeiten prüfen, ob der Debitor voraussichtlich die Forderung bei Fälligkeit bezahlen kann und will. Bei zufriedenstellendem Ergebnis dieser Kreditwürdigkeitsprüfung kann sie an den Debitor leisten. An einer nochmaligen Prüfung der Bonität durch die IFB hat sie nach ihrer Leistung an den Debitor kein Interesse mehr.

*b) Interesse der IFB*

Die IFB will eine Forderung, die die Firma ihr nach erbrachter Leistung anbietet, nur erwerben, wenn der Debitor auch ihr insoweit kreditwürdig erscheint. Auch wenn die Firma die Bonität des Debitors schon geprüft und bejaht hat, vertraut sie nur auf ihre eigene Prüfung, weil sie hierzu meist besser als die Firma befähigt ist.

#### 2. Prüfung nur durch IFB

*a) Interesse der Firma*

Die doppelte Kreditwürdigkeitsprüfung verursacht unnötige Kosten und ist unwirtschaftlich. Die Firma ist bereit, auf eine eigene Kreditwürdigkeitsprüfung zu verzichten und auf eine Beurteilung des Debitors durch die IFB zu vertrauen.

Die Firma will schon ihre Verträge möglichst nur mit kreditwürdigen Debitoren abschließen. Sie ist an einer frühzeitigen Unterrichtung interessiert, wie die IFB die Kreditwürdigkeit der Debitoren beurteilt. Weiterhin legt sie Wert darauf, daß die IFB noch beim Ankauf der Forderung an ihre Kreditwürdigkeitsbeurteilung gebunden ist. Nur so kann die Firma ihre Finanzierung überschauen und vorausplanen.

#### *b) Interesse der IFB*

Die IFB hingegen will unbedingt selbst die Kreditwürdigkeit der Debitoren prüfen. Sie verläßt sich nur auf ihre eigene Beurteilung, weil sie in erster Linie vom Debitor Befriedigung für die angekaufte Forderung erhalten will.

Auch im eigenen Interesse ist sie aber bestrebt, der Firma die Kreditwürdigkeitsprüfung abzunehmen. Die Firma erspart hierdurch Kosten. Diese Ersparnis kann die IFB zumindest teilweise über die Factoring-Gebühr kassieren. Weiterhin will sie möglichst viele Forderungen der Firma gegen kreditwürdige Debitoren erwerben. Durch ihre frühzeitige Kreditwürdigkeitsprüfung ermöglicht sie der Firma, nur an Debitoren zu leisten, die auch ihr kreditwürdig erscheinen.

Eine feste Bindung an ihre Kreditwürdigkeitsbeurteilung für die Zukunft will die IFB nicht eingehen. Andernfalls müßte sie eventuell Forderungen erwerben, obwohl der Debitor nicht mehr kreditwürdig ist. Die IFB will jeweils nur im Rahmen der augenblicklichen Bonität des Debitors Forderungen gegen ihn erwerben.

## B. Ausgestaltung

### 1. Kreditlimit

#### *a) Einräumung*

Die IFB räumt gem. § 3 b) ihres Vertragsformulars bereits am Anfang der Geschäftsverbindung zur Firma für jeden Debitor der Firma ein Kreditlimit ein, für neue Debitoren im Laufe der Zusammenarbeit. Die Einräumung eines Kreditlimits ist nicht vorgesehen, wenn der IFB eine Forderung angeboten wird, ein Limit aber nicht besteht oder durch die Forderung überschritten wird.

#### *b) Grundlage*

Grundlage für die Bemessung des Kreditlimits ist gem. § 3 e) des Vertragsformulars die Kreditwürdigkeit des Debitors, die die IFB nach bankübliche Gesichtspunkten beurteilt.

### 2. Limitänderung

#### *a) Künftige Forderungen*

Für künftige Forderungen behält sich die IFB gem. § 3 c) ihres Vertragsformulars eine Kürzung oder Streichung des Limits vor, wenn besondere Umstände, insbesondere schleppende Zahlungsweise, Scheck- oder Wechselproteste die Bonität des Debitors zweifelhafter erscheinen lassen.

#### *b) Bestehende Forderungen*

Für bestehende Forderungen hat die IFB gem. § 3 d) S. 1 ihres Vertragsformulars dies Änderungsrecht nur, solange die Leistung noch nicht erbracht und die Forderung ihr zum Erwerb angeboten ist. Die IFB könnte demnach auch bei erbrachter Leistung noch ein Änderungsrecht haben, wenn die Forderung noch nicht angeboten ist, weil die Rechnungskopie der IFB noch nicht gem. § 130 BGB zugegangen ist. Ein solcher Umkehrschluß würde den Interessen der Parteien nicht gerecht. Die Firma soll auf das Kreditlimit vertrauen dürfen. Dieses Vertrauen ist bis zu einer Änderungsmitteilung schutzwürdig. Bei Leistungen vor einer Änderungsmitteilung muß die Firma die IFB an ihrem Kreditlimit festhalten können. Auf das Erwerbsangebot kann es nicht ankommen. Nach erbrachter Leistung kann die IFB für diese Forderung das Limit nicht mehr kürzen.

### 3. Aufstockung des Kreditlimits

#### *a) Ausdrückliche Aufstockung*

Ob die IFB bei Verbesserung der Kreditwürdigkeit eines Debitors dies Limit einseitig aufstocken darf, ist im Vertragsformular nicht eindeutig geregelt. Aus § 3 c), d) Vertragsformular der IFB ist zu entnehmen, daß das Limit während der ganzen Vertragsdauer von der Bonität des Debitors abhängig sein soll. Weiterhin kann eine Limiterhöhung nur im Interesse der Anschlußfirma liegen. § 3 Vertragsformular der IFB ist gem. §§ 133, 157 BGB dahin auszulegen, daß die IFB das Limit einseitig aufstocken darf.

#### *b) Konkludente Aufstockung*

Eine Aufstockung des Kreditlimits könnte konkludent im Erwerb einer Forderung liegen, wenn hierdurch das Kreditlimit überschritten wurde. Erwerbspflicht und Limit richten sich beide nach der Kreditwürdigkeit des Debitors, die mit dem Erwerb bejaht wurde. Beim Erwerb einer Forderung über das Limit hinaus hält die IFB den Debitor momentan und für diese spezielle Forderung für kreditwürdig.

Die IFB erklärt jedoch nicht, den Debitor auch generell und für einen längeren Zeitraum in dieser Höhe für kreditwürdig zu halten. Im einmaligen Überschreiten des Kreditlimits liegt keine Heraufsetzung des Kreditlimits.

## C. Rechtliche Würdigung

### I. Kreditwürdigkeitsprüfung

#### 1. Anspruch auf Kreditwürdigkeitsprüfung

*a) Künftige Forderungen*

Für künftige Forderungen muß die IFB für jeden Debitor ein Kreditlimit einräumen. Diese Verpflichtung kann die IFB nur erfüllen, wenn sie vorher die Kreditwürdigkeit des Debitors geprüft hat, weil diese Grundlage des Kreditlimits sein soll. Die Firma hat für künftige Forderungen einen Anspruch auf Kreditwürdigkeitsprüfung des Debitors durch die IFB.

*b) Bestehende Forderungen*

Bei bestehenden Forderungen ist die IFB nicht verpflichtet, die Kreditwürdigkeit der Debitoren generell zu prüfen, weil sie auch kein Limit einräumen muß. Sie muß die Bonität des Debitors jedoch prüfen, wenn sie den Forderungserwerb ablehnen will. Umgekehrt kann sie auf die Prüfung verzichten, wenn sie die Forderung erwerben will.

#### 2. Umfang der Prüfung

*a) Künftige Forderungen*

aa) Banküibliche Gesichtspunkte

Mit der Pflicht zur Beurteilung der Kreditwürdigkeit des Debitors nach bankübIichen Gesichtspunkten hat die IFB eine sehr weitgehende Prüfungspflicht übernommen. Sie hat die rechtlichen Verhältnisse, die persönliche Vertrauenswürdigkeit, Zuverlässigkeit, geschäftliche und berufliche Qualifizierung, die wirtschaftliche Lage, Vermögens- und Finanzverhältnisse sowie die Erfolgs- und Liquiditätslage des Debitors zu prüfen. Ein gewisser Entscheidungs- und Beurteilungsspielraum ist ihr hierbei zuzubilligen.

bb) Einheitlicher Maßstab

Die IFB könnte sich bei Forderungen, für die sie das Delkredere-Risiko nicht trägt, mit einer vereinfachten Kreditwürdigkeitsprüfung zufrieden geben, weil sie bei Zahlungsunfähigkeit des Debitors auf die Firma zurückgreifen kann. Ob die IFB den Umfang ihrer Prüfung hiervon abhängig machen darf, ist nicht ausdrücklich bestimmt. Grundsätzlich haben sich die Parteien darauf geeinigt, daß allein die banküblichen Gesichtspunkte als Maßstab angelegt werden dürfen. Die Firma ist gerade bei eigener Delkredere-Haftung nicht mit einer vereinfachten Kreditwürdigkeitsprüfung zufrieden. Gerade dann will sie nur an kreditwürdige Debitoren leisten. Die Beurteilung durch die IFB nutzt der Firma nur, wenn sie darauf vertrauen kann. Zudem kann die IFB der Firma kein höheres Risiko zumuten, als sie selbst zu tragen bereit wäre. Die Beurteilung der Kreditwürdigkeit muß nach einheitlichem Maßstab und unabhängig davon erfolgen, wer das Delkredere-Risiko trägt.

#### cc) Wirkung

Die IFB muß für künftige Forderungen die Kreditwürdigkeit der Debitoren sorgfältig und gründlich prüfen. Insbesondere hat sie bei der Prüfung alles zu vermeiden, wodurch der Firma später ein Schaden entstehen könnte. Bei Verschulden müßte sie der Firma den Schaden ersetzen.

### *b) Bestehende Forderung*

#### aa) Bankübliche Gesichtspunkte

Bei bestehenden Forderungen ist die IFB nicht zur Prüfung der Kreditwürdigkeit verpflichtet. Sofern sie eine solche Forderung erwirbt, muß sie nicht die banküblichen Gesichtspunkte bei der Prüfung anlegen, weil sie sogar auf die Prüfung überhaupt verzichten kann. Ob und welche Maßstäbe die IFB hierbei an ihre Kreditwürdigkeitsprüfung anlegt, bleibt ihr allein überlassen.

#### bb) Unterschiedliche Maßstäbe

Die IFB wird bei Forderungen, für die sie selbst das Delkredere-Risiko trägt, schon im eigenen Interesse die Kreditwürdigkeit des Debitors mit der gleichen Gründlichkeit wie auch sonst prüfen. Bei Forderungen, für die die Firma die Delkredere-Haftung übernommen hat, könnte die IFB sich mit einer vereinfachten Prüfung zufrieden geben. Der Prüfungsmaßstab ist der IFB freigestellt. Auf ein Vertrauen der Firma in ihre Kreditwürdigkeitsprüfung muß sie ebenfalls keine Rücksicht mehr nehmen, weil die Firma bereits selbst für sich die Bonität des Debitors bejaht hat. Die IFB darf ihren Prüfungsmaßstab danach richten, ob sie gegen die Firma Garantieansprüche geltend machen kann.

#### cc) Wirkung

Mangels einer Pflicht der IFB zur Kreditwürdigkeitsprüfung kann die Firma auch bei einer schuldhaften Falschbeurteilung der Bonität des Debitors keine Ansprüche gegen die IFB geltend machen. Bei bestehenden Forderungen hat die Firma mit der eigenen Kreditunwürdigkeitsprüfung selbst das Risiko der Falschbeurteilung übernommen. Eine Beurteilung durch die IFB ist für einen eventuellen Schaden der Firma nicht ursächlich.

## 3. Rechtsnatur

### *a) Künftige Forderungen*

#### aa) Auftrag gem. § 662 BGB

Der Pflicht der IFB zur Kreditwürdigkeitsprüfung der Debitoren könnte ein selbständiges Auftragsverhältnis gem. § 662 BGB zugrunde liegen, weil die IFB bei künftigen Forderungen noch kein eigenes Interesse an einer entsprechenden Prüfung hat. Die Kreditwürdigkeitsprüfung wird erst später mit Angebot der Forderung durch die Firma zu einer notwendigen Voraussetzung für den Forderungskauf. Die IFB muß dann auch ihre Erwerbsverpflichtung aus dem Vorvertrag gem. § 315 BGB bestimmen. Der Prüfung fehlt jede Selbständigkeit im Verhältnis zwischen der Firma und der IFB. Dem frühzeitigen Zeitpunkt der Prüfung allein kommt keine selbständige Bedeutung zu. Ein Auftrag gem. § 662 BGB ist nicht anzunehmen.

#### bb) Nebenpflicht

Die Kreditwürdigkeitsprüfung gehört zu den notwendigen Tätigkeiten der IFB als potentielle Käuferin der Forderung. Insoweit ist sie lediglich eine Voraussetzung für die Bestimmung des Leistungsumfangs der IFB aus dem Vorvertrag. Daß die IFB sie darüberhinaus schon so frühzeitig durchführen muß, ist als Nebenpflicht aus dem Vorvertrag zu qualifizieren.

### *b) Bestehende Forderungen*

#### aa) Auftrag gem. § 662 BGB

Die Prüfung der Kreditwürdigkeit des Debitors durch die IFB bei bestehenden Forderungen kann nicht als Auftrag gem. § 662 BGB gewertet werden. Die Firma, die vorher schon die Kreditwürdigkeit des Debitors bejaht hat, hat kein Interesse mehr an einer nochmaligen Bonitätsprüfung durch die IFB.

#### bb) Nebenpflicht

Die Kreditwürdigkeitsprüfung könnte als Nebenpflicht aus dem Kaufvertrag folgen, weil die IFB bei Ablehnung des Erwerbsangebots die Kreditwürdigkeit des Debitors geprüft und verneint haben muß. Eine Nebenpflicht ist nur anzunehmen, wenn die IFB grundsätzlich zur Prüfung verpflichtet ist. Eine solche Verpflichtung hat die IFB nicht übernommen. Sie kann sogar ganz auf die Prüfung verzichten. Die Prüfung liegt allein im eigenen Interesse der IFB. Eine Nebenpflicht scheidet aus.

#### cc) Voraussetzung für die Bestimmung des Leistungsumfangs gem. § 315 BGB

Die Kreditwürdigkeitsprüfung könnte aus den Verpflichtungen der IFB folgen, die sie mit dem Vorvertrag auf sich genommen hat. Mit der Entscheidung über die mangelnde Bonität des Debitors grenzt die IFB den Umfang ihrer Erwerbsverpflichtung aus dem Vorvertrag ein. Voraussetzung für diese Bestimmung des Leistungsumfangs gem. § 315 BGB ist die Kreditwürdigkeitsprüfung. Die Kreditwürdigkeitsprüfung der IFB ist lediglich eine Voraussetzung für die Bestimmung ihres Leistungsumfangs aus dem Vorvertrag.

## II. Kreditlimit

### 1. Bindung an Kreditlimit

Bei der Beurteilung der Kreditwürdigkeit der Debitoren ist die IFB frei. Sie kann jederzeit aufgrund einer neuen Prüfung oder neuer Erkenntnisse zu einem anderen Ergebnis kommen. Soweit sie entsprechend der Kreditwürdigkeit des Debitors für ihn ein Kreditlimit eingeräumt hat, bestimmt sie damit verbindlich ihren Leistungsumfang aus dem Vorvertrag gem. § 315 BGB. Mit der Bindung an ihre Bestimmung ist sie zugleich auch an die im Kreditlimit enthaltene Beurteilung der Bonität des Debitors gebunden. Im Rahmen eines Kreditlimits kann die Firma grundsätzlich auf die Bonität des Debitors vertrauen.

### 2. Limitkürzung

#### *a) Umfang*

Das Recht der IFB zur Limitkürzung könnte in demselben Umfang bestehen wie ein Widerrufsrecht bei einem Darlehensversprechen gem. § 610 BGB. Für einen Widerruf nach § 610 BGB ist eine wesentliche Verschlechterung der Vermögensverhältnisse des Darlehensnehmers erforderlich. Die IFB beschränkt jedoch ihr Kürzungsrecht nicht nur auf wesentliche Vermögensverhältnisse des Debitors. Schon eine bloße schleppende Zahlungsweise berechtigt die IFB zur Kürzung. Weiterhin kann die IFB ihr Änderungsrecht auch ausüben, wenn aus anderen Gründen, die nicht in der Vermögenslage des Debitors liegen müssen, die Kreditwürdigkeit des Debitors beeinträchtigt ist. Die IFB hat sich ein über den Umfang des § 610 BGB hinausgehendes Kürzungsrecht vorbehalten. Sie kann bei jeder Verschlechterung der Bonität des Debitors das Limit kürzen oder streichen.

*b) Wirksamkeit im Formularvertrag*

aa) Künftige Forderungen

Bei der Limitkürzung für künftige Forderungen kann kein schutzwürdiges Interesse der Firma berührt sein. Auf die zukünftige Kreditwürdigkeit ihrer Debitoren kann die Firma nicht ohne weiteres vertrauen.

bb) Bestehende Forderungen vor Leistung an den Debitor

Bei bestehenden Forderungen hingegen könnte die Firma schon vor einer Leistung an den Debitor ein schützenswertes Interesse am Fortbestand des Kreditlimits haben. Sie kann den Vertrag gerade im Vertrauen auf ein bestehendes oder speziell für diese Forderung eingeräumtes Limit geschlossen haben. Das Risiko einer plötzlichen Kreditunwürdigkeit des Debitors hat die Firma immer zu tragen. Auch ohne Factoring-Geschäft muß sie vor jeder Leistung noch einmal prüfen, ob der Debitor noch kreditwürdig erscheint. Sie hat auch beim Factoring-Geschäft kein schutzwürdiges Interesse, den Factor an einer überholten Kreditwürdigkeitsbeurteilung festzuhalten. Das Kürzungsrecht ist wirksam vereinbart.

3. Rechtsnatur des Änderungsrechts

*a) Aufhebungsvertrag*

Mit der Möglichkeit, das Kreditlimit ganz oder teilweise ändern zu können, könnten die Parteien einen Aufhebungsvertrag für die Bestimmung der Leistungspflicht vereinbart haben. Dann müßte schon im Vorvertrag eine Willenserklärung der Firma zur Aufhebung der künftigen Bestimmung liegen. Das erscheint gekünstelt, weil die Aufhebung eher ein einseitiger Akt der IFB ist.

*b) Auflösende Bedingung gem. § 158 Abs. 2 BGB*

Das Kreditlimit könnte unter der auflösenden Bedingungen gem. § 158 Abs. 2 BGB stehen, daß der IFB keine die Kreditwürdigkeit des

Debitors beeinträchtigende Umstände bekannt werden. Mit Bedingungseintritt würde das Limit wirkungslos. Die Bestimmung i. S. d. § 315 BGB ist ein Rechtsgestaltungsgeschäft[1] und deshalb grundsätzlich bedingungsfeindlich[2]. Da durch Beifügen einer Bedingung die Bestimmung ihres Leistungsumfangs gem. § 315 BGB nichtig wäre, ist keine Bedingung gewollt.

#### *c) Rücktritt, Kündigung*

Die Änderung des Kreditlimits könnte als vertraglich vorbehaltenes Rücktritts- oder Kündigungsrecht für die Bestimmung der Leistungspflicht zu werten sein. Rücktritt und Kündigung bewirken ein Abwicklungsverhältnis. Die IFB will sich dagegen lediglich von einer bindenden Erklärung lösen. Ein Rücktritts- oder Kündigungsrecht ist nicht gewollt.

#### *d) Widerruf*

Die Limitänderung könnte auch lediglich als vertraglich vorbehaltenes Widerrufsrecht der IFB für die Einräumung eines Kreditlimits qualifiziert werden, durch den das Limit wirkungslos wird. Das Kreditlimit ist mit Zugang gem. § 130 BGB bereits wirksam geworden. Eine wirksame Erklärung verliert durch einen Widerruf ihre Wirkung für die Zukunft[3]. Das Kreditlimit könnte mit Widerruf für die Zukunft unwirksam werden. Die IFB will künftig nicht mehr an ein eingeräumtes Limit gebunden sein. Mit der Änderungsmitteilung soll es für die Zukunft unwirksam werden. Die IFB will die Rechtsfolgen eines Widerrufs herbeiführen. Die Limitänderung ist als vertraglich vorbehaltenes Widerrufsrecht anzusehen.

## III. Zusammenfassung

Die IFB prüft die Kreditwürdigkeit der Debitoren vor allem im eigenen Interesse, um nur Forderungen gegen kreditwürdige Debitoren zu kaufen und um ihren Leistungsumfang aus dem Vorvertrag gem. § 315 BGB bestimmen zu können. Die Vorverlegung des Prüfungszeitpunktes folgt nur als Nebenpflicht aus dem Vorvertrag.

Die Bindung der IFB an ihre Kreditwürdigkeitsbeurteilung, das Kreditlimit, folgt aus § 315 BGB, ist jedoch durch ein vorbehaltenes Widerrufsrecht der IFB weitgehend wieder beseitigt.

---

[1] Palandt / Heinrichs § 315 Anm. 3; Staudinger / Kaduk § 315 Anm. 8; Larenz SchR I § 6 II S. 64.

[2] Palandt / Heinrichs vor § 104 Anm. 3 d; vor § 158 Anm. 6.

[3] RGRK-BGB (Wilde) § 346 Anm. 2 c).

# § 15 Buchführungspflicht

## A. Interessenlage

Um den Überblick über ihre Debitoren zu behalten, benötigt die IFB eine umfangreiche und genaue Debitorenbuchhaltung. Nur so kann sie die Zahlungsweise eines bestimmten Debitors überwachen und beurteilen. Grundsätzlich will die IFB die gesamte Debitorenbuchhaltung übernehmen. Gleichzeitig will sie die Anschlußfirma von dieser Arbeit entlasten. Die Anschlußfirma erspart sich hierdurch die Kosten einer eigenen Buchhaltung. Die Debitorenbuchhaltung der IFB ersetzt ihr auch das Führen eines Kontos für ihre Eventualverbindlichkeiten aus ihrer Garantiehaftung.

## B. Ausgestaltung

Die IFB verpflichtet sich gem. § 15 ihres Vertragsformulars, die gesamte Debitorenbuchhaltung der Firma selbständig und den handels- und steuerrechtlichen Vorschriften entsprechend zu führen. Die Firma erhält von der IFB alle Unterlagen, aus denen ihre Geschäftsbeziehungen mit den Debitoren und mit der IFB ersichtlich sind. In § 16 a) des Vertragsformulars werden die von der IFB anzufertigenden und im Duplikat abzuliefernden Buchhaltungsunterlagen genau aufgeführt. Die Zeitabstände hierfür sind einer besonderen Vereinbarung vorbehalten, die sich nach den jeweiligen Bedürfnissen der Firma ausrichten muß.

Gleichzeitig übernimmt die IFB gem. § 20 des Vertragsformulars die Kontoführung für alle Geschäftsvorfälle zwischen ihr und der Firma.

Demgegenüber verpflichtet sich die Firma gem. § 18 a) des Vertragsformulars, als Entgelt für den Verwaltungsaufwand bei der Bearbeitung der Forderungen, also vor allem für die Buchhaltungsarbeiten, die Factoring-Gebühr, einen gesondert zu bestimmenden Prozentsatz der jeweiligen Rechnungsbeträge zu zahlen. Weiterhin ist sie gem. § 15 des Vertragsformulars gehalten, die für die einzelnen Buchungen notwendigen Belege rechtzeitig der IFB zu liefern.

## C. Rechtliche Würdigung

### I. Buchführungspflicht

#### 1. Rechtsnatur

*a) Forderungen der IFB*

aa) Geschäftsbesorgungsvertrag gem. § 675 BGB

Die Führung der Debitorenbuchhaltung für die angekauften Forderungen durch die IFB könnte als Geschäftsbesorgung i. S. d. § 675 BGB zu werten sein. Geschäftsbesorgung ist eine selbständige Tätigkeit wirtschaftlicher Art, die ursprünglich der Geschäftsherr selbst zu besorgen hatte und die für ihn und in seinem Interesse vorgenommen wird[1]. Die eigenverantwortliche Führung der Buchhaltung ist eine selbständige Tätigkeit wirtschaftlicher Art. Fraglich ist, ob die Buchhaltung der Firma obliegt und in ihrem Interesse geführt wird. Grundsätzlich haben die Anschlußfirmen, die meist Kaufleute gem. §§ 1 - 4 oder 6 HGB sind, gem. §§ 38 ff. HGB Buchführungspflichten über die Lage ihres Vermögens. Die Forderungen gegen die Debitoren betrafen die Vermögenslage der Firma und mußten aus ihren Büchern ersichtlich sein. Ursprünglich war jede Firma buchführungspflichtig. Die Forderungen scheiden aber mit ihrer Übertragung auf die IFB aus dem Vermögen der Firma aus. Sie müssen nicht mehr aus den Büchern der Firma ersichtlich sein. Ohne entsprechende Verpflichtung hat die Firma auch kein eigenes Interesse an der Buchhaltung. Einen großen Nutzen wird sie nicht aus der umfangreichen Debitorenbuchhaltung haben[2], weil die Kreditwürdigkeit der Debitoren ohnehin von der IFB und meist auch sachkundiger beurteilt wird.

Lediglich an der Liste der offenen Posten könnte die Firma ein eigenes Interesse haben. Für die offenen Posten besteht ihre Garantiehaftung, die sie gem. § 14 f. S. 2 Vertragsformular der IFB als Eventualverbindlichkeit in ihren Büchern führen muß. Hierfür ist keine Debitorenbuchhaltung notwendig[3]. Vielmehr würde die jeweilige Addition der noch offenen verkauften Forderungen vollauf genügen. Die Buchhaltung ist keine Tätigkeit, die von der Firma zu besorgen ist. Auch wird

---

[1] BGHZ 45, 223, 229; Palandt / Thomas § 675 Anm. 2 a; Soergel / Mühl § 675 Anm. 1; Larenz SchR II § 56 V S. 265; Erman / Hauß § 675 Anm. 1; a. A. Staudinger / Nipperdey § 675 Anm. 16 f.; Esser SchR II § 82 I 2 b, c S. 183: Geschäftsbesorgung nur, wenn die spezifische Treuepflicht des Schuldners im Hinblick auf die Wahrnehmung der Interessen des Geschäftsherrn die Hauptpflicht kennzeichnet.

[2] a. A. Bette S. 46.

[3] Bette S. 70.

sie nicht in ihrem Interesse geführt. Eine Geschäftsbesorgung für die Firma gem. § 675 BGB scheidet deshalb aus[4].

bb) Buchführungspflicht

Die Buchführungspflicht der IFB könnte aus ihrer Stellung als Forderungsinhaberin gem. § 38 Abs. 1 HGB folgen. Die IFB ist als Aktiengesellschaft gem. § 6 HGB Kaufmann und ebenfalls buchführungspflichtig. Mit Forderungserwerb hat sich ihre Vermögenslage geändert. Für die eigenen Forderungen trägt sie aus § 38 Abs. 1 HGB eine eigene Buchhaltungspflicht[5]. Mit der Liste der offenen Posten ersetzt die IFB gleichzeitig ihre Verpflichtung, der Firma bei Zahlung eines Debitors jeweils das Erlöschen einer Eventualverbindlichkeit anzuzeigen. Die gesamte Buchhaltung für eigene Forderungen führt die IFB ausschließlich im eigenen Interesse als Rechtsfolge ihrer Inhaberstellung[6].

cc) Entgelt

Da die Buchführung keine Geschäftsbesorgung für die Firma ist, kann die Factoring-Gebühr gem. § 18 a) Vertragsformular der IFB auch nicht, wie es die Vereinbarung vermuten ließe, als Gegenleistung hierfür zu werten sein. Weiterhin verwaltet die IFB ihre Forderungen allein im eigenen Interesse. Sie kann überhaupt kein Entgelt hierfür verlangen.

dd) Lieferung der Belege

Die Pflicht der Firma, ihre Belege für die verkauften und abgetretenen Forderungen der IFB rechtzeitig zur Verfügung zu stellen, folgt damit schon aus ihren Pflichten als Verkäufer gem. § 444 BGB und als Zedent gem. § 402 BGB.

*b) Forderungen der Firma*

aa) Geschäftsbesorgungsvertrag gem. § 675 BGB

Die IFB führt auch die Buchhaltung für solche Forderungen, die sie nicht angekauft hat. Hierfür unterliegt sie keiner Buchhaltungspflicht. Die Einziehung dieser Forderung gem. § 19 c) Vertragsformular der IFB begründet keine Buchführungspflicht. Der Buchhaltung als selbständiger Tätigkeit wirtschaftlicher Art könnte deshalb insoweit ein Geschäftsbesorgungsvertrag gem. § 675 BGB zugrunde liegen. Dann müßte der Firma noch die Buchhaltung obliegen. Bei nicht angekauften

---

[4] Fischoeder S. 37 N. 6; a. A. Glomb S. 79; Rödl BB 1967, 1301; Heidland KTS 1970, 165, 169; Serick BB 1976, 431 f.

[5] Bette S. 70; Fischoeder S. 37 N. 6.

[6] Bette S. 70 im Widerspruch zu S. 46, wo er ein zwingendes Interesse der Firma an der Debitorenbuchhaltung annimmt.

Forderungen ist die Firma Forderungsinhaberin geblieben. Sie unterliegt weiterhin der Pflicht zur Buchhaltung gem. § 38 Abs. 1 HGB. Die IFB führt die Buchhaltung anstelle der Firma und in deren Interesse. Hierfür haben die Parteien als Entgelt die Factoring-Gebühr vereinbart. Es liegt insoweit ein Geschäftsbesorgungsvertrag gem. § 675 BGB vor.

bb) Lieferung der Belege

Die Pflicht der Firma, rechtzeitig die Belege für die einzelnen Forderungen zu liefern, ermöglicht der IFB erst, ihrer Pflicht aus dem Geschäftsbesorgungsvertrag nachzukommen. Sie ist als mitwirkende Gläubigerhandlung i. S. d. § 295 BGB zu werten.

### 2. Zusammenfassung

Für die erworbenen Forderungen führt die IFB die Buchhaltung im eigenen Interesse und zur Erfüllung ihrer Pflicht aus § 38 Abs. 1 HGB. Ein Entgelt für den Verwaltungsaufwand kann sie nicht verlangen. Nur bei Buchführung für die Forderungen der Firma liegt ein Geschäftsbesorgungsvertrag gem. § 675 BGB vor. Als Entgelt hierfür erhält die IFB die Factoring-Gebühr.

## II. Kontoführung für die Geschäftsbeziehung zwischen IFB und Firma

### 1. Rechtsgrundlage

*a) Geschäftsbesorgungsvertrag gem. § 675 BGB*

Der Kontoführung für die Geschäftsbeziehungen zwischen IFB und Firma könnte ein Geschäftsbesorgungsvertrag gem. § 675 BGB zugrunde liegen. Daß die IFB für ihre Geschäftsvorfälle mit der Firma selbst buchführungspflichtig ist und deshalb zweckmäßigerweise entsprechende Konten führt, spricht nicht gegen eine Geschäftsbesorgung. Ihre Buchführungspflicht verpflichtet sie nicht, sie auch der Firma nutzbar zu machen und ihr sogar Kontoauszüge zur Verfügung zu stellen. Mit Offenlegung der Konten führt sie diese auch im Interesse der Firma, die ihrerseits ebenfalls zu einer entsprechenden Buchführung für die Geschäftsvorfälle mit der IFB verpflichtet ist. Fraglich ist, ob die Kontoführung eine selbständige Tätigkeit wirtschaftlicher Art darstellt. Der bloßen Kontoführung kommt keine besondere selbständige Bedeutung zu, sie ist vielmehr eher als eine mechanische Verrichtung zu werten. Ein Geschäftsbesorgungsvertrag gem. § 675 BGB scheidet aus.

*b) Auftrag gem. § 662 BGB*

Der Kontoführung könnte ein Auftragsverhältnis gem. § 662 BGB zugrunde liegen. Bedenken gegen ein selbständiges Auftragsverhältnis bestehen, weil die bloße Kontoführung nur ein Anhängsel bei der Buchführung für die Debitorenkonten darstellt. Für ein selbständiges Auftragsverhältnis ist die Bedeutung der Kontoführung allein zu gering.

*c) Nebenpflicht*

Wegen ihrer geringen selbständigen Bedeutung ist die bloße Kontoführung nur als Nebenpflicht zur Führung der Debitorenbuchhaltung zu werten.

2. Zusammenfassung

Die Kontoführung für alle Geschäftsvorfälle übernimmt die IFB auch im Interesse der Firma. Insoweit ist sie als Nebenpflicht der IFB zu werten.

## § 16 Einziehung der Forderung

### A. Interessenlage

1. Forderungen der IFB

*a) Zahlungen an die IFB*

Die IFB stellt der Firma den Vorschuß zur Verfügung, um dafür die Forderungen der Firma zu erhalten. Diese Forderungen kann sie nur durch Einziehung verwerten. Sie muß, um einen etwaigen Verlust bei der Firma zu verhindern und um möglichst schnell die Valuta zu erhalten, dafür Sorge tragen, daß die Debitoren möglichst direkt an sie zahlen.

*b) Zahlungen an die Firma*

Es ist durchaus möglich und auch häufig, daß ein Debitor aus Unachtsamkeit noch an die Firma als seine Vertragspartnerin leistet oder daß ihm bei einzelnen Anschlußfirmen die Abtretung nicht angezeigt wird (verdecktes Factoring). Wenn seine nochmalige Inanspruchnahme aus tatsächlichen oder rechtlichen Gründen — z. B. Berufung auf § 407 BGB — wenig Aussicht bietet, oder die IFB das Verhältnis zwischen ihm und der Anschlußfirma nicht stören will, muß die IFB auch von der Firma die ihr gebührenden Leistungen des Debitors verlangen können. Hierbei muß sie die durch die Zahlung erlangten Rechte der Firma vor allem vor dem Zugriff deren Gläubiger schützen. Zusätzlich will sie möglichst noch auf ihren Anspruch gegen den Debitor zurückgreifen können.

Die Firma selbst hat an der Zahlung des Debitors kein berechtigtes Interesse mehr, weil sie die Forderung schon abgetreten hat und der Gegenwert ihr nicht mehr zusteht.

#### 2. Forderungen der Firma

##### *a) Zahlungen an die IFB*

Auch bei nicht erworbenen Forderungen besteht die IFB auf direkte Zahlung an sie. Zwar hat sie keinen Anspruch auf den Gegenwert. Es besteht aber die Gefahr, daß die Firma bei der Vielzahl von Zahlungseingängen einzelne Zahlungen nicht an die IFB weiterleitet, weil sie sich selbst irrtümlich als Forderungsinhaberin betrachtet. Die jeweilige Zuordnung einer Forderung kann mit Sicherheit nur anhand der von der IFB geführten Buchhaltung erfolgen.

##### *b) Zahlungen an die Firma*

Solange die Firma irrtümlich eine der IFB zustehende Zahlung nicht weiterleitet, ist die Zahlung dem Zugriff ihrer Gläubiger ausgesetzt. Die IFB kann sich gegen die Gläubiger der Firma nur schützen, wenn ausnahmslos alle Zahlungen, also auch die Zahlungen auf Forderungen der Firma an die IFB, weitergeleitet werden. Für die Firma selbst wäre es günstiger, sofort über die Zahlungen verfügen zu können.

### B. Ausgestaltung des Forderungseinzugs

#### 1. Einzug der Forderungen durch die IFB

Die IFB übernimmt gem. § 19 a) ihres Vertragsformulars grundsätzlich den Einzug aller Forderungen. Sie überwacht die Fälligkeiten selbst und geht gerichtlich gegen die Debitoren vor. Hierbei hat sie die Firma über alle ihre Maßnahmen zu unterrichten. Weiterhin soll sie gem. § 19 b) ihres Vertragsformulars die nicht von ihr erworbenen Forderungen im eigenen Namen einziehen können, soweit die Firma selbst hierzu berechtigt ist. Dementsprechend muß die Firma gem. § 14 a) des Vertragsformulars alle Debitoren auf ihre Zusammenarbeit mit der IFB hinweisen und zu direkten Zahlungen an diese veranlassen. Hierbei wird nicht unterschieden, ob die Forderungen an die IFB abgetreten waren oder nicht. Es sollen ausnahmslos alle Zahlungen an die IFB erfolgen.

### 2. Zahlungen an die Firma

Erhält die Firma trotzdem Zahlungen von Debitoren, muß sie sie gem. § 14 a) S. 2 Vertragsformular der IFB als „Treuhänder" annehmen, hat sie aber sofort mit allen Originalbelegen an die IFB weiterzuleiten. Diese Verpflichtung besteht unabhängig davon, wer Inhaber der Forderung war, auf die gezahlt wurde. Bei Forderungen der Firma werden jedoch gem. § 14 e) Vertragsformular der IFB die Beträge sofort ihrem Abrechnungskonto gutgeschrieben.

### 3. Besonderheiten bei Zahlungen auf Bankkonto

Auch Zahlungen auf ihre Bankkonten hat die Firma gem. § 14 b) Vertragsformular der IFB unverzüglich weiterzuleiten. Außerdem tritt sie schon mit Abschluß des Factoring-Vertrages ihre Ansprüche hierauf gegen diese Bank der IFB ab. Weiterhin bevollmächtigt sie die IFB für den Fall der nicht ordnungsgemäßen Weiterleitung, der Bank den Auftrag zur Überweisung der eingegangenen Debitorenzahlung zu erteilen.

### 4. Besonderheiten bei Zahlungen mit Hilfe von Wertpapieren

Besondere Vereinbarungen sollen gem. § 14 c), d) Vertragsformular der IFB weiterhin gelten, wenn ein Debitor mit Wechsel, Scheck oder Postbarscheck zahlt. Danach soll die IFB das Eigentum an den Papieren erhalten, sobald die Firma es erwirbt. Zugleich werden auch alle Rechte aus den Papieren der IFB abgetreten. Weiterhin will die Firma die Papiere für die IFB verwahren oder ihr ihren Herausgabeanspruch gegen einen dritten unmittelbaren Besitzer abtreten. Zusätzlich muß sie die Urkunden der IFB unverzüglich und erforderlichenfalls mit Indossament abliefern.

## C. Rechtliche Würdigung

### I. Einzug der Forderungen durch die IFB

#### 1. Forderungen der IFB

*a) Berechtigung*

Aufgrund der Abtretung gem. § 6 Vertragsformular der IFB geht jede Forderung mit Bedingungseintritt auf die IFB über. Die IFB ist deshalb als Forderungsinhaberin berechtigt, die Forderungen einzuziehen. Sie nimmt damit ihre eigene Angelegenheit wahr. Zur Einziehung gehören die Überwachung der Fälligkeit, Mahnungen und gerichtliche Beitreibung. § 19 a) des Vertragsformulars enthält insoweit nur eine Klarstellung. Bei Leistungen des Debitors an die IFB erlischt die Forderung gem. § 362 Abs. 1 BGB.

#### *b) Unterrichtungspflicht*

Weder aus dem Kaufvertrag noch aus der Abtretung folgt die Pflicht, den Verkäufer oder Zedent über die Maßnahmen zum Forderungseinzug zu unterrichten. Die Unterrichtungspflicht der IFB der Firma gegenüber stellt sich damit als Nebenpflicht dar.

### 2. Forderungen der Firma

#### *a) Berechtigung zum Einzug*

Hat die IFB eine Forderung nicht erworben, ist sie grundsätzlich nicht zur Einziehung befugt. Sie könnte gem. § 19 b) ihres Vertragsformulars wirksam zur Einziehung ermächtigt sein. Dies wäre durch eine Inkassozession möglich. Die von der IFB nicht angekauften Forderungen sollen ihr gerade nicht abgetreten werden. Es ist unwahrscheinlich, daß die Firma sie zum Inkasso doch noch abtreten will. Eine Inkassozession ist nicht anzunehmen.

Es könnte eine Einziehungsermächtigung gewollt sein. Sie ist im BGB zwar nicht vorgesehen, wird aber allgemein für zulässig gehalten[1]. Ihre Zulässigkeit folgt nicht aus § 185 BGB, weil die Entgegennahme der Leistung keine Verfügung über die Forderung ist. Auch folgt aus dieser Vorschrift keine Verpflichtung des Schuldners zur Leistung an den Ermächtigten[2]. Ob eine Überlassung eines Forderungsrechts zur Ausübung möglich ist, erscheint — anders als bei Herrschaftsrechten z. B. gem. §§ 1059, 1282 BGB — bedenklich[3]. Wegen des praktischen Bedürfnisses wird die Einziehungsermächtigung auf Gewohnheitsrecht oder auf richterliche Rechtsfortbildung gegründet[4]. Bei der Einziehungs-

---

[1] RGZ 133, 234, 241; 146, 399, 404; BGHZ 4, 153, 164; Erman / Westermann § 398 Anm. 35; Soergel / Schmidt § 398 Anm. 15; Palandt / Heinrichs § 398 Anm. 7; Larenz SchR I § 34 V e) S. 409 unter Abkehr von der in der Vorauflage vertretenen Meinung; a. A. Esser SchR I § 55 VI 2 S. 413.

[2] Soergel / Schmidt § 398 Anm. 15; Larenz SchR I § 34 V c S. 408; Serick II § 25 II 3 S. 320; a. A. RGZ 133, 234, 241; BGHZ 4, 153, 164; Erman / Westermann § 398 Anm. 36, 37.

[3] Larenz a.a.O.; ablehnend: Serick a.a.O.

[4] Stathopoulos S. 71 ff., 91; Russmann JuS 1972, 170; Palandt / Heinrichs § 398 Anm. 7; Soergel / Schmidt § 398 Anm. 15; Larenz SchR I § 34 V c S. 409; offengelassen Serick II § 25 II 3: zulässig jedenfalls als gewillkürte Prozeßstandschaft, die auch zur außergerichtlichen Geltendmachung befugt.

ermächtigung wird der Ermächtigte berechtigt, eine fremde Forderung im eigenen Namen geltend zu machen. Da die IFB die Forderung der Firma im eigenen Namen geltend machen darf, ohne Inhaber zu werden, haben die Parteien eine Einziehungsermächtigung gewollt. Die IFB kann die Forderungen der Firma im eigenen Namen geltend machen.

*b) Wirksamkeitshindernisse*

aa) Berechtigung der Firma

Die Einziehungsbefugnis ist vom Recht des Ermächtigenden abgeleitet. Der Ermächtigte kann keine weiterreichenden Rechte als der Ermächtigende haben[5]. Soweit die Firma Forderungen aufgrund eines verlängerten Eigentumsvorbehalts an den Vorbehaltslieferanten abtreten muß und selbst nicht zur Einziehung ermächtigt ist, kann sie auch ihrerseits die IFB nicht wirksam zur Einziehung ermächtigen.

bb) Kontokorrentforderungen

Kontokorrentpflichtige Forderungen gem. §§ 355 ff. HGB kann die Firma nicht selbständig geltend machen. Durch Auslegung gem. §§ 133, 157 BGB ist eine Ermächtigung der IFB zum Einzug des Saldos anzunehmen. Die Einziehungsermächtigung kann nur insoweit wirksam werden. Ihre Einschränkung in § 19 b) S. 2 Vertragsformular der IFB dient nur der Klarstellung, ohne jedoch alle Fälle der Unwirksamkeit zu erfassen.

cc) Abtretungsverbot

Hat die Firma die Abtretbarkeit der Forderung durch Vereinbarung mit dem Debitor gem. § 399 2. Alt BGB ausgeschlossen, könnte hierdurch eine Einziehungsermächtigung ausgeschlossen sein. Die Einziehungsermächtigung steht im Ergebnis dem Schuldner gegenüber der Abtretung gleich. Sie wird grundsätzlich ebenfalls vom Abtretungsverbot erfaßt[6]. Im Einzelfall kann jedoch der durch Auslegung ermittelte Zweck des Abtretungsverbots eine Einziehungsermächtigung erlauben[7].

*c) Umfang der Ermächtigung*

Mit der Einziehungsermächtigung wird der Ermächtigte zur Klageerhebung berechtigt[8]. Zur gerichtlichen Geltendmachung im Wege der

---

[5] Stathopoulos S. 159 f.

[6] Soergel / Schmidt § 398 Anm. 16; Palandt / Heinrichs § 398 Anm. 7; RGRK-BGB (Löscher) § 398 Anm. 43; a. A. RGZ 141, 410, 414; Erman / Westermann § 399 Anm. 2.

[7] Baur § 58 II 1; Larenz SchR I § 34 V c S. 409.

[8] Palandt / Heinrichs § 398 Anm. 7.

gewillkürten Prozeßstandschaft muß er ein eigenes schutzwürdiges Interesse an der Prozeßführung vorweisen können[9]. Ein solches eigenes Interesse der IFB an der Forderung ist nicht erkennbar. Der Gegenwert wird der Firma vielmehr sofort gutgeschrieben. Weiterhin wäre ohne Schwierigkeit eine Prozeßvollmacht für die IFB möglich. Mangels eigenem rechtlichen Interesse darf sie die Forderungen der Firma nicht im eigenen Namen gerichtlich geltend machen.

#### *d) Erlöschen der Forderung*

Mit Zahlung des Debitors wird die IFB, da sie nicht wie ein Bevollmächtigter im fremden Namen handelt, selbst Inhaber der Leistung des Debitors. Da der Debitor nicht an seinen Gläubiger gezahlt hat, hat er nicht gem. § 362 Abs. 1 BGB erfüllt. Der Debitor war aber gem. § 14 a) S. 1 Vertragsformular der IFB zu ermächtigen, befreiend an die IFB zu zahlen. Die Forderung ist gem. §§ 362 Abs. 1 i. V. m. 185 Abs. 1 BGB erloschen[10].

#### *e) Rechtsnatur*

##### aa) Pflicht zur Einziehung

Die Pflicht zum Einzug der Forderungen könnte als Geschäftsbesorgung i. S. d. § 675 BGB zu werten sein. Da die IFB keine gerichtlichen Schritte unternehmen kann, ist ihre Tätigkeit im wesentlichen auf das Erstellen von Mahnungen beschränkt und von untergeordneter Bedeutung. Die Pflicht zum Forderungseinzug ist nur als Nebenpflicht zur Buchhaltungspflicht zu qualifizieren.

##### bb) Unterrichtungspflicht

Die Unterrichtungspflicht der IFB über ihre Maßnahmen zum Forderungseinzug folgt aus der Auskunftspflicht des Beauftragten gem. §§ 675, 666 BGB.

## II. Zahlungen an die Firma

### 1. Zahlungen auf Forderungen der IFB

#### *a) Rechtsstellung der Firma im Außenverhältnis*

##### aa) Stellvertreter gem. § 164 BGB

Die Firma könnte bei Annahme von Debitorenleistungen auf Forderungen der IFB als Stellvertreter gem. § 164 BGB handeln. Dann müßte

[9] RGZ 91, 396; 166, 238; BGHZ 4, 153, 164; 38, 281, 283; NJW 1965, 1962; 1969, 1110, 1111; Erman / Westermann § 398 Anm. 35; Soergel / Schmidt § 398 Anm. 16; Pohle in Stein / Jonas vor § 50 II Anm. 7; Rosenberg / Schwab § 46 III; Lent / Jauernig § 22 II 5; a. A. Henckel in Festschrift für Larenz S. 643; RGRK-BGB (Löscher) § 398 Anm. 41 nur allgem. Rechtsschutzinteresse nötig.

[10] RGRK-BGB (Löscher) § 362 Anm. 24.

sie im Namen der IFB auftreten. Bei bloßer Entgegennahme von Zahlungen, die ohnehin meist auf ein Konto überwiesen werden, ist meist nicht ersichtlich, daß die Firma in fremdem Namen handeln will. Gem. § 164 Abs. 2 BGB wird die Firma selbst Vertragspartei. Zweifelhaft ist weiterhin eine Bevollmächtigung gem. § 167 Abs. 1 BGB. Die IFB stellt in § 14 a) S. 1 ihres Vertragsformulars eindeutig klar, daß die Debitoren grundsätzlich nur an sie leisten sollen. Eine Bevollmächtigung stünde hierzu im Widerspruch und ist nicht gewollt. Gegen eine Stellvertretung spricht weiterhin die Übereignungspflicht für Wertpapiere und die Abtretung der Forderungen gegen Banken gem. § 14 b) und c) Vertragsformular der IFB. Bei Stellvertretung würde die IFB nämlich direkt berechtigt. Eine Abtretung oder Eigentumsübertragung wäre nicht mehr nötig. Eine direkte Stellvertretung kann aus diesen Gründen nicht angenommen werden.

#### bb) Mittelbarer Stellvertreter

Die Firma könnte bei der Annahme und Weiterleitung der Debitorenzahlungen als mittelbarer Stellvertreter tätig werden. Der mittelbare Stellvertreter handelt zwar im fremden Interesse wie der direkte Stellvertreter, gibt seine Erklärung aber in eigenem Namen ab. Er wird gem. § 164 Abs. 2 BGB bei Verträgen mit Dritten Vertragspartner und allein berechtigt und verpflichtet[11]. Bei Annahme der Zahlungen handelt die Firma in eigenem Namen, sie erwirbt alle Rechte daraus. Die IFB selbst tritt hierbei nicht in Erscheinung. Zwar ist die Firma nicht mehr Inhaberin der Forderung, sie will sie jedoch an die IFB weiterleiten. Die Firma handelt auch im Interesse der IFB, sie wird als mittelbare Stellvertreterin tätig.

### *b) Erlöschen der Forderung*

Mit Annahme der Zahlung durch die Firma erlischt die Forderung der IFB nicht gem. § 362 Abs. 1 BGB. Da eine Stellvertretung nicht vorliegt, ist mit Zahlung an die Firma die Leistung nicht an den Gläubiger bewirkt worden. Die Forderungen könnten gem. § 362 Abs. 2 BGB erlöschen, wenn die Firma zur Annahme als Erfüllung gem. § 185 BGB ermächtigt wurde. Eine solche Ermächtigung ist nicht anzunehmen, weil die Debitoren direkt an die IFB zahlen sollen. Bei Zahlung an die Firma leistet der Debitor daher an einen Nichtberechtigten, die Forderung der IFB kann hierdurch nicht erlöschen. Erst wenn die Firma die Zahlung weiterleitet, wird die geschuldete Leistung an die IFB bewirkt. Erst dann erlischt deren Forderung gem. § 362 Abs. 1 BGB.

---

[11] Soergel / Schultze v. Lasaulx vor § 164 Anm. 44; Palandt / Heinrichs vor § 164 Anm. 1 b; Larenz AT § 30 I b 1 S. 466.

### *c) Rechtsnatur des Innenverhältnisses*

Die Verpflichtung der Firma, bei ihr eingehende Zahlungen anzunehmen und an die IFB weiterzuleiten, wird im Vertragsformular als Treuhandverhältnis bezeichnet. Dieser Begriff ist nicht eindeutig und kann im verschiedensten Sinn gebraucht sein[12]. Es ist auszulegen, welches Rechtsinstitut von den Parteien gewählt wurde.

#### aa) Anspruch aus positiver Vertragsverletzung

Die Verpflichtung des Zedenten zur Weiterleitung von Zahlungen auf die abgetretenen Forderungen könnte aus positiver Vertragsverletzung beim Forderungskauf herzuleiten sein, weil er wirtschaftlich seine Leistung zunichte gemacht hat[13]. Die Haftung für positive Vertragsverletzung ist im BGB nicht geregelt. Sie gilt heute als Gewohnheitsrecht, weil nicht jeder Schaden durch die allein im Gesetz geregelten Leistungsstörungen infolge Unmöglichkeit oder Verzug verursacht wird[14]. Eine Partei, die ihre Pflichten aus einem bestehenden Vertragsverhältnis verletzt hat, ohne nach den gesetzlichen Vorschriften wegen Unmöglichkeit, Verzug oder Gewährleistung haften zu müssen, ist für einen etwaigen Schaden aus dem Rechtsinstitut der positiven Vertragsverletzung ersatzpflichtig.

Diese Haftung setzt grundsätzlich ein Verschulden voraus. Ausnahmsweise wird entsprechend § 281 Abs. 1 BGB ein Verschulden nicht verlangt, wenn der Zedent durch nachträglichen Empfang einer Zahlung auf die abgetretene Forderung wirtschaftlich seine Leistung zunichte macht[15]. Hierbei soll es sogar unerheblich sein, ob der Schuldner sich in Kenntnis von der Abtretung auf § 407 Abs. 1 BGB stützen kann oder nicht[16]. Grundsätzlich hat die Firma als Zedent von Forderungen alles zu unterlassen, was die IFB bei der Einziehung der Forderung beeinträchtigt. Mit der Annahme der Zahlungen hat sie trotzdem keine Nebenpflicht verletzt. Gem. § 14 a) Vertragsformular der IFB ist sie gerade verpflichtet, die Zahlungen anzunehmen. Mangels Pflichtverletzung haftet die Firma nicht aus positiver Vertragsverletzung.

#### bb) Treuhandverhältnis

Der Verpflichtung der Firma zur Annahme und Weiterleitung der Zahlungen könnte auch ein „echtes“ Treuhandverhältnis zwischen ihr

---

[12] Soergel / Schultze v. Lasaulx vor § 164 Anm. 64.

[13] RGZ 111, 298, 303.

[14] Larenz SchR I § 24 I S. 266 ff.; Palandt / Heinrichs § 276 Anm. 7 a.

[15] RGZ 111, 298, 303; Erman / Battes § 281 Anm. 7; Palandt / Heinrichs § 281 Anm. 1 f.; RGRK-BGB (Löscher) § 281 Anm. 13; § 407 Anm. 4.

[16] RGZ 111, 298, 304 f.; RGRK-BGB (Löscher) § 407 Anm. 4; Erman / Battes § 281 Anm. 4; a. A. Palandt / Heinrichs § 281 Anm. 1 f.

und der IFB zugrunde liegen. Die Treuhand ist im BGB nicht geregelt, sie ist aber allgemein anerkannt. Einen typischen Treuhandvertrag gibt es nicht. Die Rechtsbeziehungen zwischen den Parteien regeln sich nach den Umständen des Einzelfalls und dem der Treuhand zugrunde liegenden Auftrag bei Unentgeltlichkeit oder dem Geschäftsbesorgungsvertrag gem. § 675 BGB bei Entgeltlichkeit[17]. Das wesentliche Merkmal eines Treuhandverhältnisses überhaupt liegt darin, daß eine Partei bewußt mehr Rechtsmacht erhält, als sie nach der Treuabrede ausüben darf und nach dem bezweckten Erfolg benötigt[18]. Um die für ein echtes Treuhandverhältnis typischen quasidinglichen Wirkungen zu entfalten, ist zudem erforderlich, daß der Treuhänder das Treugut unmittelbar vom Treugeber erhält (Unmittelbarkeitsprinzip)[19]. Bei fehlender Unmittelbarkeit des treuhänderischen Erwerbs kann nur ein schuldrechtliches Treuhandverhältnis vorliegen, das lediglich im Innenverhältnis wirkt und nicht mit quasidinglichen Wirkungen ausgestattet ist[20].

Um das Verhältnis zwischen der Firma und der IFB als Treuhand qualifizieren zu können, müßte die Firma für die Annahme der Zahlungen und ihre Weiterleitung überhaupt eine besondere Rechtsmacht erhalten. Als Stellvertreter gem. § 164 BGB kann sie nicht auftreten. Weiterhin ist sie nicht ermächtigt, daß die Debitoren an sie gem. § 362 Abs. 2 BGB erfüllen könnten. Auch durch die Pflicht zur Annahme von Debitorenzahlungen erhält die Firma keine besondere Rechtsmacht hierüber. Ohne diese Verpflichtung könnte sie die Debitorenzahlungen ebenfalls erwerben. Der Firma wurde keine besondere Rechtsmacht eingeräumt. Sie muß vielmehr die Zahlungen sofort weiterleiten, ist lediglich Durchgangsstation. Ein Treuhänder kann nicht lediglich die Bedeutung einer Durchgangsstation haben[21]. Ein Treuhandverhältnis ist nicht gegeben.

#### cc) Auftrag gem. § 662 BGB

Der Pflicht zur Annahme und Weiterleitung der Zahlungen könnte schließlich ein bloßer Auftrag gem. § 662 BGB zugrunde liegen. Mit der Annahme und Weiterleitung wird die Firma allein im Interesse der IFB tätig. Die Firma besorgt hierbei ein Geschäft der IFB. Ein Entgelt

---

[17] BGH NJW 1966, 1116.

[18] Soergel / Schulze v. Lasaulx vor § 164 Anm. 65; RGRK-BGB (Kuhn) vor § 164 Anm. 14; Palandt / Heinrichs vor § 104 Anm. 3 f.; Esser SchR I § 4 II 3 S. 18; Larenz AT § 30 I b 2 S. 467; Serick II § 19 I 1 S. 72.

[19] RGZ 84, 214, 217; 91, 12, 16; 127, 341, 344; BGH BB 1959, 573; Soergel / Schultze v. Lasaulx vor § 164 Anm. 70; Soergel / Mühl Einl. § 854 Anm. 47, 49; Serick II § 19 II 2 S. 81; a. A. Unmittelbarkeit nicht nötig: Erman / Westermann vor § 164 Anm. 3; Palandt / Degenhart vor § 929 7 D.

[20] Serick II § 19 II 2 S. 82.

[21] BGH NJW 1971, 559, 560.

für diese Tätigkeit ist nicht vereinbart. Es liegt somit ein Auftrag gem. § 662 BGB vor.

#### d) *Zusammenfassung*

Aus § 14 a) Vertragsformular der IFB ist die Firma gem. § 662 BGB beauftragt, Debitorenzahlungen auf Forderungen der IFB als mittelbare Stellvertreterin anzunehmen.

### 2. Zahlungen auf Forderungen der Firma

#### a) *Erlöschen der Forderungen*

Der Debitor, der auf eine Forderung der Firma zahlt, leistet an seinen Gläubiger. Die Forderung erlischt gem. § 362 Abs. 1 BGB. Der Forderungsinhaber ist trotz der Einziehungsermächtigung für einen Dritten weiterhin zum Einzug berechtigt[22].

#### b) *Pflicht zur Weiterleitung der Zahlungen*

##### aa) Wirksamkeit im Formularvertrag

Daß die Firma auch die ihr zustehenden Leistungen weiterleiten muß, ist eine atypische Regelung. Um auch als formularmäßige Vereinbarung Bestand zu haben, muß die IFB hierfür triftige Gründe aufweisen, die diese Pflicht gerecht und angemessen erscheinen lassen. Für die Debitorenbuchhaltung und die Beurteilung der Kreditwürdigkeit der Debitoren würde die Weiterleitung der entsprechenden Belege ausreichen. Bei Zahlungen des Debitors mit Hilfe von Wertpapieren ist die Weiterleitung aller Zahlungen schon aus dem Bestimmtheitsgrundsatz für die Vorausübertragung notwendig. Bei antizipierter Einigung, antizipiertem Besitzkonstitut und Vorausabtretung des Herausgabeanspruchs und der Forderung nur für die Wertpapiere, die der IFB zustehen, wäre aus der Erklärung selbst nicht genau erkennbar, welches Wertpapier übertragen werden soll. Zum anderen muß die IFB als Einziehungsermächtigte zur Geltendmachung der im Wertpapier verbrieften Forderung die Urkunde zumindest in den Händen haben.

Die Regelung ist auch für alle anderen Zahlungen sachgerecht. Die IFB führt die gesamte Debitorenbuchhaltung und ist am ehesten befähigt, die eingehenden Zahlungen dem jeweiligen Forderungsinhaber gutzuschreiben. Andererseits liefe die IFB angesichts einer Vielzahl von Zahlungseingängen bei der Anschlußfirma immer Gefahr, daß die Firma irrtümlich eine Forderung als ihr zustehend ansähe und die Zahlungen nicht weiterleiten würde. Zudem kauft die IFB meist alle Forderungen an. Es wäre ihr sogar möglich, die Firma schuldrechtlich zu

---

[22] Erman / Westermann § 398 Anm. 34; Larenz SchR I § 34 V c. S. 409.

verpflichten, überhaupt keine Zahlungen anzunehmen. Die weniger belastende Pflicht zur Weiterleitung der Zahlungen ist daher sachlich gerechtfertigt.

bb) Rechtsnatur

Die Firma leitet die Zahlungen unentgeltlich weiter. Sie wird hierbei im Interesse der IFB tätig. Der Pflicht zur Weiterleitung der Zahlungen liegt ein Auftrag gem. § 662 BGB zugrunde.

## III. Besonderheiten bei Zahlungen auf Bankkonten der Firma

### 1. Vorausabtretung der Forderung gegen die Bank

*a) Kontokorrentpflichtige Forderung*

Bedenken gegen die Wirksamkeit der Vorausabtretung ihrer Forderungen gegen die Bank ergeben sich, weil diese Forderungen ausnahmslos (z. B. gem. Ziff. 14, 15 AGB des privaten Bankgewerbes) in einem Verrechnungsverhältnis stehen. Dies ist als Kontokorrentverhältnis gem. § 355 ff. HGB einzuordnen[23]. Die einzelne Forderung der Firma gegen die Bank ist kontokorrentpflichtig und nicht abtretbar. Die Abtretung ist gem. §§ 133, 157 BGB dahin auszulegen, daß zumindest der Saldo bei Ablauf der jeweiligen Rechnungsperiode in Höhe der Debitorenzahlung abgetreten werden soll. Weiterhin könnte zugleich der jeweilige gegenwärtige Saldo entsprechend § 357 HGB an die IFB abgetreten werden. Diese Vorschrift läßt nur ausnahmsweise und nur zugunsten der Pfändungsgläubiger die Pfändung des gegenwärtigen Saldos zu. Eine entsprechende Anwendung für die Abtretung ist nicht zulässig[24].

*b) Bestimmbarkeit*

Als künftige Forderung muß der Saldo schon bei der Abtretung ausreichend bestimmbar sein. Grundsätzlich sind alle künftigen Saldoforderungen aus einem bestimmten Kontokorrentverhältnis ausreichend bestimmbar[25]. Die Höhe des abgetretenen Forderungsteils wird mit Zahlung des Debitors bestimmt. Die Firma will weiterhin alle Forderungen abtreten, die sie durch Zahlungen der Debitoren erhält, also

---

[23] BGHZ 50, 277, 278 ff.; WM 1972, 283, 284; Baumbach / Duden § 357 Anm. 3 c; Schäfer S. 53.

[24] RGRK-HGB (v. Godin) § 357 Anm. 7; Schlegelberger / Hefermehl § 357 Anm. 10.

[25] str. s. o. S. 72.

auch die ihr zustehenden Forderungen. Mit der Zahlung ist zugleich das Kontokorrentverhältnis ausreichend bestimmt, dessen Saldo abgetreten wird. Die künftige Saldoforderung ist ausreichend bestimmbar. Mit Entstehung dieser Forderung wird die Abtretung wirksam; die IFB kann die Auszahlung verlangen.

### 2. Vollmacht für Überweisungsaufträge

#### *a) Wirksamkeit*

Weiter ist zu prüfen, ob die IFB wirksam gem. § 167 Abs. 1 BGB bevollmächtigt werden kann, der Bank einen Überweisungsauftrag zu erteilen. Der einzelne Überweisungsauftrag innerhalb eines bestehenden Girovertrages stellt sich rechtlich lediglich als Weisung i. S. d. § 665 BGB dar[26]. Durch die Bindung an Weisungen soll der Beauftragte verpflichtet werden, dem Willen des Auftraggebers Rechnung zu tragen. Der Beauftragte hat kein schützenswertes Interesse, nur von seinem Auftraggeber Weisungen zu erhalten. Eine Bevollmächtigung der IFB ist möglich. Die Vollmacht wird im Factoring-Vertrag erteilt, der als Vollmachtsurkunde gem. § 172 Abs. 1 BGB anzusehen ist.

#### *b) Unwiderruflichkeit*

Die Widerruflichkeit der Vollmacht kann gem. § 168 S. 2 BGB ausgeschlossen sein. Dies ist in der Regel anzunehmen, wenn die Bevollmächtigung wie hier dem Interesse des Vertreters dient[27]. Die Vereinbarung der Unwiderruflichkeit der Vollmacht dient zur Klarstellung. Die IFB kann die Bank anweisen, Überweisungsaufträge zu ihren Gunsten auszuführen.

#### *c) Treuhandverhältnis*

Zwar ist jeder Überweisungsauftrag der IFB im Außenverhältnis wirksam. Im Innenverhältnis darf die IFB ihre Rechtsstellung jedoch nur ausnutzen, wenn die Firma vertragswidrig Überweisungen nicht weiterleitet. Die IFB hat mehr Rechtsmacht, als sie aus dem Vertrag mit der Firma ausüben darf. Sie hat die Vollmacht nur treuhänderisch erhalten.

## IV. Besonderheiten bei Zahlungen mit Hilfe von Wertpapieren

Zu untersuchen ist weiterhin, ob und wann die IFB durch die Vorausübertragung von Wertpapieren berechtigt wird, die der Debitor an die Firma leistet.

---

[26] BGHZ 10, 319; Soergel / Mühl § 665 Anm. 2; § 675 Anm. 17; Meyer-Cording S. 32; Erman / Hauß § 665 Anm. 1.

[27] Palandt / Heinrichs § 168 Anm. 2.

## 1. Orderwechsel und Orderscheck

### *a) Begriff*

Ein Wechsel ist gem. Art. 11 Abs. 1 WG auch ohne ausdrückliche Bezeichnung ein Orderwechsel. Ein Scheck, der als Nehmer eine bestimmte Person bezeichnet, ist gem. Art. 5 Abs. 1 SchG ebenfalls ein Orderscheck, auch wenn er nicht ausdrücklich an Order lautet.

### *b) Übertragung*

Die Übertragung des verbrieften Wertpapierrechts geschieht bei Orderwechsel und Orderscheck durch Übereignung der Wertpapierurkunde gem. § 929 ff. BGB[28]. Die einfache Übertragung der Urkunde hat nur die Wirkung einer gewöhnlichen Abtretung der Forderung nach § 398 BGB. Solche Wertpapiere werden bloße Rektapapiere, gegen die alle Einwendungen gem. § 404 ff. BGB zulässig sind. Erst mit einem Indossament des Veräußerers, also bei wertpapierrechtlicher Übertragung, gehen die Rechte aus dem Wertpapier mit besonderer Rechtsübergangs-, Ausweis- und Haftungswirkung gem. WG Art. 11 ff., SchG Art. 14 ff. auf den Erwerber über[29].

### *c) Einigung*

Die Parteien sind sich gem. § 14 c) Vertragsformular der IFB schon bei Vertragsschluß einig, daß das Eigentum an den Urkunden auf die IFB übergehen soll, sobald die Firma es erwirbt. Es liegt also eine antizipierte Einigung vor. Sie ist nicht bindend, muß aber noch bei der Übergabe bestehen. Ihr Fortbestehen wird vermutet[30]. Die Einigung muß sich auf bestimmte Gegenstände beziehen. Bei antizipierter Einigung darf zur Konkretisierung des noch nicht individuell bestimmbaren Gegenstandes nur ein einfaches, nach außen erkennbares Geschehen erforderlich sein[31]. Die Firma will alle Wertpapiere, die sie von ihren Debitoren erhält, der IFB übereignen. Sobald sie Eigentum an einem Wertpapier erhält, soll es offensichtlich auf die IFB übertragen werden. Die Einigung ist bestimmt.

### *d) Übergabe und Übergabesurrogate*

Weiterhin muß die Firma die Papiere der IFB übergeben. Mit Übergabe wird die IFB Eigentümer der Urkunde gem. § 929 BGB. Die Übergabe gem. § 929 BGB könnte schon durch ein Übergabesurrogat gem. §§ 930, 931 BGB vorweggenommen sein.

---

28 Baumbach / Hefermehl WG Art. 14 Anm. 2; SchG Art. 14 Anm. 1.

29 Baumbach / Hefermehl a.a.O.

30 str. s. o. S. 109.

31 s. o. S. 110.

### aa) Antizipiertes Besitzkonstitut

In der Vereinbarung eines Verwahrungsvertrages gem. § 14 d) Vertragsformular der IFB könnte ein antizipiertes Besitzkonstitut gem. § 930 BGB liegen. Grundsätzlich kann ein Besitzkonstitut schon im voraus vereinbart werden[32]. Der Veräußerer hat dann den künftigen unmittelbaren Besitz der Sache entsprechend dem vereinbarten Besitzmittlungsverhältnis gem. § 868 BGB auszuüben. Das hierbei nötige konkrete Besitzmittlungsverhältnis[33] ist mit einem Verwahrungsvertrag gegeben. Weil das Besitzmittlungsverhältnis auf den Willen des Berechtigten abstellt, muß der Fremdbesitzerwille noch im Zeitpunkt der Besitzerlangung bestehen. Hierfür spricht allerdings eine Vermutung[34]. Fraglich ist, ob das Besitzmittlungsverhältnis auch nach außen kenntlich gemacht werden muß. Teilweise wird aus dem Publizitätsprinzip eine nach außen erkennbare Ausführungshandlung verlangt[35]. Typisch für die Übergabesurrogate ist aber, daß bei ihnen gerade auf die Publizität verzichtet und nur auf die Parteivereinbarung abgestellt wird. Der Übertragungswille muß nicht äußerlich erkennbar sein[36]. Sobald also die Firma den Besitz an den Urkunden erhält, entsteht das Besitzmittlungsverhältnis, das die tatsächliche Übergabe ersetzt.

### bb) Abtretung des künftigen Herausgabeanspruchs

Für den Fall, daß die Firma keinen unmittelbaren Besitz an den Wertpapieren erhält, könnte die Übergabe durch Abtretung des künftigen Herausgabeanspruchs gem. § 931 BGB ersetzt werden. Eine im voraus erklärte Abtretung des Herausgabeanspruchs ist zulässig. Die von der Firma bereits erklärte Abtretung kann nur wirksam sein, wenn der künftige Herausgabeanspruch schon jetzt so bestimmbar ist, daß er mit seinem Entstehen bestimmt wird. Der Herausgabeanspruch entsteht, sobald ein Debitor der Firma ein Wertpapier überträgt und ihr hierbei nur mittelbaren Besitz einräumt. Die Firma will alle Wertpapiere der IFB übereignen. Es sind alle künftigen Ansprüche auf Herausgabe der von dem Debitor erhaltenen Wertpapiere von der Abtretung erfaßt. Auch der Schuldner des Herausgabeanspruchs, der jeweilige unmittelbare Besitzer wird bestimmt, sobald die Firma mittelbaren Besitz erhält. Die künftigen Herausgabeansprüche sind ausreichend bestimmbar.

---

[32] Soergel / Mühl § 930 Anm. 3; Baur § 51 V 6 S. 447.

[33] Soergel / Mühl § 868 Anm. 9, § 930 Anm. 12.

[34] RGZ 135, 366, 367; Soergel / Mühl § 930 Anm. 4; Baur § 51 V 6 a S. 447 a. A. Lempenau S. 53.

[35] RGZ 140, 223, 231; Staudinger / Berg § 930 Anm. 6.

[36] Soergel / Mühl § 930 Anm. 4; Baur § 51 V 6 a S. 447; Westermann § 40 III, V; Serick II § 20 II 2 b S. 129; Wolff / Raiser § 66 I 1 b; offengelassen BGH NJW 1964, 398.

#### cc) Zeitpunkt der Wirksamkeit

Wirksam wird die Abtretung erst mit Entstehen des Anspruchs. Erst wenn die Firma mittelbaren Besitz erhält, geht ihr Herausgabeanspruch auf die IFB über. Hierdurch wird zugleich die tatsächliche Übergabe ersetzt.

#### dd) Zusammenfassung

Da das Fortbestehen der Einigung vermutet wird, erwirbt die IFB das Eigentum an den Wertpapieren gem. §§ 929, 930, 931 BGB, sobald die Firma ihrerseits Eigentümerin wird.

### *e) Indossament*

#### aa) Übertragungsfunktion

Da die wechselrechtliche Übertragung von Orderwechsel und Orderscheck gem. Art. 11 WG, Art. 14 SchG ein Indossament erfordert, muß die Firma gem. § 14 d) S. 2 Vertragsformular der IFB diese Papiere indossieren. Ein Indossament ist für die Übertragung entbehrlich, wenn an letzter Stelle ein Blankoindossament gem. Art. 13 Abs. 2 WG, Art. 16, Abs. 2 SchG steht[37]. Bei Blankoindossament könnte deshalb die Firma ein Indossament unterlassen.

#### bb) Haftungsfunktion

Dem Indossament kommt gem. Art. 15 Abs. 1 WG, Art. 18 Abs. 1 SchG noch eine Haftungsfunktion zu. So haftet der Indossant regelmäßig für Annahme und Zahlung. Diese Haftung umfaßt eine Garantie für Verität und Bonität der Forderung, sofern sie nicht durch einen entsprechenden Vermerk ausgeschlossen wurde. Ob ein Indossament auch wegen der Haftungsfunktion erforderlich sein soll, läßt das Vertragsformular offen. Es ist deshalb vom Regelfall auszugehen, daß die Wertpapiere mit der Haftung aus dem Indossament übertragen werden. Ein Indossament der Firma kann deshalb auch aus Haftungsgründen notwendig sein.

Bei eigener Delkredere-Haftung kann die IFB ein Indossament verlangen, obwohl sie selbst für die Zahlung des Debitors eintreten muß. Die Angstklausel, mit der ein Indossant seine Haftung ausschließt, hat eine Warnfunktion für die künftigen Wechselnehmer. Die IFB könnte dann keine Abnehmer mehr für das Wertpapier finden. Zudem haftet die Firma in jedem Fall für den Bestand der Forderung. Allein schon deshalb muß sie jedes Orderpapier indossieren.

---

[37] Rehfeldt / Zöllner S. 14 I c.

## 2. Inhaberscheck

Auch für Inhaberschecks könnte die Übereignung vorweggenommen sein.

### *a) Begriff*

Ein Scheck, der an den Inhaber oder den Überbringer zahlbar gestellt ist oder bei dem die Angabe des Nehmers fehlt, ist ein Inhaberscheck gem. SchG Art. 5. Auch der Postbarscheck kann ein Inhaberscheck sein. Soweit kein Zahlungsempfänger angegeben ist, zahlt die Post den Scheck jedem Überbringer bar aus[38].

### *b) Übertragung*

Zur Übertragung der Rechte aus einem Inhaberscheck genügt die Übereignung der Scheckurkunde gem. §§ 929 ff. BGB[39].

### *c) Übereignung*

Die Firma will der IFB alle Wertpapiere, also auch die Inhaberschecks übereignen. Die Einigung über den Eigentumsübergang, das antizipierte Besitzkonsitut und die Abtretung des künftigen Herausgabeanspruchs bezieht sich auch auf die Inhaberschecks. Die IFB bekommt das Eigentum an ihnen gem. §§ 929, 930, 931 BGB, sobald die Firma ihrerseits Eigentümerin geworden ist. Die IFB erwirbt damit zugleich die dem Scheck zugrunde liegende Forderung.

### *d) Indossament*

Ein Indossament der Firma ist wegen der Haftungswirkung gem. SchG Art. 20 erforderlich.

## 3. Rektapapiere

### *a) Begriff*

Der Aussteller eines Wechsels oder eines Schecks, der durch entsprechenden Vermerk die Indossierung gem. WG Art. 11 Abs. 2, SchG Art. 5 Abs. 1, untersagt, macht diese Papiere, die regelmäßig Orderpapiere sind, zu Rektapapieren[40]. Auch ein Postbarscheck, in dem der Zahlungsempfänger genannt ist, ist ein Rektascheck gem. SchG Art. 5 Abs. 1 2. Abt., weil nur an den genannten Empfänger ausgezahlt wird[41].

---

[38] Müller / Löffelholz Sp. 1425; Baumbach / Duden SchG Einl. 25.

[39] Baumbach / Hefermehl SchG Art. 14 Anm. 5.

[40] Baumbach / Hefermehl WG Art. 11 Anm. 3; SchG Art. 5 Anm. 3.

[41] Müller / Löffelholz Sp. 1425.

*b) Übertragung*

Rektapapiere können gem. WG Art. 11 Abs. 2, SchG Art. 14 Abs. 2 nur durch bürgerlich rechtliche Abtretung der Forderung gem. § 398 BGB und Übergabe der Urkunde bzw. Übergabesurrogat analog § 792 Abs. 1 S. 3 BGB übertragen werden[42]. Das Eigentum an der Urkunde geht dann ohne weitere Übereignung gem. § 952 BGB auf den neuen Gläubiger über[43].

*c) Abtretung*

Grundsätzlich sind künftige Forderungen aus Rektapapieren durch vorweggenommene Abtretung und Übergabesurrogat übertragbar[44]. Auch hier sind die künftigen Forderungen hinreichend bestimmbar. Weiterhin sind die Übergabesurrogate gem. § 14 d) Vertrag der IFB auch für die Rektapapiere vereinbart. Die IFB wird Inhaberin der Forderungen aus den Rektapapieren, sobald die Firma ihrerseits Inhaberin geworden ist. Zwar ist in der Eigentumsübertragung bei einem Wertpapier konkludent die Abtretung des Rechts daraus enthalten[45]. Die Abtretung des künftigen Anspruchs schon im Zeitpunkt des Vertragsschlusses sichert der IFB regelmäßig die Priorität ihrer Abtretung.

*d) Indossament*

Ein Indossament der Firma kommt hier nicht in Betracht, weil es bei Rektawechsel und Rektascheck definitionsgemäß untersagt ist.

## V. Hindernisse beim Erwerb

### 1. Barzahlungen

*a) Vertragswidriges Verhalten*

Eine Sicherung des Übertragungsanspruchs der IFB ist bei Barzahlungen nicht vorgesehen. Zwar könnte auch hierbei die Übereignung des Geldes durch antizipierte Einigung und antizipiertes Besitzkonstitut vorgenommen werden. Die IFB liefe dennoch Gefahr, ihr Eigentum durch Vermischung des Geldes gem. §§ 948 i. V. m. § 947 Abs. 2 BGB zu verlieren. Angesichts der geringen praktischen Bedeutung von Barzahlungen im Geschäftsverkehr hat die IFB auf eine umständliche und

---

[42] BGH NJW 1958, 302, 303; WM 1970, 245, 246; Hueck S. 47, Baumbach / Hefermehl WG Art. 11 Anm. 5; SchG Art. 14 Anm. 3; a. A. keine Übergabe nötig; Locher S. 98; Wolff / Raiser § 65 III 3.

[43] Baumbach / Hefermehl WG Art. 11 Anm. 5; Wolff / Raiser § 65 III 3.

[44] Für Wechsel BGH NJW 1958, 302, 303; Baumbach / Hefermehl WG Art. 11 Anm. 5; kritisch Serick II § 26 I 2 S. 342.

[45] Baumbach / Hefermehl WG Einl. 26.

kaum durchführbare Regelung verzichtet. Der Eigentumserwerb der IFB am Geld hängt davon ab, daß die Firma vertragsgetreu das Geld an die IFB weiterleitet.

### *b) Rechtliche Hindernisse*

Bis zur Übereignung bleibt das Geld Eigentum der Firma. Fällt sie in Konkurs, kann sie hierüber gem. § 6 KO nicht mehr zugunsten der IFB verfügen. Die IFB erhält eine normale Konkursforderung. Das Geld ist weiterhin dem Zugriff der Gläubiger der Firma ausgesetzt. Wird es gem. § 808 ZPO gepfändet, kann der nur mittelbar Vertretene nicht gem. § 771 ZPO widersprechen, weil eine entsprechende Anwendung der Ausnahmeregelung des § 392 Abs. 2 HGB nicht möglich ist[46].

## 2. Zahlungen auf Bankkonto

### *a) Vertragswidriges Verhalten*

Die Bevollmächtigung der IFB, der Bank Überweisungsaufträge erteilen zu können, schützt die IFB davor, daß die Firma trotz Aufforderung durch die IFB Überweisungen vertragswidrig nicht weiterleitet. Sie ist wertlos, wenn die Firma schon vorher über den Betrag verfügt hat und die Bank keinen Kontokorrentkredit (mehr) gewähren will. Die Vorausabtretung des künftigen Saldos sichert die IFB vor allen anderweitigen späteren Verfügungen der Firma über den Saldo. Die Firma kann durch Belastung ihres Kontos jederzeit die Entstehung eines Saldos zu ihren Gunsten verhindern.

### *b) Rechtliche Hindernisse*

#### aa) Konkurs

Im Konkurs erlischt gem. §§ 23 KO, 168 BGB jede Vollmacht, auch wenn sie vereinbarungsgemäß unwiderruflich war[47]. Die Vollmacht der IFB, der Bank Überweisungsaufträge zu erteilen, ist im Konkurs der Firma wirkungslos. Spätestens mit Konkurseröffnung der Firma wird zugleich ihr Kontokorrentverhältnis mit der Bank beendet. Eine Forderungsverrechnung ist mit dem Konkurszweck unvereinbar[48]. Die IFB könnte auf die ihr bereits abgetretene Saldoforderung — sofern vorhanden — zurückgreifen wollen. Die Abtretung an die IFB wird erst mit Entstehung der Saldoforderung, also mit Konkurseröffnung, wirk-

---

[46] Schlegelberger / Hefermehl § 392 Anm. 1; RGRK-HGB (Ratz) § 392 Anm. 3; Enn. / Nipperdey AT § 179 III 2; Jaeger / Lent § 43 Anm. 49, 53; Mentzel / Kuhn § 43 Anm. 8.

[47] Böhle / Stammschräder § 23 Anm. 8; Mentzel / Kuhn § 23 Anm. 7.

[48] Jaeger / Lent § 65 Anm. 8; Mentzel / Kuhn § 23 Anm. 15; im Ergebnis ebenso RGZ 125, 411, 416; 149, 19, 25; Baumbach / Duden § 357 Anm. 9 A.

sam. Forderungen, die erst nach dem Zeitpunkt der Konkurseröffnung entstehen, kann ein Zessionar nicht mehr erwerben[49]. Die Vorausabtretung der Saldoforderung ist wirkungslos. Die IFB ist im Konkurs der Firma nicht gesichert.

#### bb) Einzelzwangsvollstreckung

Der gegenwärtige Saldo auf dem Bankkonto kann im Wege der Einzelzwangsvollstreckung von jedem Gläubiger der Firma gem. §§ 829 ff. ZPO, 357 HGB gepfändet werden. Da auch die Firma jederzeit ihr Guthaben verlangen kann, könnte auch der Gläubiger nach der Überweisung der gegenwärtigen Saldoforderung zur Einziehung gem. § 835 ZPO die Auszahlung verlangen[50]. Hiergegen könnte die IFB mit der Drittwiderspruchsklage gem. § 771 ZPO vorgehen, wenn diese Forderung bereits an sie abgetreten ist. Die Vorausabtretung wird erst mit Entstehung der Forderung wirksam. Die IFB ist noch nicht Inhaberin der künftigen Saldoforderung. Ebensowenig konnte ihr der gegenwärtige Saldo abgetreten werden. Die IFB könnte die Drittwiderspruchsklage nur geltend machen, wenn sie als Inhaberin der zukünftigen Saldoforderung schon jetzt ein Recht am gegenwärtigen Saldo hätte. § 357 HGB ist eine Ausnahmevorschrift nur zugunsten des Vollstreckungsgläubigers, weil der künftige Saldo unübersehbar und daher für ihn wertlos ist[51]. Andere Personen können keine Rechte am gegenwärtigen Saldo haben. Die IFB kann der Pfändung nicht gem. § 771 ZPO widersprechen.

### *c) Zusammenfassung*

Trotz Abtretung des künftigen Saldos und Vollmacht für Verfügungen über das Bankkonto der Firma hat die IFB keine Sicherheit, die Zahlungen eines Debitors auf ein Bankkonto der Firma zu erhalten.

## 3. Zahlungen auf ein Postscheckkonto

Für Zahlungen auf ein Postscheckkonto ist keine ausdrückliche Regelung vorgesehen. Grundsätzlich ist ein Postscheckkonto dem Bankkonto gleichwertig, die Interessenlage unterscheidet sich nicht. Vollmacht und Vorausabtretung könnten auch für das Postscheckkonto gelten. Bedenken ergeben sich, weil Vollmacht und Abtretung nur in einem Formularvertrag enthalten sind. Hierbei gehen Unklarheiten zu

---

[49] So die h. M. mit unterschiedlichen Begründungen BGH NJW 1955, 544; Medicus JuS 1967, 385, 386 ff.; Böhle / Stammschräder § 15 Anm. 4; OLG Nürnberg KTS 1971, 116, 118; Soergel / Schmidt § 398 Anm. 11; Erman / Westermann § 398 Anm. 12; Jaeger / Lent § 15 Anm. 22; Mentzel / Kuhn § 15 Anm. 9 e; Esser I § 55 III S. 407.

[50] Schlegelberger / Hefermehl § 357 Anm. 5; Sprengel MDR 1952, 8, 9.

[51] Schlegelberger / Hefermehl § 357 Anm. 1.

Lasten dessen, der den Formularvertrag aufgestellt hat (Unklarheitengrundsatz)[52]. Insbesondere darf er auch nicht über seinen Wortlaut hinaus ausgelegt werden[53]. Vollmacht und Vorausabtretung können nicht auf ein Postscheckkonto bezogen werden.

### 4. Zahlungen mit Hilfe von Wertpapieren

#### *a) Vertragswidriges Verhalten*

##### aa) Einigung

Die Vorausübertragung der Forderungen, die in Wertpapieren verbrieft sind, schon im Factoring-Vertrag könnte den Erwerb der IFB sichern. Die bei Order- und Inhaberpapieren nötige Einigung für den Eigentumsübergang an der Urkunde muß im Zeitpunkt der Übergabe noch bestehen. Sie ist zwar nicht bindend, ihr Fortbestehen wird aber vermutet. Soweit dagegen nach außen erkennbar der Eigentumsübertragungswille fehlt, kann das Eigentum mangels Einigung nicht auf die IFB übergehen. Von der Abtretung der Forderungen bei Rektapapieren kann sich die Firma nicht mehr lösen, weil sie bindend ist.

##### bb) Übergabesurrogat gem. § 930 BGB

Forderungen, die in Wertpapieren verbrieft sind, können nicht ohne Übergabe der Urkunden oder Übergabesurrogat auf die IFB übergehen. Beim antizipierten Besitzkonstitut gem. § 930 BGB wird der Fremdbesitzerwille der Firma für die IFB im Zeitpunkt der Besitzerlangung vermutet, das Eigentum geht auf die IFB über. Sofern die Firma bei Besitzerlangung nach außen erkennbar keinen Fremdbesitzerwille für die IFB hat, fehlt das Übergabesurrogat. Der Erwerb der IFB ist dann gescheitert.

Die Firma kann den Übergang der im Wertpapier verbrieften Forderung auf die IFB nur bis zu ihrer Besitzerlangung und auch nur durch Beseitigung der Einigung oder des antizipierten Besitzkonstituts vereiteln. Nach Besitzerlangung ist ein bloßer der Einigung oder dem Besitzkonstitut entgegenstehender Wille unerheblich, weil die IFB schon Inhaberin der Forderungen und Eigentümer der Urkunden ist.

##### cc) Übergabesurrogat gem. § 931 BGB

Die Vorausabtretung des Herausgabeanspruchs gegen einen Besitzmittler gem. § 931 BGB ist dagegen bindend und wird mit Erlangung

[52] RGZ 120, 18, 20; BGH NJW 1970, 383, 386; Erman / Westermann § 133 Anm. 26.

[53] BGH NJW 1970, 2244, 2245; Schmidt-Salzer AGB Anm. 119; ders., Recht der AGB und Vers. Bed. S. 201.

des mittelbaren Besitzes sofort wirksam. Den Übergang des Herausgabeanspruchs auf die IFB kann die Firma nicht verhindern.

dd) Gutgläubiger Erwerb eines Dritten

Trotzdem kann die IFB ihre Rechte aus einem Orderwechsel, aus einem Orderscheck und aus einem Inhaberscheck durch Verfügung der Firma noch gem. Art. 16 Abs. 2 WG, Art. 21 SchG verlieren, wenn ein Dritter sie gutgläubig erwirbt.

*b) Rechtliche Hindernisse*

aa) Konkurs

Sobald die IFB mit Besitzerlangung der Firma die Wertpapiere erwirbt, ist sie auch gegen einen eventuellen späteren Konkurs der Firma geschützt. Sie kann dann vom Konkursverwalter Aussonderung gem. § 43 KO verlangen.

Wenn die Firma erst nach Konkurseröffnung den Besitz an den Wertpapieren erlangt, fehlt ihr gem. § 6 KO die Verfügungsbefugnis.

Die Übereignung der Wertpapierurkunden bei Order- und Inhaberpapieren und die Abtretung der Forderung bei Rektapapieren können dann nicht mehr wirksam werden. Die IFB kann diese Forderungen nicht wirksam erwerben.

bb) Einzelzwangsvollstreckung

Im Wege der Einzelzwangsvollstreckung kann ein Gläubiger der Firma Order- und Inhaberpapiere wie Sachen gem. §§ 831, 808 ZPO pfänden, sobald sie in den Gewahrsam der Firma gelangt sind. Rektapapiere kann er als Forderungen gem. § 829 ZPO pfänden und die Urkunden selbst im Wege der Hilfspfändung wegnehmen lassen[54]. Die Forderung erwirbt die Firma erst mit Besitz der Urkunde. Für eine wirksame Pfändung der dem Wertpapier zugrunde liegenden Forderung ist jeweils Besitz der Firma an dem Wertpapier nötig. Sobald sie Besitz erlangt hat, gehen das Eigentum am Wertpapier und die zugrunde liegende Forderung aufgrund der Vorausübertragung sofort auf die IFB über. Als Inhaberin der Forderungen kann sie dann die Drittwiderspruchsklage gem. § 771 ZPO geltend machen. Die Vorausübertragung der Wertpapiere in § 14 c), d) Vertragsformular der IFB schützt die IFB also gegen spätere Verfügungsbeschränkungen.

## 5. Zusammenfassung

Die IFB hat soweit möglich ihre Erwerbsposition geschützt. Zwar weist ihre Sicherheit wegen der Konstruktion der mittelbaren Stell-

[54] Thomas / Putzo § 808 Anm. 1.

vertretung naturgemäß große Lücken auf. Dieser Nachteil ist nicht schwerwiegend, weil sie aufgrund der Abtretungsanzeige gem. § 4 b) ihres Vertragsformulars meist noch auf ihre Forderung gegen den Debitor zurückgreifen kann. Die Ansprüche gegen die Firma auf Weiterleitung der Zahlungen dienen der IFB nur als zusätzliche Sicherung.

Anderes ergibt sich, wenn ein gutgläubiger Dritter die der IFB übertragenen Wertpapierrechte erwirbt. Mit ihrem Eigentumserwerb hat die IFB diese Wertpapiere zahlungshalber gem. § 364 Abs. 2 BGB angenommen. Die dem Wertpapier zugrunde liegende Forderung gilt als gestundet[55]. Gegen eine Klage der IFB bei Verlust des Wertpapierrechts aus dem Grundgeschäft kann der Debitor den Einwand der Wechselhingabe erheben. Ein Rückgriff auf die Grundforderung ist der IFB nicht mehr möglich.

*Vierter Abschnitt*

# Rechtsfragen zu allgemeinen Bestimmungen

## § 17 Kontrolle der Forderung

### A. Interessenlage

#### 1. Bestand der Forderung

Gegen die üblichen Ausfälle, mit denen bei Forderungen wegen Mängel, Rücktritt, Aufrechnung usw. regelmäßig zu rechnen ist, hat die IFB sich durch ein Sperrkonto gesichert. Bei bloßem Vertrauen auf die Ausgangsrechnung nimmt sie darüber hinaus das Risiko auf sich, daß die Firma ihr fingierte Rechnungen zum Ankauf vorlegt. Die IFB muß deshalb jederzeit die Möglichkeit haben, das Bestehen der Forderungen zu überprüfen.

#### 2. Vertragstreue der Firma

Regelmäßig vertraut die IFB darauf, daß die Firma alle übernommenen Pflichten auch erfüllt. Dieses Vertrauen ist nur gerechtfertigt, wenn sie die Einhaltung aller Pflichten, vor allem der Anbietungspflicht für alle Forderungen, der Pflicht zur vorrangigen Begleichung der Lieferantenverbindlichkeiten und der Pflicht zur unverzüglichen

[55] RGZ 153, 179, 182; Baumbach / Hefermehl WG Einl. 36.

Weiterleitung aller bei ihr eingegangenen Zahlungen überwachen kann und überwacht. Die Gefahr unkorrekter Geschäftsgebaren der Firma wächst hierbei mit Verschlechterung ihrer Vermögenslage. Die IFB behält sich deshalb eine umfassende Kontrollmöglichkeit über die Einhaltung der Vertragsbestimmungen und die Vermögenslage der Firma vor.

## B. Ausgestaltung

### 1. Einsicht in Geschäftsbücher

#### *a) Einsicht durch IFB*

Gem. § 21 a) des Vertragsformulars gestattet die Firma der IFB, jederzeit alle Geschäftsbücher und sonstige Schriftstücke einzusehen, um die gekauften Forderungen und die sonstigen Rechte sowie die Einhaltung der Vertragsbestimmungen zu prüfen. Sie will der IFB hierbei jederzeit behilflich sein.

#### *b) Einsicht durch Dritte*

Gem. § 21 b) ihres Vertragsformulars kann die IFB mit dieser Prüfung auch geeignete Personen aus rechts- und wirtschaftsberatenden Berufen beauftragen.

### 2. Auskunftspflicht über Forderungen

Daneben übernimmt die Firma gem. § 21 c) des Vertragsformulars eine umfassende Auskunftspflicht über die der verkauften Forderung zugrunde liegenden Rechtsgeschäfte. Die Unterlagen hierfür muß sie auf Verlangen der IFB herausgeben. Gem. § 21 a) des Vertragsformulars ist sie damit einverstanden, daß die IFB die Forderungen durch Saldenbestätigungen der Debitoren nachprüft.

### 3. Vermögenslage der Firma

Gem. § 21 d) ihres Vertragsformulars verpflichtet die IFB die Firma, „zeitnahes Zahlenmaterial turnusgemäß" vorzulegen. Aus dem Vertragsformular ist nicht eindeutig zu erkennen, daß hiermit Auskünfte über die Vermögenslage der Firma wie Bilanzen und ähnliche Vermögensübersichten gemeint sind. Die Parteien sind sich regelmäßig aufgrund mündlicher Verhandlungen darüber einig, daß die Firma laufend ihre Vermögenslage offenlegen wird. Bei groben Verstößen gegen diese Offenlegungspflicht kann sich die IFB die nötigen Unterlagen selbst besorgen oder auf Kosten der Firma durch geeignete Beauftragte erstellen lassen. Weiterhin bevollmächtigt die Firma gem. § 21 e) des Vertragsformulars die IFB, ihre Grundbücher einzusehen.

## C. Rechtliche Würdigung

### I. Einsicht in Geschäftsbücher

#### 1. Einsicht durch Beauftragte

Mit der Gestattung der Büchereinsicht hat die IFB ein weitgehendes Kontrollrecht erhalten. Eine so weitgehende Einsichtnahme wird regelmäßig nur dem Berechtigten persönlich zugebilligt. Um die Prüfung auch durch Beauftragte durchführen zu lassen, bedurfte es einer besonderen Vereinbarung.

#### 2. Rechtsnatur

*a) Anspruch aus §§ 402, 444 BGB*

Das Recht, in die Geschäftsbücher und Schriftstücke der Firma einzusehen, könnte aus §§ 402, 444 BGB folgen. §§ 402, 444 BGB sollen dem Käufer und Zessionar lediglich die Durchsetzung der ihm verkauften und abgetretenen Forderung ermöglichen. Zur Kontrolle des Verkäufers und Zedenten sollen sie nicht dienen. §§ 402, 444 BGB scheiden als Rechtsgrundlage aus.

*b) Nebenpflicht*

Die Firma hat zur Duldung der Einsichtnahme eine weitere Pflicht neben dem Verkauf und der Abtretung der Forderung übernommen. Die Duldungspflicht ist als Nebenpflicht zu werten.

#### 3. Wirksamkeit

*a) Knebelungsvertrag gem. § 138 Abs. 1 BGB*

aa) Psychologischer Zwang

Das Recht der IFB zur Einsicht in die Geschäftsbücher der Firma könnte als Knebelungsvertrag gem. § 138 Abs. 1 BGB sittenwidrig und nichtig sein. Ein Knebelungsvertrag liegt vor, wenn die wirtschaftliche Bewegungsfreiheit einer Vertragspartei so eingeengt und beschränkt wird, daß sie dadurch in eine sittlich zu mißbilligende Abhängigkeit gerät[1]. Insbesondere kann ein weitreichendes Recht zur Einsicht in die Geschäftsbücher, durch die sich der Gläubiger ein vollständiges Bild über die gesamte Tätigkeit eines Unternehmens verschaffen kann, dessen wirtschaftliche Bewegungsfreiheit sittenwidrig beschneiden, weil der Unternehmer unter psychischem Zwang keine freie Entscheidung

[1] RGZ 165, 1, 15; Soergel / Hefermehl § 153 Anm. 53; RGRK-BGB (Krüger-Nieland) § 138 Anm. 30.

mehr treffen kann[2]. Auch die Anschlußfirma ist weitgehend in ihren geschäftlichen Tätigkeiten gebunden. Sie muß der IFB alle Forderungen gegen ihre Debitoren zum Erwerb anbieten und Sicherungen für ihre Haftungszusage bestellen. Ihre Lieferanten muß sie vorrangig aus dem Factoring-Erlös befriedigen. Ausnahmslos hat sie alle bei ihr eingehenden Zahlungen der IFB unverzüglich weiterzuleiten. Die Einhaltung dieser Verpflichtungen kann die IFB durch die Büchereinsicht überwachen. Das Einsichtsrecht könnte die wirtschaftliche Bewegungsfreiheit der Firma so einschränken, daß sie ihre geschäftlichen Entscheidungen nicht mehr frei, sondern nur noch unter dem psychologischen Zwang der Überwachung treffen könnte.

### bb) Erweiterung der wirtschaftlichen Bewegungsfreiheit

Nicht jede Bindung der Firma und jede Überwachungsmöglichkeit ist sittenwidrig. Vielmehr sind alle Umstände des Einzelfalls und die Belange beider Vertragspartner zu berücksichtigen[3]. Durch die Anbietungspflicht für alle Forderungen wird die wirtschaftliche Bewegungsfreiheit der Firma nicht sittenwidrig beeinträchtigt. Auch eine Globalzession ist regelmäßig kein Knebelungsvertrag.

Die Verpflichtung der Firma zur vorrangigen Bezahlung ihrer Lieferantenverbindlichkeiten schränkt ebenfalls ihre Handlungsfähigkeit nicht über Gebühr ein. Beim Factoring-Geschäft wird der Firma für ihre noch nicht fälligen Forderungen gegen ihre Debitoren sofort ein Vorschuß zur Verfügung gestellt. Durch die vorzeitige Verfügungsmöglichkeit hierüber wird ihr finanzieller Handlungsspielraum gerade erweitert. Neben der erhöhten Liquidität wird der Firma zudem eine Verbesserung der Rentabilität ermöglicht, weil sie ihre Lieferanten unter Skontoabzug bezahlen kann. Diese wesentlichen Vorteile bilden das Äquivalent für die weitgehende Bindung der Firma.

Die Überwachungsmöglichkeit läßt der Firma noch ausreichenden Spielraum für eigene, freie Entscheidungen. Zwar wird die Firma sehr nachdrücklich angehalten, ihren Verpflichtungen aus dem Factoring-Vertrag nachzukommen. Diese übernommenen Bindungen werden durch die Vergrößerung der wirtschaftlichen Bewegungsfreiheit der Firma aufgrund höherer Liquidität und Rentabilität kompensiert. Insgesamt gesehen wird damit die Bewegungsfreiheit der Firma beim Factoring zumindest nicht verschlechtert. Durch das Einsichtsrecht der IFB gerät die Firma in keine Zwangslage. Sie ist weiterhin zu freien Entscheidungen fähig; ein sittenwidriger Knebelungsvertrag gem. § 138 Abs. 1 BGB liegt nicht vor.

---

[2] OLG Hamm BB 1970, 374.

[3] RGZ 165, 1, 15.

#### *b) Wirksamkeit im Formularvertrag*

Das Einsichtsrecht der IFB in die Geschäftsbücher der Firma rechtfertigt allein das Vertrauen der IFB auf ein vertragsgemäßes Verhalten der Firma. Die IFB muß notwendigerweise ein umfassendes Kontrollrecht haben. Es kann auch in einem Formularvertrag wirksam vereinbart werden.

## II. Auskunft über Forderungen

### 1. Auskünfte und Unterlagen Rechtsfolgen aus §§ 402, 444 BGB

Die Pflicht der Firma zur Herausgabe von Unterlagen und zu Auskünften über die Forderungen könnte aus §§ 402, 444 BGB folgen. Die Firma hat die Forderungen an die IFB gem. § 433 BGB verkauft und gem. § 398 BGB abgetreten. Als Verkäuferin hat sie gem. § 444 BGB und als Zedent gem. § 402 BGB eine Pflicht zur Herausgabe von Unterlagen und zu Auskünften über die verkauften und abgetretenen Forderungen.

### 2. Saldobestätigungen

#### *a) Außenverhältnis*

Saldobestätigungen des Debitors könnten als Anerkenntnis für die in ein Kontokorrent eingestellten Forderungen anzusehen sein. Wenn der Debitor nach Mitteilung von der erfolgten Abtretung die Forderung in Form einer „Abtretungsbestätigung" anerkennt, kann er auf Einwendungen gem. §§ 404 ff. BGB gegen diese Forderung verzichten wollen. Vom Verzicht werden dann die bekannten und erkennbaren Einwendungen erfaßt. Ein solcher Einwendungsverzicht ist vor allem anzunehmen, wenn der Schuldner erkennen kann, daß der Zessionar erst aufgrund der Bestätigung dem Zedenten Kredit einräumen will[4]. Ob die Saldenbestätigung einen Verzicht des Debitors auf Einwendungen enthält, ist aus der Erklärung selbst auszulegen. Wegen Fehlens eines eindeutigen Verzichtswillens wird man ein Anerkenntnis verneinen müssen. Die Saldobestätigung wird nicht zur Grundlage einer künftigen Kreditgewährung an die Firma gemacht. Die IFB benötigt sie nicht, um die Kreditwürdigkeit der Firma festzustellen, sondern lediglich zur Kontrolle ihrer Geschäftsbücher.

---

[4] BGH NJW 1970, 321; DB 1971, 1347, 1348; Serick II § 24 IV 3 S. 296 ff.

*b) Innenverhältnis*

aa) Rechtsstellung der IFB

Die Saldobestätigung könnte die IFB aus eigenem Recht vornehmen, wenn sie sich ihre Forderungen bestätigen läßt. Im Saldo stecken keine Forderungen der IFB, weil die einzelnen Forderungen unabtretbar sind. Außerdem werden von der Saldobestätigung alle Forderungen des betreffenden Kontokorrentverhältnisses erfaßt. Die IFB kann die Bestätigung nicht aus eigenem Recht verlangen.

bb) Nebenpflicht

Das Recht der IFB, sich die Salden aus Kontokorrentverhältnissen vom Debitor bestätigen zu lassen, könnte aus einer Nebenpflicht der Firma folgen. Durch die Gestattung duldet die Firma, daß die IFB sich nach dem Bestand des Kontokorrentverhältnisses zwischen der Firma und dem Debitor erkundigt. Diese Duldungspflicht hängt eng mit den Verpflichtungen zur Herausgabe von Unterlagen und zu Auskünften über die verkauften Forderungen zusammen. Sie ist als Nebenpflicht zu werten.

*c )Wirksamkeit im Formularvertrag*

Die Saldobestätigung von den Debitoren ist nötig, weil die Firma auch kontokorrentpflichtige Forderungen an die IFB verkauft und sie bevorschussen läßt, obwohl sie sie nicht abtreten kann. Die Saldobestätigung ist nur ein minderwertiger Ersatz für eine wirksame Forderungsabtretung. Berechtigte Belange der Firma können hierdurch nicht berührt sein.

## III. Vermögenslage der Firma

### 1. Bilanzen

*a) Rechtsnatur*

aa) Auftrag gem. § 662 BGB

Der Pflicht der Firma, ihre Bilanzen und ähnliche Vermögensverzeichnisse der IFB vorzulegen, könnte ein Auftrag gem. § 662 BGB zugrunde liegen. Die Firma wird hierbei im Interesse der IFB tätig. Die Vermögenslage ist für die IFB aber nur im Zusammenhang mit dem Forderungserwerb interessant. Die Pflicht zur Vorlage der Bilanzen hat also keine selbständige Bedeutung. Ein Auftrag scheidet als Rechtsgrundlage aus.

#### bb) Nebenpflicht

Die Pflicht der Firma zur Vorlage ihrer Bilanzen ist nur ein Anhang zum Forderungserwerb der IFB. Sie ist lediglich als Nebenpflicht zu qualifizieren.

#### *b) Wirksamkeit im Formularvertrag*

Die Pflicht zur Vorlage von Bilanzen oder ähnlichen Vermögensübersichten ist im Geschäftsverkehr üblich. Häufig wird Unternehmen sogar im öffentlichen Interesse eine allgemeine Publizitätspflicht auferlegt. Da die IFB nur mit einem wirtschaftlich gesunden Unternehmen zusammenarbeiten will, kann sie auch im Formularvertrag eine vertragliche Pflicht zur Offenlegung der Vermögenslage vereinbaren.

#### *c) Kostenpflicht*

Bei einer gröblichen Verletzung ihrer Vorlagepflicht haftet die Firma für ihre Pflichtverletzung. Die Kosten für die Erstellung durch geeignete Beauftragte kann die IFB als Schadensersatz aus positiver Vertragsverletzung von der Firma verlangen.

### 2. Einsicht in Grundbücher der Firma

#### *a) Bevollmächtigung gem. § 167 Abs. 1 BGB*

Zur Einsicht in die Grundbücher der Firma könnte die IFB gem. § 167 Abs. 1 BGB bevollmächtigt sein. Das Recht zur Einsicht des Grundbuches kann durch einen Bevollmächtigten ausgeübt werden[5]. Es ist eine wirksame Bevollmächtigung der IFB gem. § 167 Abs. 1 BGB zur Einsicht in die Grundbücher der Firma anzunehmen.

#### *b) Wirkung*

Gem. § 12 Abs. 1 S. 1 GBO kann jeder in das Grundbuch einsehen, der ein berechtigtes Interesse darlegt. Der Darlegung eines eigenen Interesses bedarf es nicht, wenn ein Bevollmächtigter Einsicht verlangt und der Vollmachtgeber selbst ein berechtigtes Interesse hat[6]. Die Firma hat als Eigentümerin ein Recht am Grundstück und damit ein berechtigtes Interesse zur Grundbucheinsicht. Die IFB erspart sich durch die Vollmacht, jeweils ein eigenes berechtigtes Interesse darlegen zu müssen.

#### *c) Wirksamkeit im Formularvertrag*

Aufgrund des formellen Publizitätsprinzips für das Grundbuch ist jeder, der am Rechtsverkehr teilnimmt, berechtigt, sich durch Einsicht

---

[5] Horber § 12 Anm. 4 a; Meikel / Imhof / Riedel § 12 Anm. 11.

[6] Horber § 12 Anm. 4 a; Triebel § 12 Anm. 8.

in das Grundbuch Klarheit über die Rechte an Grundstücken zu verschaffen[7]. Andererseits kann der Eigentümer durch Einsicht Dritter erheblich betroffen werden. Gem. §§ 12 Abs. 1 S. 2 GBO, 46 GB Vfg ist nämlich zugleich Einblick in die Grundbuchakten möglich. Ein Dritter kann sich dadurch Kenntnisse über schuldrechtliche Vereinbarungen aller Art, über Zahlungsverpflichtungen und deren Modalitäten verschaffen. Das Erfordernis des berechtigten Interesses zur Einsicht gem. § 12 GBO dient dem Schutz der Individualsphäre des Einzelnen[8]. Die Firma hat der IFB bereits umfassend Einblick in ihre Geschäftsbücher gestattet. Die IFB hat schon Kenntnis von allen schuldrechtlichen Verpflichtungen der Firma. Der Schutzzweck des § 12 GBO kann der IFB gegenüber nicht mehr erreicht werden. Die Grundbucheinsicht kann lediglich die Richtigkeit der Geschäftsbücher der Firma bestätigen. Eine solche Bestätigung liegt gerade im Interesse der Firma. Sie kann auf den Schutz des § 12 GBO auch in einem Formularvertrag wirksam verzichten.

### IV. Zusammenfassung

Mit der Einsichtsmöglichkeit in die Geschäftsbücher der Firma, ihrem Anspruch auf Auskünfte und Herausgabe von Unterlagen über die gekauften Forderungen und dem Anspruch auf Saldobestätigungen von Debitoren kann die IFB weitgehend den Bestand von Forderungen überprüfen. Ihr Vertrauen auf den Forderungsbestand ist regelmäßig gerechtfertigt.

Durch die Büchereinsicht und die laufende Vorlage von Bilanzen und ähnlichen Vermögensübersichten ist die IFB ständig über die wirtschaftlichen Verhältnisse der Firma unterrichtet. Aufkommenden Fehlentwicklungen kann sie deshalb rechtzeitig entgegentreten.

## § 18 Beendigung des Factoring-Vertrages

### A. Interessenlage

#### 1. Laufzeit

Bevor die IFB mit einer Anschlußfirma im Factoring-Geschäft zusammenarbeitet, muß sie sich zuerst von der Solidität der Firma überzeugen. Weiter muß sie die Kreditwürdigkeit der Debitoren prüfen, die

[7] Meikel / Imhof / Riedel E 11.

[8] Eickmann in Kantze / Ertl / Herrmann / Eickmann § 12 Anm. 1.

verschiedensten Konten einrichten und andere Vorbereitungen treffen. Die hierbei entstehenden Anlaufkosten kann sie erst innerhalb einer gewissen Laufzeit des Factoring-Vertrages ausgleichen. Die IFB muß eine gewisse Mindestlaufzeit vereinbaren.

Die Organisation der Anschlußfirma wird tiefgreifend verändert, weil die Kredit-, die Debitorenbuchhaltungs- und die Forderungseinzugsabteilungen fortfallen. Auf diese Abteilungen kann sie nur verzichten, wenn für die Zusammenarbeit mit der IFB ein längerer Zeitraum festgelegt ist. Beide Parteien sind an einer gewissen Mindestlaufzeit interessiert, um wenigstens die Anlauf- und Umstellungskosten zu decken. Erst dann kann das Factoring-Geschäft seine Vorteile vollends entfalten.

### 2. Risikoverteilung

Bei Beendigung des Factoring-Vertrages wird häufig das Vertrauensverhältnis als Grundlage der Zusammenarbeit erschüttert sein. Die IFB ist daher bestrebt, die Geschäftsbeziehungen zur Firma möglichst weitgehend zu lösen. Sie überprüft dann die Kreditwürdigkeit der Debitoren nicht mehr und hat auch keinen Einblick mehr in die Vermögenslage der Anschlußfirma. Sie will nicht mehr das Risiko der Zahlungsunfähigkeit des Debitors und das Risiko für die Zahlungsfähigkeit der Firma wegen der Ansprüche aus Garantiehaftung tragen.

### 3. Buchführung

Mit Beendigung des Factoring-Vertrages muß die Firma wieder für alle Forderungen selbst die Bücher führen. Solange die Firma hierfür (noch) nicht eingerichtet ist, wäre sie zu eng an die IFB gebunden und insoweit von ihr abhängig. Die Firma kann sich auf das Factoring-Geschäft nur einlassen, wenn die IFB bereit ist, nach Auflösung des Vertrages die Buchhaltung zumindest vorübergehend weiterzuführen. Die Buchhaltung ist für die IFB jedoch nur im Zusammenhang mit dem Factoring-Geschäft lohnend. Sie ist nur für ein höheres Entgelt hierzu bereit.

## B. Ausgestaltung

### 1. Zeitliche Geltung des Factoring-Vertrages

Für den Factoring-Vertrag haben die Parteien gem. § 24 a) Vertragsformular der IFB eine Laufzeit von 24 Monaten ab Unterschrift der IFB fest vereinbart. Zugleich soll er sich auf unbestimmte Zeit verlängern, sofern er nicht mit einer Frist von 6 Monaten jeweils zum

Quartalsende durch Einschreiben gekündigt wird. Weiterhin wird in § 17 des Vertragsformulars ein Recht zur fristlosen Kündigung stillschweigend vorausgesetzt.

### 2. Zurückrechnung der Forderung

Die IFB kann gem. § 24 c) ihres Vertragsformulars die noch offenen angekauften Forderungen zurückberechnen und sofort Ausgleich des Abrechnungskontos verlangen. Konkludent ist vereinbart, daß die Firma wieder Inhaberin der Forderung werden soll, weil im Austauschverhältnis jede Partei nur gibt, um selbst etwas zu erhalten. Muß sie die empfangene Leistung wieder herausgaben, will sie auch ihre Leistung zurückerhalten.

### 3. Delkrederc-Haftung

Ab Beendigung des Factoring-Vertrages trägt die IFB gem. § 24 d) ihres Vertragsformulars unabhängig von einer möglichen Zurückberechnung der Forderung nicht mehr das eventuell von ihr getragene Delkredere-Risiko. Ein entsprechender Anteil der Factoring-Gebühr wird der Firma erstattet.

### 4. Sperrguthaben der Firma

Das Sperrguthaben der Firma wird gem. § 20 e) Vertragsformular der IFB mit Beendigung des Factoring-Vertrages ausgezahlt. Diese Bestimmung ist für sich allein unverständlich, weil der Sicherungszweck trotz Beendigung weiterhin besteht. Obendrein ist sie auch mißverständlich. Entscheidend ist hier die Einschränkung, daß dabei ein Betrag in Höhe der möglichen Ansprüche aus der Garantiehaftung der Firma abgezogen wird. Das Sperrkonto soll die Garantieansprüche der Firma nicht mehr zu einem gem. § 9 b) Vertragsformular der IFB vereinbarten Prozentsatz, sondern in voller Höhe sichern.

### 5. Buchhaltung

Ausdrücklich verpflichtet sich die IFB in § 17 ihres Vertragsformulars, die Debitorenbuchhaltung der Firma auch nach Beendigung des Factoring-Vertrages für 12 Monate weiterzuführen. Diese Pflicht soll nicht einmal von einer fristlosen Kündigung des Factoring-Vertrages berührt werden. Die Firma ihrerseits darf die Buchhaltung aber früher wieder übernehmen.

Als Entgelt für ihre Tätigkeit läßt sich die IFB in § 18 b) ihres Vertragsformulars das $1^{1}/_{2}$-fache der Factoring-Gebühr versprechen. Weiterhin muß die Firma auf Verlangen der IFB sogar Sicherstellung für diesen Anspruch leisten.

## C. Rechtliche Würdigung

### 1. Zeitliche Geltung des Factoring-Vertrages

#### *a) Dauerschuldverhältnis*

Wegen der längeren Geltungsdauer des Factoring-Vertrages könnte ein Dauerschuldverhältnis vorliegen. Beim Dauerschuldverhältnis besteht die geschuldete Leistung in einem dauernden Verhalten oder in wiederkehrenden Einzelleistungen. Der Umfang der Gesamtleistung hängt dabei von der Laufzeit des Vertrages ab[1]. Beim Factoring-Vertrag sind die Parteien zu wiederkehrenden Einzelleistungen verpflichtet. Die Firma muß alle Forderungen verkaufen und übertragen, die IFB muß sie grundsätzlich ankaufen. Die Summe aller Leistungen ist im Factoring-Vertrag nicht bestimmt. Sie hängt vielmehr maßgeblich von der Vertragsdauer ab. Der Factoring-Vertrag begründet ein Dauerschuldverhältnis[2].

#### *b) Kündigungsrecht*

##### aa) Ordentliche Kündigung

Mit der fest vereinbarten Dauer von 24 Monaten ist der Factoring-Vertrag auf eine bestimmte Zeit geschlossen. Gleichzeitig haben sich die Parteien auf eine Verlängerungsklausel geeinigt, nach der der Vertrag auf unbestimmte Zeit weiterlaufen soll. Jede Partei hat die Befugnis, den Vertrag nach 24 Monaten durch Kündigung zu beenden.

##### bb) Außerordentliche Kündigung

Jedes Dauerschuldverhältnis begründet zudem eine besondere Bindung, die auf vertrauensvolle Zusammenarbeit angewiesen ist. Es ist der Grundsatz von Treu und Glauben gem. § 242 BGB in besonderem Maß zu beachten[3]. Bei Störungen des gegenseitigen Vertrauensverhältnisses muß jeder Vertragspartner die Fortsetzung des Factoring-Vertrages ablehnen dürfen. Entsprechend §§ 626, 671 Abs. 2 u. 3, 723 Abs. 1 S. 2 u. 3 BGB hat jede Partei das Recht zur fristlosen Kündigung aus wichtigem Grund[4]. Die Parteien können dieses außerordentliche Kündigungsrecht voraussetzen, ohne eine entsprechende Regelung treffen zu müssen.

---

[1] Palandt / Heinrichs vor § 241 Anm. 5 a; Soergel / Schmidt § 241 Anm. 10; Larenz SchR I § 2 VI S. 25 f.

[2] Bette S. 55.

[3] Palandt / Heinrichs vor § 241 Anm. 5 b; § 242 Anm. 1 b; Larenz SchR I § 2 VI S. 27.

[4] Palandt / Heinrichs vor § 241 Anm. 5 b; Larenz SchR I § 2 VI S. 28.

### 2. Zurückrechnung der Forderungen

#### *a) Auflösende Bedingung gem. § 158 Abs. 2 BGB*

Mit der Zurückberechnung der Forderungen könnten die Parteien für jeden einzelnen Forderungserwerb die Beendigung des Factoring-Vertrages als auflösende Bedingung gem. § 158 Abs. 2 BGB vereinbart haben. Mit Beendigung des Factoring-Vertrages würden die Wirkungen des Forderungserwerbs erlöschen, die Firma wäre wieder Forderungsinhaber. Daß eine Rückübertragung der Forderung im Vertrag nicht geregelt ist, könnte für die Annahme einer auflösenden Bedingung sprechen.

Bedenken ergeben sich, wenn der Factoring-Vertrag im Konkurs der Firma aufgelöst wird. Mit Bedingungseintritt würde die Forderung in die Konkursmasse fallen. Die IFB hätte nur einen Anspruch auf Rückzahlung des Vorschusses und könnte ihn nur als normale Konkursforderung geltend machen.

Gegen eine auflösende Bedingung spricht weiter, daß der Forderungserwerb der IFB bei Beendigung des Vertrages von selbst erlöschen würde. Ausdrücklich ist jedoch der IFB zugestanden, daß sie zurückberechnen „kann". Ob sie dieses Recht ausüben will, soll noch von einer Entscheidung der IFB abhängen. Bis zur Ausübung soll jedenfalls der Forderungserwerb bestehen bleiben. Die Parteien haben keine auflösende Bedingung vereinbart.

#### *b) Rücktritt gem. § 346 BGB*

Mit dem Recht auf Zurückberechnung könnte sich die IFB ein durch Vertragsbeendigung bedingtes Rücktrittsrecht gem. § 346 BGB für jeden einzelnen Forderungskauf vorbehalten haben. Durch die Rücktrittsvereinbarung an sich werden die einzelnen Forderungskäufe von der bloßen Vertragsbeendigung nicht berührt. Erst mit Rücktritterklärung gem. § 349 BGB wird das Rechtsgeschäft in ein Abwicklungsverhältnis umgewandelt. Jede Partei muß dann die empfangenen Leistungen zurückgewähren[5]. Bei Rückberechnung der Forderungen erhält die IFB Ansprüche auf Rückzahlung der von ihr geleisteten Vorschüsse, die sie sofort durch Belastung des Abrechnungskontos geltend machen kann. Gleichzeitig muß sie selbst die erhaltene Forderung der Firma zurückübertragen. Die einzelnen Forderungskäufe werden rückabgewickelt. Die Zurückberechnung durch die IFB ist als Rücktritt gem. § 346 BGB zu werten.

---

[5] Palandt / Heinrichs vor § 346 Anm. 1 b; Staudinger / Kaduk § 327 Anm. 9; Larenz SchR I § 26 a S. 294 f.; Esser § 30 III; Erman / Westermann § 346 Anm. 3, gegen vor § 346 Anm. 1; a. A. Soergel / Schmidt vor § 346 Anm. 4.

Ihren Rücktritt erklärt die IFB hierbei konkludent mit der Belastung des Abrechnungskontos. Durch dessen bloße Belastung erhält die IFB noch keinen Gegenwert. Diesen kann sie erst durch Ausgleich des Kontos erhalten. Die sofortige Fälligkeit ihrer Saldoforderung ergibt sich aus der sofortigen Fälligkeit des Rückabwicklungsanspruchs.

### 3. Delkredere-Risiko

#### *a) Rücktrittsfolge*

Der Übergang des Delkredere-Risikos auf die Firma mit Beendigung des Factoring-Vertrages könnte eine bloße Rücktrittsfolge sein. Das Delkredere-Risiko der IFB ist Ausfluß ihrer Inhaberstellung[6]. Mit Rückübertragung der Forderung auf die Firma geht zugleich auch das Bonitäts-Risiko auf sie über. Als Rücktrittsfolge würde das Delkredere-Risiko jedoch erst mit der Rückübertragung der Forderung auf die Firma übergehen. Der gleichzeitige Übergang des Delkredere-Risikos auf die Firma bei Beendigung des Factoring-Vertrages kann deshalb keine Rücktrittsfolge sein.

#### *b) Selbständiger Garantievertrag*

Solange die IFB Forderungsinhaberin ist, trägt sie das Kreditrisiko nur dann nicht, wenn in § 24 d) ihres Vertragsformulars ein selbständiger Garantievertrag zu sehen ist, mit dem die Firma die Delkredere-Haftung für alle bei Vertragsbeendigung noch offenen verkauften Forderungen selbst übernimmt. Das Delkredere-Risiko für eine Forderung liegt entweder bei der IFB oder bei der Firma. Die vertragliche Freistellung der IFB kann nur bedeuten, daß die Firma die Delkredere-Haftung ab Vertragsbeendigung selbst übernehmen will. Die Firma trägt die in § 7 e) des Vertragsformulars beschriebene Haftung, die auf einem selbständigen Garantievertrag beruht[7]. Der Delkredere-Haftung nach Vertragsbeendigung liegt deshalb ebenfalls ein selbständiger Garantievertrag zugrunde. Die anteilige Rückerstattung der Factoring-Gebühr ist deshalb als Entgelt für die Garantieübernahme zu werten.

### 4. Sperrguthaben der Firma

Mit Beendigung des Factoring-Vertrages endet lediglich die Verpflichtung aus dem Dauerschuldverhältnis zu künftigen wiederkehrenden Leistungen. Die Sicherungsabrede für die möglichen Ansprüche aus der Garantiehaftung der Firma bleibt weiterhin bestehen. § 20 e) des Vertragsformulars ändert lediglich die Höhe der Sicherheitsleistung auf 100 %.

---

[6] s. o. S. 132.

[7] s. o. S. 137 f.

## 5. Buchhaltung

### *a) Dauerschuldverhältnis*

Mit der Weiterführung der Buchhaltung bei Kündigung des Factoring-Vertrages verpflichtet sich die IFB zu einer dauernden Tätigkeit. Der Umfang ihrer Leistungen hängt hauptsächlich von der Dauer ihrer Verpflichtung ab; es liegt ein Dauerschuldverhältnis vor. Mit der Festlegung auf 12 Monate ist die Vereinbarung auf eine bestimmte Zeit geschlossen. Sie erlischt mit Zeitablauf. Weil dies die längste Laufzeit sein soll, ist der Firma konkludent ein Kündigungsrecht zu einem beliebigen früheren Zeitpunkt eingeräumt.

### *b) Außerordentliche Kündigung*

Daß die Buchführungspflicht der IFB nicht von einer außerordentlichen Kündigung des Factoring-Vertrages berührt werden soll, könnte als Verzicht der IFB auf ihr außerordentliches Kündigungsrecht aus wichtigem Grund zu deuten sein. § 17 S. 2 des Vertragsformulars behandelt nur den Fall der fristlosen Kündigung des Factoring-Vertrages. Diese soll nicht auf die Buchführungspflicht der IFB einwirken. Es ist lediglich vereinbart, daß eine fristlose Kündigung der Buchhaltungspflicht ein eigener wichtiger Grund gegeben sein muß. Ein Ausschluß des außerordentlichen Kündigungsrechts ist nicht gewollt.

### *c) Rechtsnatur*

Die von der IFB übernommene Buchführung könnte eine Geschäftsbesorgung gem. § 675 BGB sein. Die eigenverantwortliche Buchführung ist eine selbständige Tätigkeit wirtschaftlicher Art. Nach Beendigung des Factoring-Vertrages wird die IFB nicht mehr Gläubigerin der später entstehenden Forderungen der Firma. Die Buchhaltung wird also im Interesse und für die Firma geführt. Da auch ein Entgelt vereinbart ist, liegt insoweit ein Geschäftsbesorgungsvertrag zugrunde.

### *d) Sicherstellung des Entgelts*

#### aa) Vorschuß gem. § 669 BGB

Die Sicherstellung des Gebührenanspruchs könnte als Vorschuß der Firma für die Buchführung gem. §§ 669, 675 BGB zu werten sein. Dann könnte die IFB nur für erforderliche Aufwendungen, also freiwillige Vermögensopfer, Sicherung verlangen. Da sie Sicherheit für das gesamte Entgelt verlangt, ist ein Vorschuß gem. § 669 BGB nicht gewollt.

bb) Sicherheitsleistung i. S. d. §§ 232 ff. BGB

Die Sicherstellung für den gesamten Anspruch der IFB könnte eine Sicherheitsleistung i. S. d. §§ 232 ff. BGB sein. Mit dieser Sicherstellung will die IFB den Ausfall ihrer Forderung verhindern. Da sie Rechtsnachteile verhindern will, hat sie sich hiermit das Recht auf Sicherheitsleistung i. S. d. §§ 232 ff. BGB vorbehalten.

## § 19 Einzelabreden

### A. Interessenlage

Die Parteien wollen einen reibungslosen Ablauf ihrer Geschäftsbeziehungen. Angesichts der großen Zahl der Geschäftsvorfälle und der Schnelligkeit, mit der sie abgewickelt werden müssen, sind hierzu noch besondere Vereinbarungen zu treffen, um die einzelnen Geschäfte zu typisieren. Auch sollen unnötige Reibereien und Unklarheiten von vornherein ausgeschlossen werden.

### B. Ausgestaltung

1. Allgemeine Geschäftsbedingungen

Gem. § 22 Vertragsformular der IFB sollen die allgemeinen Geschäftsbedingungen der IFB gelten. Da sie denen des privaten Bankgewerbes entsprechen, sollen sie jeweils zumindest entsprechend angewandt werden.

2. Wirksamkeitsklausel

Gem. § 23 a) Vertragsformular der IFB haben die Parteien für den Fall der Unwirksamkeit einzelner Klauseln die Wirksamkeit der übrigen Bestimmungen vereinbart.

3. Schriftform

Weiterhin sollen gem. § 23 b) Vertragsformular der IFB Änderungen des Vertrages der Schriftform bedürfen.

4. Forderungsabtretungsverbot

Gem. § 20 f) Vertragsformular der IFB sollen alle Forderungen der Firma gegen die IFB nur mit deren Zustimmung gem. § 399 2. Alt. BGB abtretbar sein.

### 5. Gerichtsstand

Als Gerichtsstand soll gem. § 22 c) Vertragsformular der IFB Mainz gewählt werden können.

## C. Rechtliche Würdigung

### 1. Allgemeine Geschäftsbedingungen

Mit der Vereinbarung für die Geltung der allgemeinen Geschäftsbedingungen liegt eine wirksame Einbeziehungsklausel vor. Die allgemeinen Geschäftsbedingungen sind ausdrücklich Inhalt des Factoring-Vertrages geworden.

Fraglich ist, ob eine entsprechende Anwendung der nicht auf das Factoring-Geschäft zugeschnittenen allgemeinen Geschäftsbedingungen möglich ist, obwohl nach der Unklarheitenregel die IFB als deren Aufsteller das Risiko etwaiger Unklarheiten tragen muß[1]. Die Unklarheitenregel kann nur eingreifen, wenn ein objektiver eindeutiger Sinn nicht zu ermitteln ist. Für die Tragweite einer Klausel gilt sie nicht[2]. Solange die zugrunde liegende Geschäftsbedingung eindeutig ist, kann eine ihrem wirtschaftlichen Zweck entsprechende Anwendung auch durch die Unwirksamkeitsregel nicht berührt werden.

### 2. Wirksamkeitsklausel

Mit der Wirksamkeitsklausel haben die Parteien die Anwendung des § 139 BGB ausgeschlossen. Die IFB umgeht damit die Frage, ob und inwieweit § 139 BGB beim Factoring-Vertrag anwendbar ist[3]. Der Ausschluß des § 139 BGB ist zulässig und vor allem bei umfangreichen Verträgen üblich.

### 3. Schriftform gem. § 127 BGB

Vertraglich vereinbarte Schriftform ist gem. §§ 126 f. BGB die eigenhändige Namensunterschrift oder das notariell beglaubigte Handzeichen. Mündliche Vereinbarungen sind trotzdem wirksam, wenn die Parteien dies übereinstimmend wollen, weil sie insoweit den Formzwang konkludent einschränken können[4].

---

[1] BGHZ 47, 207, 216; WM 1969, 289, 290; Palandt / Heinrichs vor § 145 Anm. 6 C b); Schmidt-Salzer S. 83 Anm. 119.

[2] Schmidt-Salzer S. 84 Anm. 120.

[3] Rödl BB 1967, 1301, 1302; Heidland KTS 1970, 165, 170: § 139 BGB grundsätzlich anwendbar, aber generell Nichtigkeit bei nichtigem Erwerbsvertrag; a. A. Schönle § 15 III 3: immer Nichtigkeit.

[4] BGH NJW 1968, 32, 33; Schmidt-Salzer NJW 1968, 1257 ff.; AGB S. 63 Anm. 91.

### 4. Forderungsabtretungsverbot

Die Vereinbarung eines Abtretungsverbots oder der Zustimmungsbedürftigkeit einer Abtretung ist grundsätzlich zulässig[5]. Für die regulären Ansprüche der Firma gegen die IFB ergibt sich dies schon aus dem Kontokorrentverhältnis zwischen den Parteien. Die gesamten Forderungen der Firma müssen über das Abrechnungskonto abgewickelt werden. Es liegt insoweit nur eine Klarstellung vor. Erst mit Zustimmung erlischt für die betreffende Forderung die Kontokorrentpflichtigkeit, sie wird dann abtretbar.

### 5. Gerichtsstandsvereinbarung

#### *a) Zulässigkeit gem. § 38 Abs. 1 ZPO*

Die Gerichtsstandsvereinbarung könnte gem. § 38 Abs. 1 ZPO zulässig sein. Eine Vereinbarung der örtlichen Zuständigkeit eines Gerichts ist danach zulässig, wenn beide Vertragsparteien Kaufleute sind. Die IFB ist Formkaufmann gem. § 6 HGB. Auch die Anschlußfirma ist als Wiederverkäufer regelmäßig Kaufmann. Wegen des für das Factoring-Geschäft nötigen Mindestumsatzes kann die Firma auch kein Minderkaufmann gem. § 4 HGB sein. Die Gerichtsstandsvereinbarung ist als Vereinbarung zwischen zwei Vollkaufleuten gem. § 38 Abs. 1 ZPO zulässig.

#### *b) Wirksamkeit im Formularvertrag*

Eine besondere Kontrolle der Wirksamkeit der Gerichtsstandsvereinbarung in einem Formularvertrag könnte durch die Neufassung des § 38 ZPO überflüssig geworden sein. Hierdurch wollte der Gesetzgeber gerade die Mißstände beseitigen, die durch Gerichtsstandsvereinbarungen in allgemeinen Geschäftsbedingungen eingetreten waren. Aus der Zulässigkeit der Gerichtsstandsvereinbarung bei Vollkaufleuten ist zu erkennen, daß diese insoweit weniger schutzbedürftig sind. Eine Inhaltskontrolle der Gerichtsstandsvereinbarung im Formularvertrag zwischen Vollkaufleuten könnte deshalb ausgeschlossen sein[6]. Mit der Neufassung ist der Gesetzgeber lediglich der Auffassung gefolgt, daß Gerichtsstandsvereinbarungen in AGB bei Nichtkaufleuten wegen Verstoß gegen den Gerechtigkeitsgehalt der §§ 12 ff. grundsätzlich unzulässig sind[7]. Aus der Zulässigkeit der Gerichtsstandsvereinbarung zwi-

---

[5] BGHZ 51, 175; 56, 175; Schmidt-Salzer AGB S. 162, Anm. 264.

[6] Löwe NJW 1974, 473, 475.

[7] Löwe NJW 1971, 1342 ff.; 1973, 17; Vollkommer NJW 1973, 1591, 1592 f.; LG Nürnb. NJW 1973, 1618, 1619; LG Mü. NJW 1973, 59, 60; BB 1973, 358; LG Kblz BB 1973, 444 f.; Schmidt-Salzer AGB Nr. 267; a. A. Ott NJW 1973, 297, 299 ff.; Mü NJW 1973, 1620 ff.; LG Ravensburg NJW 1973, 1126 u. 2303.

schen Vollkaufleuten, die insoweit weniger schutzbedürftig sind, folgt lediglich, daß bei ihren Gerichtsstandsvereinbarungen in allgemeinen Geschäftsbedingungen und Formularverträgen nicht grundsätzlich wegen Verstoß gegen das Gerechtigkeitsgebot aus §§ 12 ff. ZPO unwirksam sein sollen. Es ist weiterhin eine Inhaltskontrolle für den Einzelfall notwendig, nur darf der Gerichtsstandsvereinbarung nicht unter Bezugnahme auf den Gerechtigkeitsgehalt der §§ 12 ff. ZPO die Wirksamkeit verweigert werden.

Ein allgemeiner Grund, weshalb der Firma die Gerichtsstandsvereinbarung unzumutbar sein könnte, ist nicht zu erkennen. Die Gerichtsstandsvereinbarung ist im Formularvertrag der IFB wirksam vereinbart.

## § 20 Kontrollrechte der GEFA

### I. Ausgestaltung

Die GEFA läßt sich neben den üblichen Kontrollrechten auf Einsicht in die Geschäftsbücher der Firma und auf Vorlage von Bilanzen und ähnlichen Vermögensübersichten gem. § 18 ihres Vertragsformulars weiterhin in § 17 ihres Vertragsformulars ein Mitspracherecht für einzelne bestimmte Rechtsgeschäfte der Firma einräumen. Die Firma und die persönlich haftenden Gesellschafter dürfen Dritten, vor allem Kreditinstituten und Warenlieferanten, ohne Abstimmung mit der GEFA keine Sicherheiten bestellen. Kredite dürfen nur nach Rücksprache mit der GEFA aufgenommen werden. Die Firma ist weiterhin verpflichtet, den Gesellschaftern oder deren Angehörigen ohne Zustimmung der GEFA keine Kredite zu gewähren. Zudem bedürfen echte Investitionen der Abstimmung mit der GEFA.

### II. Rechtliche Würdigung

#### 1. Investition

*a) Knebelungsvertrag gem. § 138 Abs. 1 BGB*

Die Mitspracherechte der GEFA könnten gem. § 138 Abs. 1 BGB als Knebelungsvertrag sittenwidrig und nichtig sein, wenn sie die wirtschaftliche Bewegungsfreiheit der Firma so einschränken, daß sie dadurch in eine sittlich zu mißbilligende Abhängigkeit gerät.

Durch das Mitspracherecht der GEFA bei Investitionen kann die Firma nicht mehr allein und frei über ihre Investitionen entscheiden. Die Entscheidung hierüber gehört zu den wesentlichen Unternehmertätigkeiten der Firma, weil sie auch das Risiko bei Fehlinvestitionen trägt. Die Firma gerät durch das Mitspracherecht in eine starke Abhängigkeit der GEFA, die insoweit die Stellung eines Mitinhabers beansprucht, ohne ein entsprechendes Risiko zu übernehmen. Die wirtschaftliche Bewegungsfreiheit der Firma ist sehr stark eingeschränkt.

Nicht jede Bindung ist sittenwidrig. Entscheidend sind die Umstände des Einzelfalls und die Belange beider Parteien. Die GEFA ist beim Factoring-Geschäft darauf bedacht, daß die Firma ihre Factoring-Erlöse nur für die laufenden Betriebsausgaben verwendet. Durch langfristige Anlage der Factoring-Erlöse in Investitionsgütern würde die Liquidität und Rentabilität der Firma verschlechtert. Die GEFA will unwirtschaftliches Verhalten der Firma verhindern. Die Absicht der Vertragsparteien ist aber nicht entscheidend. Allein auf die objektive Lähmung der wirtschaftlichen Bewegungsfreiheit ist abzustellen[1]. Die Absicht der GEFA, die Firma vor Fehlern zu schützen, kann nicht die wirtschaftliche Bewegungsfreiheit der Firma wiederherstellen. Das Mitspracherecht der GEFA für Investitionen ist gem. § 138 Abs. 1 BGB sittenwidrig und daher nichtig.

### *b) Umdeutung gem. § 140 BGB*

Das nichtige Mitspracherecht der GEFA für Investitionen könnte gem. § 140 BGB umgedeutet werden in ein Recht der GEFA, über die Finanzierung von Investitionen vorher unterrichtet zu werden. Eine solche Unterrichtung würde gerade den von der GEFA bezweckten Erfolg herbeiführen. Die Unterrichtung entspricht dem mutmaßlichen Willen der Parteien, zumal die GEFA durch Einsicht in die Geschäftsbücher ohnehin die Finanzierung der Investitionen überprüfen kann. Das Mitspracherecht der GEFA für Investitionen ist gem. § 140 BGB in eine Unterrichtungspflicht der Firma umzudeuten.

## 2. Kredite und Sicherheiten

### *a) Knebelungsvertrag gem. § 138 Abs. 1 BGB*

Auch das Verbot, ohne Abstimmung mit der GEFA Kredite aufzunehmen und Sicherheiten zu bestellen, könnte als Knebelungsvertrag gem. § 138 Abs. 1 BGB sittenwidrig und nichtig sein. Die eigene Finanzierung gehört zu den wesentlichen Unternehmertätigkeiten der Fir-

---

[1] Palandt / Heinrichs § 138 Anm. 5 k; Soergel / Hefermehl § 138 Anm. 53; Erman / Westermann § 138 Anm. 43.

ma. Sie muß selbst über die Aufnahme von Krediten und die Bestellung von Sicherheiten entscheiden können. Durch das Mitspracherecht der GEFA wird die wirtschaftliche Bewegungsfreiheit der Firma in erheblichem Maß eingeschränkt. Die Firma gerät in eine starke Abhängigkeit von der GEFA, sie kann über ihre Finanzierung nicht mehr ohne äußeren Zwang entscheiden. Das Mitspracherecht der GEFA ist gem. § 138 Abs. 1 BGB als Knebelungsvertrag sittenwidrig und nichtig.

### *b) Umdeutung gem. § 140 BGB*

Das nichtige Mitspracherecht der GEFA bei Kreditaufnahme und Bestellung von Sicherheiten könnte gem. § 140 BGB in eine Anzeigepflicht der Firma umgedeutet werden. Durch rechtzeitige Unterrichtung würde die GEFA ebenfalls von einer bedeutsamen Veränderung der Vermögenslage der Firma erfahren. Eine Anzeige würde zur Unterrichtung der GEFA ausreichen. Sie entspricht dem mutmaßlichen Willen der Parteien. Auch ohne Unterrichtung durch die Firma würde die GEFA die Kreditaufnahme und die Bestellung von Sicherheiten aus den Geschäftsbüchern erfahren. Das Mitspracherecht der GEFA ist gem. § 140 BGB in eine Unterrichtungspflicht der Firma bei Kreditaufnahme und Sicherheitsbestellung umzudeuten.

## 3. Darlehen an Gesellschafter

Die Zustimmungsbedürftigkeit von Darlehen an Gesellschafter könnte als Knebelungsvertrag gem. § 138 Abs. 1 BGB sittenwidrig und nichtig sein. Die Firma kann ohne Zustimmung der GEFA keine Darlehen an ihre Gesellschafter geben. Sie ist insoweit in ihrer Entschließungsfreiheit sehr weitgehend eingeschränkt. Bei Darlehen an ihre Gesellschafter besteht eine große Abhängigkeit der Firma von der GEFA. Die Darlehensvergabe an Gesellschafter gehört nicht zu den unternehmerischen Tätigkeiten der Firma. Sie ist vielmehr dem Geschäftszweck fremd und dient häufig zur Aushöhlung der Firma. Das Verbot der Darlehensvergabe an Gesellschafter bewahrt der Firma gerade die Freiheit zu unternehmerischer Tätigkeit. Er ist nicht als Knebelungsvertrag gem. § 138 Abs. 1 BGB nichtig.

## 4. Zusammenfassung

Die Mitspracherechte der GEFA bei Investitionen sowie Kreditaufnahme und Sicherheitenbestellung der Firma sind nur nach Umdeutung gem. § 140 BGB als Unterrichtungspflichten der Firma wirksam. Die Zustimmungsbedürftigkeit von Darlehen an die Gesellschafter berührt hingegen die wirtschaftliche Bewegungsfreiheit der Firma nicht.

DRITTER TEIL

# Rechtsnatur des gesamten Factoring-Vertrages

## I. Ausgangslage

Die Untersuchung der Bestimmungen des Vertragsformulars der IFB hat verschiedene Einzelpflichten der Parteien offengelegt. Die IFB verpflichtet sich zunächst allgemein zum Kauf der Forderungen der Firma und kauft sodann gem. § 433 BGB die einzelnen Forderungen Für den Forderungsbestand und eventuell auch für die Zahlung des Debitors haftet die Firma aus einem selbständigen Garantieversprechen. Für die gekauften Forderungen übernimmt die IFB die Kreditwürdigkeitsprüfung, Buchhaltung und den Forderungseinzug im eigenen Interesse. Hierfür läßt sie sich ein Entgelt, die Factoring-Gebühr, versprechen. Für die nicht erworbenen Forderungen übernimmt sie die Forderungsverwaltung einschließlich Buchführung und Forderungseinzug als Geschäftsbesorgung gem. § 675 BGB. Offen ist lediglich die Gesamtbeurteilung des Factoring-Vertrages sowie die Rechtsgrundlage der Factoring-Gebühr.

## II. Einordnung

### 1. Kombinationsvertrag

Häufig wird der Factoring-Vertrag insgesamt als ein aus verschiedenen Vertragstypen gleichwertig gemischter Vertrag (Kombinationsvertrag) angesehen[1]. Dies folgt daraus, daß einige Autoren beim Forderungserwerb ohne Delkredere-Risiko des Factors noch ein Darlehen gem. § 607 Abs. 1 BGB annehmen und dann das Führen der Debitorenbuchhaltung und des Mahnwesens als eine zusätzliche Dienstleistung werten müssen[2]. Soweit wie hier der Forderungserwerb als Forderungskauf qualifiziert wird, wird vielfach trotzdem im Führen der Debitorenbuchhaltung und des Mahnwesens allein wegen der Dienst-

[1] Glomb S. 84; Rödl BB 1967, 1301, 1302; Klaas NJW 1968, 1502, 1506; Schönle § 15 III; Palandt / Heinrichs § 305 Anm. 6 b bb; Heidland KTS 1970, 165, 170.

[2] Glomb a.a.O.

leistungsfunktion ein zusätzlicher Dienstleistungsvertrag gesehen[3]. Teilweise soll der Factoring-Vertrag bei Übernahme des Delkredere-Risikos durch den Factor auch noch einen Kreditversicherungsvertrag enthalten[4].

Die Untersuchung der Rechtsnatur der einzelnen Funktionen des Factoring-Geschäfts hat jedoch ergeben, daß die IFB beim Forderungserwerb keine Dienstleistungen erbringt. Auch hat sich gezeigt, daß die Übernahme des Delkredere-Risikos durch die IFB lediglich Folge ihrer Stellung als Forderungsinhaberin ist, daß also kein Versicherungsvertrag vorliegt. Bei Kreditwürdigkeit des Debitors schuldet die IFB nur den Forderungskauf. Eine für einen Kombinationsvertrag nötige weitere Leistungspflicht besteht daneben nicht. Erscheint der Debitor nicht als kreditwürdig, muß die IFB ohne Ankauf und Erwerb der Forderung lediglich die Debitorenbuchhaltung und das Mahnwesen übernehmen als eine Geschäftsbesorgung gem. § 675 BGB. Neben dieser Geschäftsbesorgung schuldet die IFB dann keine weitere Leistung.

Die IFB schuldet entweder den Forderungskauf oder die Geschäftsbesorgung. Es sind die Vorschriften entweder über Kauf oder über Geschäftsbesorgung anwendbar, eine Mischung dieser beiden Typen liegt nicht vor. Der Factoring-Vertrag ist kein Kombinationsvertrag.

### 2. Zwei rechtlich selbständige Verträge

Die alternative Verpflichtung der IFB zum Forderungskauf oder zur Geschäftsbesorgung könnte auf zwei rechtlich selbständigen Verträgen beruhen, die nur äußerlich im Factoring-Vertrag zusammengefaßt sind[5]. Bedenken hiergegen ergeben sich, weil dann ein wirtschaftlich einheitliches Geschäft in zwei Verträge aufgespalten wird, von denen letztlich als „Hauptvertrag" alternativ nur der eine oder der andere zustande kommt. Eine Wertung, die ein einheitliches Rechtsverhältnis ermöglicht, ist deshalb vorzuziehen.

### 3. Geschäftsbesorgungsvertrag gem. § 675 BGB

#### *a) Tätigkeit der IFB*

Der Factoring-Vertrag der IFB könnte als ein einheitlicher Geschäftsbesorgungsvertrag gem. § 675 BGB zu werten sein, dessen Ge-

[3] Rödl a.a.O.; Klaas a.a.O.; Schönle a.a.O.; Palandt / Heinrichs a.a.O.; Heidland a.a.O.

[4] Rödl a.a.O.

[5] Bette S 51 ff., der nur den Forderungskauf beurteilt; wohl auch Esser SchR I § 55 VI 1 b S. 412: bei Delkredere-Risiko des Factors Abart des Diskontgeschäfts.

schäftsbesorgung bei Kreditwürdigkeit des Debitors hauptsächlich im Forderungskauf, andernfalls lediglich im Führen der Debitorenbuchhaltung und des Mahnwesens liegt. Geschäftsbesorgung ist eine selbständige Tätigkeit wirtschaftlicher Art, die für einen anderen und in dessen Interesse vorgenommen wird. Grundsätzlich kann eine Geschäftsbesorgung auch im bloßen Ankauf eines Gegenstandes liegen. Auch der Selbsteintritt des Verkaufskommissionärs nach § 400 HGB ist eine Geschäftsbesorgung für den Kommittenten[6]. Der Forderungskauf der IFB reicht als Tätigkeit für eine Geschäftsbesorgung aus. Hierbei entscheidet die IFB selbständig, ob sie die Forderung ankaufen muß. Zudem berühren der jeweilige Forderungsankauf oder die bloße Verwaltung und Einziehung der Forderung das Vermögen der Firma.

#### *b) Entgelt*

Für den Verwaltungsaufwand erhält die IFB als Entgelt die Factoring-Gebühr. Hierbei wird nicht unterschieden, ob sie die Forderung kauft oder nur verwaltet. Das Entgelt wird damit für ihre Tätigkeit insgesamt, also für Kauf oder Verwaltung gezahlt.

#### *c) Kauf im Interesse der Firma*

Weiterhin müßte die IFB auch im Interesse der Firma und in deren geschäftlichen Bereich tätig werden.

##### aa) Finanzierung der Firma

Mit dem Forderungskauf verfolgt die IFB einmal die Finanzierung der Leistung der Firma an ihren Debitor. Grundsätzlich ist es Aufgabe der Firma selbst, ihre Kreditgeschäfte mit ihren Debitoren zu finanzieren. Die Finanzierung durch die IFB liegt objektiv im Interesse der Firma.

Die IFB muß subjektiv zumindest auch im Interesse der Anschlußfirma handeln wollen. Ein Forderungskauf allein im eigenen Interesse schließt jede Geschäftsbesorgung aus. Ein Kauf im eigenen Interesse könnte naheliegen, weil die IFB die Kreditwürdigkeit des Debitors geprüft hat und nach ihrer Überzeugung mit der Forderung einen äquivalenten Gegenwert erhält.

Entscheidend für das eigene Interesse der IFB ist jedoch nicht das Äquivalenzverhältnis, sondern das hinter dem Austausch stehende Motiv der IFB. Anders als der normale Käufer, der den Gegenwert nur um eines Gegenstandes willen leistet, hat die IFB hierbei die Absicht, ihre Anschlußfirma zu finanzieren, der Forderungskauf ist nur das Mit-

[6] Glomb S. 78; Schlegelberger / Hefermehl § 383 Anm. 33; Baumbach / Duden § 383 Anm. 2 A.

tel hierzu. Dies ergibt sich eindeutig aus der Präambel ihres Vertragsformulars und vor allem aus dem wirtschaftlichen Zweck des Factoring-Geschäfts als Finanzierungsinstitut. Die Vermögensfürsorge der IFB für die Firma zeigt sich auch darin, daß sie diese anhält, möglichst die Skontoabzüge bei Lieferantenverbindlichkeiten in Anspruch zu nehmen. Der Forderungsankauf erfolgt also zumindest auch im Interesse der Firma und zu ihrer Finanzierung.

#### bb) Risikominderung

Eine vereinbarte Übernahme des Kreditrisikos durch die IFB könnte ebenfalls im Interesse der Firma liegen. Grundsätzlich trägt die Firma das Risiko ihrer Kreditgeschäfte, von dem sie aber befreit wird, wenn die IFB dieses Risiko übernimmt. Der eventuelle Übergang des Kreditrisikos auf die IFB vollzieht sich ebenfalls im Interesse der Firma[7].

#### cc) Entlastung von Verwaltungsaufgaben

Weiterhin könnte der Forderungskauf auch wegen der Übernahme der Kreditwürdigkeitsprüfung, der Debitorenbuchhaltung und des Forderungseinzugs durch die IFB als seine typische Folgen im Interesse der Firma liegen. Gewöhnlich hat die Firma die Kreditwürdigkeit ihrer Debitoren selbst zu prüfen, die Debitorenbuchhaltung selbst zu führen und ihre Forderungen selbst einzuziehen. Werden ihr diese Aufgaben durch den Forderungskauf von der IFB abgenommen, kauft die IFB die Forderungen auch insoweit im Interesse der Firma.

#### dd) Zusammenfassung

Die IFB kauft also die Forderungen wegen der damit verbundenen Finanzierungs-, Delkredere- und Dienstleistungsfunktionen zumindest auch im Interesse der Firma. Ihre entgeltliche, selbständige Tätigkeit ist deshalb als Geschäftsbesorgungsvertrag gem. § 675 BGB zu werten[8].

### *d) Geschäftsbesorgungsdienstvertrag gem. §§ 675, 611 BGB*

Aus dem Geschäftsbesorgungsvertrag ist die IFB entweder zum Forderungskauf oder zur Forderungsverwaltung einschließlich der Einziehung verpflichtet. Einen bestimmten Erfolg hat sie hierbei nicht herbeizuführen. Ihre Pflicht ist vielmehr auf eine länger andauernde Tätigkeit gerichtet. Der Factoring-Vertrag der IFB ist insgesamt als ein Dienstvertrag zu werten, der eine Geschäftsbesorgung zum Inhalt hat (§§ 675, 611 BGB)[9].

---

[7] Glomb S. 74.

[8] Soergel / Mühl § 675 Anm. 4; Peter II § 4 Nr. 8 Anm. 18.

[9] Glomb S. 80 (bei Forderungskauf).

### III. Ergebnis

Der Factoring-Vertrag der IFB ist also ein Geschäftsbesorgungsdienstvertrag gem. §§ 675, 611 BGB, aus dem die IFB zum Forderungskauf oder zur Forderungsverwaltung einschließlich des Einzugs verpflichtet ist und hierfür als Entgelt die Factoring-Gebühr erhält.

# Literaturverzeichnis


*Baumann*, Heinrich: Factoring, Warenkreditversicherung, Zessionskredit. Eine vergleichende Darstellung. Diss. München 1966

*Baumbach / Duden:* Handelsgesetzbuch, 21. Auflage, München 1974

*Baumbach / Hefermehl:* Wechselgesetz und Scheckgesetz, 11. Auflage, München 1973

*Baumbach / Lauterbach:* Zivilprozeßordnung, 32. Auflage, München 1974

*Baur*, Fritz: Lehrbuch des Sachenrechts, 8. Auflage, München 1975

*Bette*, Klaus: Das Factoring-Geschäft. Praxis und Rechtsnatur in Deutschland im Vergleich zu anderen Formen der Forderungsfinanzierung, Stuttgart - Wiesbaden 1973

— Um das Abtretungsverbot, ZKW 1969, S. 463

— Der verlängerte Eigentumsvorbehalt in der Praxis, ZKW 1973, S. 793

*Betz*, Joachim: Forderungen aus Warenlieferungen als Grundlage der passiven Finanzierung, Diss. München 1968

*Beuthien*, Volker: Verlängerter Eigentumsvorbehalt und Globalabtretung, BB 1971, S. 375

*Beyer*, Horst-Tilo: Finanzlexikon, München 1971/1972

BGB-RGRK: Das Bürgerliche Gesetzbuch, Kommentar, hrsgg. von Reichsgerichtsräten und Bundesrichtern. I. Band 1. Teil (§§ 1 - 240), 11. Auflage, Berlin 1959. I. Band 2. Teil (§§ 241 - 432), 11. Auflage, Berlin 1960. II. Band 1. Teil (§§ 433 - 704), 11. Auflage, Berlin 1959. II. Band 2. Teil (§§ 705 - 853), 11. Auflage, Berlin 1960

*Böhle-Stamschräder:* Konkursordnung, 10. Auflage, München 1971

*Boetius*, Jan: Der Garantievertrag, Diss. München 1966

*Bornemann*, Fritz: Wertpapierrecht, Heidelberg 1972

*v. Caemmerer*, Fritz: Bankgarantien im Außenhandel, in: Gesammelte Schriften, Band II, S. 353, Tübingen 1968

— Der verlängerte Eigentumsvorbehalt, in: Gesammelte Schriften, Band II, S. 377, Tübingen 1968

— Verlängerter Eigentumsvorbehalt und Bundesgerichtshof, JZ 1953, S. 97

*Capeller*, R.: Die doppelte Sicherungszession an den Waren- und den Geldkreditgeber, MDR 1956, S. 137

*Consbruch / Möller:* KWG-Kommentar, München

*Dempewolf*, Günter: Prioritätsprinzip auch bei Konkurrenz zwischen verlängertem Eigentumsvorbehalt und Globalzession, NJW 1957, S. 858

— Zur Konkurrenz von verlängertem Eigentumsvorbehalt und Globalzession, NJW 1956, S. 851

*Eder*, Oskar: Kreditsicherung durch Abtretung von Kontokorrentforderungen, BB 1953, 191

*Ehling,* Heinrich: Ausgewählte Rechtsprobleme des Factoring, Heft 13 der Gelben Reihe, herausgegeben vom Institut für internationales Recht des Spar-, Giro- und Kreditwesens, Mainz 1975

*Enneccerus / Lehmann:* Lehrbuch des bürgerlichen Rechts, 2. Band, Recht der Schuldverhältnisse, 15. Auflage, Tübingen 1958
(zit.: Enn. / Lehmann)

*Enneccerus / Nipperdey:* Allgemeiner Teil des bürgerlichen Rechts, 2. Halbband, 15. Auflage, Tübingen 1960
(zit.: Enn. / Nipperdey)

*Erman,* Walter: Handkommentar zum Bürgerlichen Gesetzbuch, 6. Auflage, Münster 1975

— Verlängerter Eigentumsvorbehalt und Globalzession, BB 1959, S. 1109

— Die Globalzession in ihrem Verhältnis zum verlängerten Eigentumsvorbehalt, Schriftenreihe der Juristischen Studiengesellschaft, Karlsruhe 1960

*Esser,* Josef: Schuldrecht, Band I: Allgemeiner Teil, 4. Auflage, Karlsruhe 1970; Band II: Besonderer Teil, 4. Auflage, Karlsruhe 1971

— Globalzession und verlängerter Eigentumsvorbehalt, JZ 1968, S. 281

— § 138 BGB und die Bankpraxis der Globalzession, Zeitschrift für das gesamte Handelsrecht und Wirtschaftsrecht 1971, Band 135, S. 320

*Felix,* Günter: Steuererlasse in Karteiform, Köln 1962/1968

*Fikentscher,* Wolfgang: Schuldrecht, 3. Auflage, Berlin 1971

*Finger,* Peter: Die Forfaitierung, ihre Erscheinungsformen in der Praxis und ihre rechtliche Behandlung, BB 1969, S. 765

— Verlängerter Eigentumsvorbehalt und Globalzession, JZ 1970, S. 642

*Fischoeder,* Peter: Factoring in Deutschland, Diss. Köln 1963

*Flohr,* Günter: Factoring, Leasing und Fabrikpacht, DB 1963, S. 773

*Flume,* Werner: Allgemeiner Teil des Bürgerlichen Rechts, 2. Band: Das Rechtsgeschäft, Berlin 1965

— Der verlängerte und erweiterte Eigentumsvorbehalt, NJW 1950, S. 841

— Zur Problematik des verlängerten Eigentumsvorbehalts, NJW 1951, S. 913

*Furtner,* Georg: Die rechtsgeschäftliche Verfügungsbeschränkung und ihre Sicherung, NJW 1966, S. 182

*Glomb,* Georg Peter: Finanzierung durch Factoring, Köln 1969

*Gotzmann,* Klaus: Verlängerter Eigentumsvorbehalt und Globalzession; Mehrfachabtretung künftiger Forderungen im deutschen, französischen, englischen und schweizerischen Recht unter Berücksichtigung des österreichischen und italienischen Rechts, Diss. Köln 1965

*Grigat,* Wilfried: Zur Kreditsicherung durch Abtretung von Kontokorrentforderungen, BB 1952, S. 819

— Stellungnahme zu Eder, BB 1953, S. 191; BB 1953, S. 192

*Hees:* Verlängerter Eigentumsvorbehalt und Globalzession, MDR 1955, S. 525

*Heidland,* Herbert: Insolvenzrechtliche Probleme beim Factoring, Konkurs-, Treuhand- und Schiedsgerichtswesen, 1970, S. 165

*Henrich,* Dieter: Vorvertrag, Optionsvertrag, Vorrechtsvertrag, Tübingen 1965

*Henckel*, Wolfram: Einziehungsermächtigungen und Inkassozession, in: Festschrift für Larenz, München 1973, S. 643

HGB-RGRK: Kommentar zum Handelsgesetzbuch, früher herausgegeben von Mitgliedern des Reichsgerichts. 5. Band (§§ 383 - 460), 2. Auflage, Berlin 1960. 3. Band (§§ 343 - 373), 2. Auflage, Berlin 1963; 3. Band (§§ 352 - 357, Anhang § 357 Bankvertragsrecht, 1. u. 2. Teil, 3. Auflage, Berlin 1973

*Hirsch*, Ernst: Leitfaden für das Studium des Handels- und Gesellschaftsrechts, 5. Auflage, Berlin 1970

*Horber*, Ernst: Grundbuchordnung, 13. Auflage, München 1974

*Huber*, Ulrich: Gefahren des vertraglichen Abtretungsverbots für den Schuldner der abgetretenen Forderung, NJW 1968, S. 1905

*Hübschmann / Hepp / Spitaler:* Abgabenordnung, Kommentar, Köln 1973

*Hueck*, Alfred: Recht der Wertpapiere, 10. Auflage, Berlin 1967

*Jacobi*, Ernst: Wechsel- und Scheckrecht unter Berücksichtigung des ausländischen Rechts, Berlin 1956

*Jaeger / Lent:* Konkursordnung, Kommentar, 8. Auflage, 1. Band (§§ 1 - 70), Berlin 1958

*Kaduk*, Hubert: Verlängerter Eigentumsvorbehalt und Globalzession als konkurrierende Gläubigerrechte, in: Festschrift für Larenz, München 1973, S. 683

*v. Karger*, Horst: Konflikte zwischen Vorbehaltslieferung und Factor, DB 1970, Beilage 7/1970, S. 10

*Kersting*, Friedrich: Umgehung von Abtretungsverboten — ein Problem des Factoring, ZKW 1969, S. 95

*Klaas*, Christoph: Die Risikoverteilung bei neueren Finanzierungsmethoden, NJW 1968, S. 1502

*Knopik*, Gisbert: Factoring. Ein neuer Weg der Absatzfinanzierung und der Kreditsicherung, Frankfurt 1960

*Kötter*, Hans Wilhelm: Die Tauglichkeit der Vorausabtretung als Sicherungsmittel des Geld- und Warenkredits, Frankfurt 1960

*Kraemer*, Peter: Factoring, Leasing und Teilzahlung als Finanzierungsmittel im Export, Berlin 1970

*Kuntze / Ertl / Herrmann / Eickmann:* Grundbuchrecht, Berlin 1974

*v. Lambsdorff*, Hans, Georg, Graf: Handbuch des Eigentumsvorbehalts im deutschen und ausländischen Recht, Frankfurt 1974

*Larenz*, Karl: Allgemeiner Teil des deutschen Bürgerlichen Rechts, 3. Auflage, München 1975

— Lehrbuch des Schuldrechts, I. Band, Allgemeiner Teil, 11. Auflage, München 1975

— Lehrbuch des Schuldrechts, II. Band, Besonderer Teil, 10. Auflage, München 1972

*Leenen*, Detlef: Typus und Rechtsfindung, Berlin 1971

*Lempenau*, Gerhard: Direkterwerb oder Durchgangserwerb bei Übertragung künftiger Rechte, Bad Homburg v. d. H. 1968

*Lent / Jauernig:* Zivilprozeßrecht, 16. Auflage, München 1972

*Liesecke*, Rudolf: Rechtsfragen der Bankgarantie, WM 1968, S. 22

— Die neuere Rechtsprechung, insbesondere des BGH, zum Wechsel- und Scheckrecht, WM 1969, S. 2

*Locher*, Eugen: Das Recht der Wertpapiere, Tübingen 1947

*Löffler*, Winfried: Begriff und Arten des Factoring, BB 1967, S. 1304

*Löwe*, Walter: Zur richterlichen Kontrolle von Gerichtsstandsklauseln in Allgemeinen Geschäftsbedingungen, NJW 1971, S. 1342

— Zur Wirksamkeit von Gerichtsstandsvereinbarungen in Allgemeinen Geschäftsbedingungen, NJW 1973, S. 17

— Das neue Recht der Gerichtsstandsvereinbarung, NJW 1974, S. 473

*Lukes*, Rudolf: § 315 BGB als Ausgangspunkt für die Inhaltskontrolle allgemeiner Geschäftsbedingungen, NJW 1963, S. 1897

*Medicus*, Dieter: Kreditsicherung durch Verfügung über künftiges Recht, JuS 1967, 385

*Meikel / Imhof / Riedel:* Grundbuchrecht, 6. Auflage, Berlin 1964/65

*Mentzel / Kuhn:* Kommentar zur Konkursordnung, 7. Auflage, Berlin 1962

*Messer*, Herbert: Verlängerter Eigentumsvorbehalt und Forderungsabtretung an die Factoring-Bank, NJW 1976, 925

*Meyer-Cording*, Ullrich: Das Recht der Banküberweisung, Tübingen 1951

*Mezger:* Die Rechtsprechung des BGH zum Kaufrecht, WM 1973, Sonderbeilage 1, S. 21

*Michels*, Ulrich: Das Zusammentreffen von Factoring und Eigentumsvorbehalt der Warenlieferanten im Insolvenzfall, DB 1976, 325

*Mohrbeck*, Max: Honorar-Factoring: Factoring en miniatur, ZKW 1973, 672

*Montenbruck*, Axel: Das Verhältnis des Factoringgeschäfts zum Kreditwesengesetz, zum Rechtsberatungsgesetz und zur Gewerbeordnung, MDR 1971, S. 541

*Müller / Löffelholz:* Bank-Lexikon, 6. Auflage, Wiesbaden 1969

*Nebelung:* Globalzession und verlängerter Eigentumsvorbehalt, NJW 1960, S. 510

*Neubeck*, R.: Anmerkung zum Urteil des OLG Hamburg vom 13. 11. 1958, NJW 1959, 581

NN: Factoring-Gesellschaft erhöht Kapital auf 3,5 Mill. DM, ZKW 1967, 822

*Ott*, Sieghart: Die Rechtswirksamkeit von Gerichtsstandsvereinbarungen in Allgemeinen Geschäftsbedingungen, NJW 1973, S. 297

*Palandt:* Bürgerliches Gesetzbuch, 35. Auflage, München 1976

*Peter*, Kurt: Umsatzsteuer (Mehrwertsteuer), Kommentar, 3. Auflage, Herne / Berlin 1970

*Pikart*, Heinz: Die Rechtsprechung des BGH zum Kontokorrentvertrag, WM 1960, S. 1314

*Pohle*, Rudolf: Prozeßführungsrecht und Rechtskrafterstreckung bei bedingten Veräußerungen, Festschrift für H. Lehmann, Berlin 1956, S. 738

*Prölss*, Erich, R.: Versicherungsvertragsgesetz, 17. Auflage, München 1968

*Raiser*, Ludwig: Das Recht der allgemeinen Geschäftsbedingungen, 1935, unveränderter Neudruck Bad Homburg v. d. H. 1961

*Rehbinder*, Manfred: Allgemeine Geschäftsbedingungen und die Kontrolle ihres Inhalts, Berlin 1972

*Rehfeldt / Zöllner:* Wertpapierrecht, 10. Auflage, München 1972

RGRK-BGB: s. BGB-RGRK

*Rieß*, Fritz: Verlängerter Eigentumsvorbehalt und Globalzession, Diss. Köln 1962

*Rödl*, Helmut: Rechtsfragen des Factoring-Vertrages, BB 1967, S. 1307

*Rosenberg / Schwab:* Zivilprozeßrecht, 10. Auflage, München 1969

*Rüssmann*, Helmut: Die Einziehungsermächtigung im bürgerlichen Recht — ein Institut richterlicher Rechtsschöpfung, JuS 1972, S. 170

*Schäfer*, Karl-Josef: Bankkontokorrent und Bürgschaft, Köln 1971

*Scherner*, Otto: Globalzession, verlängerter Eigentumsvorbehalt und vertikale Forderungsaufteilung, BB 1968, S. 1267

*Schepers*, Georg: Factoring in Deutschland, Die Wirtschaftsprüfung 1974, S. 314

*Schlegelberger / Geßler / Hefermehl:* Handelsgesetzbuch, 4. Auflage, Berlin 1960

*Schlotterbeck*, Karl, Robert: Zur Problematik des verlängerten Eigentumsvorbehalts unter Berücksichtigung der allgemeinen Geschäftsbedingungen, Diss. Tübingen 1966

*Schmidt-Salzer*, Joachim: Das Recht der Allgemeinen Geschäfts- und Versicherungsbedingungen, Berlin 1967

— Allgemeine Geschäftsbedingungen, München 1971

— Rechtsprobleme der Schriftformklausel, NJW 1968, S. 1237

— Auftragsbestätigung, Bestätigungsschreiben und kollidierende Allgemeine Geschäftsbedingungen, BB 1971, S. 591

*Schmitt*, Robert Maria: Das Factoring-Geschäft, Frankfurt 1968

— Factoring sucht einen Platz im deutschen Bankenmarkt, ZKW 1966, S. 1043

— Um die Globalzession, ZKW 1968, S. 667

*Schönle*, Herbert: Bank- und Börsenrecht, München 1971

*Scholz*, Helmut: Das Recht der Kreditsicherung, 3. Auflage, Berlin 1965

— Die verbotswidrige Abtretung, NJW 1960, S. 1837

— Der Wechsel des Gläubigers einer fiduziarisch gesicherten Forderung, NJW 1962, S. 2228

*Schork*, Ludwig: Gesetz über das Kreditwesen, Köln 1965

*Schütz*, Wilhelm: Bankgeschäftliches Formularbuch, 18. Auflage, Köln 1969

*Serick*, Rolf: Eigentumsvorbehalt und Sicherungsübertragung, Band I: Der einfache Eigentumsvorbehalt, Heidelberg 1963. Band II: Die einfache Sicherungsübertragung, 1. Teil, Heidelberg 1965. Band III: Die einfache Sicherungsübertragung, 2. Teil, Heidelberg 1970. Band IV: Verlängerungs- und Erweiterungsformen des Eigentumsvorbehalts und der Sicherungsübertragung, Erster Teil, Heidelberg 1976

— Probleme bei mehrfacher Abtretung künftiger Forderungen — Verlängerter Eigentumsvorbehalt und Globalzession, BB 1960, S. 141

— Abschied von fragwürdigen Kommissionsklauseln, BB 1974, 285

*Serick*, Rolf: Buchbesprechung zu Bette, Das Factoring-Geschäft, BB 1974, S. 143

— Rechtsprobleme des Factoring-Geschäfts, BB 1976, 425

*Soergel / Siebert:* Bürgerliches Gesetzbuch, 11. Auflage, Band 1, Allgemeiner Teil (§§ 1 - 240), 10. Auflage, Stuttgart 1967. Band 2: Schuldrecht I (§§ 241 - 610), 10. Auflage, Stuttgart 1967. Band 3: Schuldrecht II (§§ 611 - 853), 10. Auflage, Stuttgart 1969. Band 4: Sachenrecht (§§ 854 - 1296), 10. Auflage, Stuttgart 1968

*Sprengel:* Pfändung und Überweisung von Forderungen aus dem Bankkontokorrent, MDR 1951, S. 8

*Stathopoulos*, Michael P.: Die Einziehungsermächtigung, Karlsruhe 1968

*Staudinger:* v. Staudingers Kommentar zum Bürgerlichen Gesetzbuch. I. Band: Allgemeiner Teil (§§ 1 - 240), 11. Auflage, Berlin 1957. II. Band: Recht der Schuldverhältnisse. Teil 1 a (§§ 241, 243 - 248), 11. Auflage, Berlin 1967. Teil 1 c (§§ 249 - 327), 11. Auflage, Berlin 1967. Teil 2 (§§ 433 - 610), 11. Auflage, Berlin 1955. Teil 3 (§§ 611 - 704), 11. Auflage, Berlin 1958

*Stein / Jonas:* Kommentar zur Zivilprozeßordnung, 19. Auflage, Tübingen 1972

*v. Szagunn / Neumann:* Gesetz über das Kreditwesen, Kommentar, Stuttgart 1967

*Teubner:* Gesetz- und Vertragsentwürfe in juristischen Übungsarbeiten, JuS 1972, 261

*Thomas / Putzo:* Zivilprozeßordnung, 7. Auflage, München 1974

*Triebel*, Franz: Grundbuchordnung, 6. Auflage, Berlin 1936

*Vollkommer*, Max: Gerichtsstandsbegründung durch Allgemeine Geschäftsbedingungen und Formularverträge, NJW 1973, S. 1591

*Werhahn*, Jürgen: Anmerkung zum BGH-Urteil vom 24. 4. 1968, NJW 1968, S. 1516

*Westermann*, Harry: Interessenkollisionen und ihre richterliche Wertung bei den Sicherungsrechten an Fahrnis und Forderungen, Karlsruhe 1954

— Sachenrecht, Lehrbuch, 5. Auflage, Karlsruhe 1969

*Wetekam*, Hans Dieter: Die Kollision der Vorausabtretung aufgrund verlängerten Eigentumsvorbehalts mit der Globalzession mit Interessenkonflikt zwischen Geld- und Warenkreditgeber, Diss. Marburg 1964

*Wieczorek*, Bernhard: Zivilprozeßordnung und Nebengesetze, Band I, Teil 1, Berlin 1957, Band II, Berlin 1963

*Wißkirchen*, Heinz: Factoring in Deutschland, Köln 1962

*Wolff / Raiser:* Lehrbuch des bürgerlichen Rechts, 10. Bearbeitung, Tübingen 1957

*Zilias*, Manfred: Globalzession und verlängerter Eigentumsvorbehalt, BB 1960, S. 612

# Sachwortverzeichnis

Kolibri 360 GmbH
Ferdinand-Jühlke-Straße 7
99095 Erfurt, Deutschland
produktsicherheit@kolibri360.de